U0051586

CORRUPTIBLE

腐敗

權力如何崩壞人性？

Who Gets Power and How It Changes Us

BRIAN KLAAS

布萊恩・卡拉斯——著　林金源——譯

導讀

一張精心繪製的暴君知識地圖

中央研究院人文社會科學研究中心副研究員／陳嘉銘

在這本書中，政治科學家布萊恩．卡拉斯教授採取了當代最新穎的科學方法，試圖去解開一個最古老的政治問題：「如何阻卻暴君統治我們？」

先讓我們回到荷馬的《伊里亞德》這部最古老的西洋文明經典，它的核心主題就是「暴君」。希臘聯軍在征伐特洛伊城途中，掠奪了許多城鎮和神殿。被劫掠的阿波羅神殿的祭司帶了數不盡的禮物到希臘聯軍陣營，請求歸還他的女兒克律塞伊絲。但是希臘聯軍的統帥萬王之王阿格曼儂貪圖克律塞伊絲是他個人分得的戰利品，拒絕歸還。被驅逐的神殿祭司祈禱阿波羅為他主持公道，阿波羅回應了他，發射神箭，燒了希臘聯軍九天九夜，帶來可怕的瘟疫。阿奇里斯作為希臘聯軍中英雄中的英雄，在第十天主動召集聯軍會議，要求阿格曼儂歸還祭司的女兒。被挑戰的阿格曼儂不甘情願地做了，但是同時下令奪走阿奇里斯的戰利品——有美麗臉頰之名的女人布里賽絲作為補償。

兩個巨大英雄的衝突開啟了《伊里亞德》的序幕。荷馬是古希臘人最心愛的作家，沒有文明比古希臘羅馬人對政治更如癡如醉、更了解政治。政治的核心舞台是暴君以及挑戰他的英雄。然而，《伊里亞德》中最扣人心弦的主角，阿奇里斯這位唯一堅持原則挑戰暴君的最勇敢的英雄，並沒有比阿格曼儂好到哪裡去。被奪走布里賽絲的他耽溺在自己的憤怒之中，咀咒而且殘忍地放手讓希臘聯軍幾乎完全覆滅。如果讓阿奇里斯當君王，他剛愎自用和殘忍的脾性，恐怕也會是一個暴君。古希臘人崇拜英雄，英雄有能力一手挽救城邦，但是英雄也容易淪為暴君。柏拉圖的《理想國》的主題無非是如何教育英雄不會成為暴君。這是古希臘人的智慧，區隔暴君和英雄的那條線很細微。

讓我們等一下再回到古代暴君。卡拉斯教授在本書中採取的方法，令人十分振奮而且大開眼界，他綜合了多個領域的研究方法，包括了心理學實驗、動物實驗、演化生物學、計算生物學、考古學、腦神經科學、經濟學、電腦科學、人類學和田野訪談等等。他非常大膽和有創見地把這些不同學科的最新研究成果結合起來。書中描述了許多有趣又充滿洞見的心理學實驗，穿插了各種真實的小故事，讓這本書讀起來非常過癮。他結合了自己多年採訪世界各地掌權者的田野資料，很有系統地把我們擁有的各種暴君相關的知識碎片，拼成了一個具備完整視野的暴君知識地圖。他希望這樣的知識地圖可以幫助我們在未來阻卻暴君統治。

當我們問「暴君為何統治我們」，這本書最刺激的核心主張挑戰了我們一個日常相信的格律。這個非常知名的自由主義格律阻礙了我們完整地思考暴君的問題。這句格律是阿克頓勛爵廣為流傳的句子：「權力讓人腐化，絕對的權力讓人絕對地腐化。」關鍵在——這句話不完全對，但也不全錯。如果你完全相信這句話，你可能會認為阻卻暴君的一切關鍵都在制度，任何人站在擁有權力的位置之上，這個人就會無可避免地腐化。這樣的想法雖然有很好的警世效果，可是它讓我們只把注意力放在權力的制衡和監督的設計，因為它假設了所有人都會腐化，所有掌權政治人物都是壞的，其他問題都不這麼重要。

我們可能認為我們的日常觀察確實符合阿克頓勛爵格律，幾乎所有掌握權力的政治人物都看起來很糟糕。可是卡拉斯教授提醒我們這樣的觀察犯了許多錯誤。我們看完這本書後，可以更完整地看到政治過程的全貌，完整的政治過程包括了幾個不同階段：第一階段、人最原初的自然天性（書中第二章）；第二階段、社會中有不同種的人（第三章、第五章）；第三階段、有些人被吸引去尋求權力（第三章）；第四階段、有些人在競爭中獲得權力（第四章）；第五階段、不同的制度環境讓人採取不同的社會道德行使權力（第六章）；第六階段、掌握權力的人行使權力，讓他們容易看起來腐化（第七章）；第七階段、權力對人有正面也有負面影響（第八章、第九章）；第八階段、不同的制度如何協助我們挑選出好人以及如何讓掌權者更好地使用權力（第十、十一、十二章）。

阿克頓勛爵格律只讓我們注意到第七階段權力對人的負面影響，導致我們在第八階段能夠注意到的制度機制也相當有限。卡拉斯教授在本書中娓娓道來，告訴我們目前的社會研究在每一個階段可以給予的最好的答案，並且在第八階段提供了比制衡和監督更豐富的阻卻暴君的制度建議。

卡拉斯討論的第一階段人的本性特別有意思。卡拉斯教授指出，晚近的生物計算學、演化論、心理學實驗、考古學和歷史動力學告訴我們一些人性的事實。沒錯，所有黑猩猩都渴望權力支配，我們人類和黑猩猩有百分之九十八點八的基因相似度。可是另外百分之一點二的ＤＮＡ差異卻讓人類擁有一千五百萬個和黑猩猩不同的基因字母。其中的一些基因片段導致了黑猩猩和人類的根本差異。例如，三歲兒童的合作實驗證明了人類擁有黑猩猩絕對沒有的公平合作本能。再者，考古學的證據指出，在智人三十萬年的存在時間裡，因為人類的投擲能力，導致肌肉和體型不再絕對重要，因此這三十萬年的絕大多數時候，人類處於約二十到八十人的平等主義社會，一點都不像黑猩猩社會。一直到大約西元前八千年，因為農業發展和耕地有限性，控制土地的征服與戰爭變得頻繁。具有人口優勢的社會，在遠距武器的戰爭中具有絕對優勢。又因為只有階級社會才能發動大規模的集體行動，贏得戰爭，這導致了國家和階級社會的興起。今日所有人類社會因此都是國家和階級社會。

卡拉斯從這些晚近研究獲得的心得是：階級社會是演化的必然結果。階級社會沒有好壞可言，只是大型社會賴以進行合作和協調的唯一方法。同時，卡拉斯認為，就人類這個物種而言，依據演化的觀點，有許多渴望權力支配的人存在是必然的，因為他們藉由控制權力掌握順利的繁衍。這些人在每個社會都存在，只是在史前平等社會，不想受統治的人們壓制了他們。這是卡拉斯整本書的核心假設，渴望權力支配的這群人，獨立於教育、制度和文化的影響，在每個社會必然存在。

在第二、第三階段，卡拉斯進一步討論渴望權力支配的這群人。確實，我們日常生活觀察到的掌權者都傾向濫用權力，但是我們只有「權力腐化人」的阿克頓勛爵解釋嗎？另一個可能的解釋是倖存者偏差。會不會是因為進入權力體系的人、在權力競爭獲勝的人、在權力體制中留下來的人，主要都是會被權力腐化的人？所以我們觀察到的掌權者其實只是三重篩選下的倖存者。會被權力腐化的人才能成為持續的掌權者。

卡拉斯主張，我們這個社會有兩種人，一種是不會被腐化的人，他們不想要權力，一種是會被腐化的人，他們渴望權力。卡拉斯從基因研究強調了這個區分的合理性，有些人的基因序列讓他們更想支配其他人。他也從心理學和心理變態量表、皮膚傳導反應、神經科學、核磁共振掃描、穿西裝的蛇的比喻，描繪了具有自戀、馬基維利主義和心理變態（psychopath）的暗黑三元素的渴望權力支配、會被腐化的人，他們容易被權力吸引。如果這些人在社會之中，我們需要減少重要職務對這些人的吸引力。卡拉斯在第十章討論了如何招募不會腐化的人，例如招募警察的廣告，我們不該強調控制、武力與威勢，而應該強調鄰里間的照顧與合作。

在第四階段，卡拉斯從演化錯配的觀點解釋我們為什麼會傾向選擇錯誤的領導者。關鍵在最近二十萬年來，人類的大腦沒有持續演化，我們的許多天性被史前時代的心智支配。我們傾向挑選史前時代的優秀戰士的領導者樣板，因此容易被體型高大、氣勢逼人的男性吸引。而且史前時代排斥外人的心智，也持續讓我們排斥和我們不同的人，史前大腦心智加上我們持續吸收的種族主義文化，我們傾向依據種族和長相選擇領導者。我們的史前大腦心智傾向選出來的領導者，並不適合當代社會，這就是演化錯配。而善於操弄人的心理變態者很容易利用我們這些天生缺點。卡拉斯討論到盲選、抽籤、評審委員多樣化和匿名化的重要性，可以幫助我們排除這些史前心智的偏見。

在討論第七階段阿克頓勛爵格律「權力腐化人」之前，卡拉斯先排除了兩個因素，一是人沒有變壞，但是壞的制度讓人只能選擇壞的行為（第六章）。二是表面看起來掌權者變壞濫權，但這只是因為掌握權力者無法避免的選擇，被放大檢視而已（第七章）。

在第七階段（第八章、第九章），卡拉斯從幾個心理學實驗說明，掌握權力確實會使人比較缺乏同情心、有錯覺自己可以控制風險、不守規則、粗魯冒失、苛刻對待他人、常有刻板印象、少用道德推理、常論斷別人行為。不過卡拉斯自己也指出這些實驗的缺陷，因此我們不是很確定這幾個實驗可以做出堅實的結論。卡拉斯繼而從動物實驗的結果去解釋權力可以改變我們的身體。擁有社會權力的恆河猴，因為權力而改變了牠們的大腦，牠們有更多的多巴胺Ｄ２受體，因此比較有能力拒絕對古柯鹼上癮。狒狒的研究也發現位於最高位的狒狒，壓力最大、老化愈快，而擁有權力但是壓力小的老二卻最為健康。這兩章並沒有充分證實阿克頓勛爵格律，但是心理學和動物實驗看來是相當有趣的方法。

卡拉斯最後提出了十個改革制度的教訓，其中最有趣的是他討論到心理學家特洛普提出的四種心理距離。和治理對象的距離愈遠，我們的道德抑制愈低，愈可能恣意殘酷，但是距離太近，卻會被疲勞和多愁善感蒙蔽。因此我們需要適當的距離讓掌權者同時保持同情和冷靜。

卡拉斯特別青睞心理學、演化論和生物學對我們的啟發。以下我將舉例一些政治學的古典文獻對暴君的討論，期待能和這些晚近科學研究進一步對話。

卡拉斯的核心假設是每個社會都有兩種人，渴望權力、會腐化的人以及不渴望權力、不會腐化的人。對他來說這是演化的結果，在每個社會自然存在，我們需要防範、監督前者，挑選後者掌握權力。但是這樣的假設導致卡拉斯沒有去問三個問題：

第一、渴望權力支配的人，也可能是對社會最有貢獻的人。他們或許傾向濫用權力，但是如果我們只想著如何阻止他們掌握權力，不僅我們社會將會錯失這些人才，我們也會對渴望權力的人有不健康的敵意。

讓我們回到前面提到的《伊里亞德》。古希臘人認為，英雄是那些真正有能力解救城邦的人，他們值得最高的榮譽，沒有比政治職務更高的榮譽。英雄也正確地自認為自己是最傑出的人，他們熱愛榮譽，當城邦出現危機時，他們會毫不猶豫地接管統治權力，指揮眾人，勇敢地化解危機。可是他們同時也非常自我主義、驕傲、過度自信，渴望權力，他們容易殘忍、濫權和剛愎自用，容易成為暴君。確實有極少數的政治領袖可以結合古希臘英雄的能力和勇敢、以及基督教的謙卑和同情美德，例如莎士比亞筆下的亨利五世。但是大多時候我們難以魚與熊掌兼得。如果我們像古希臘人更立體的了解渴求權力的人、會腐化的人，或許我們就不會對所有對政治權力飢渴的人都有敵意，也比較知道何時讓他們在正確的位置上，這似乎也是對權力比較健康的心態。

第二、渴求權力而且掌權之後會腐化的人，果真是演化無可避免的產物嗎？他們會不會是社會或者文化的產物？會不會有一種社會文化容易大量生產出這樣的人？尊敬人的平等的社會是否比較不會生產出這樣的人？

法國哲學家盧梭對自然狀態以及階級社會和國家起源的看法，和這些晚近研究的看法最接近。可是他認為階級社會的興起和人性的墮落同時發生。尤其在都市文明，每個人都腐化，每個人都用盡各種手段站在他人之上，以巨大的權力和財富吸引他人的羨慕。階級社會的自然發展必然導致暴君出現，因為當人人都是小暴君，他們將毫不遲疑地擁戴獨裁者的統治。盧梭認為，高度重視人的道德和政治平等的共和國，才能改善人性，遏阻暴君社會出現。當卡拉斯主張每個社會都自然有兩種人時，盧梭會問這兩種人是怎麼因為社會而產生。

第三、暴君有不同種類型，古代暴君和現代暴君很不一樣。希特勒、史達林和毛澤東這類現代暴君，自認為是天命之人，自認為有一股歷史潮流在他們背後，他們是歷史無可避免的結論、是未來的浪潮。現代暴君要在此世實現永恆和絕對的完美世界。他們要除掉所有阻礙完美的雜亂世界，因此摧毀（雜亂的）人類本身常常是絕佳手段。現代暴君生活都很素樸，他們和縱慾的古代暴君不同。古代暴君想要像天神宙斯一樣，擁有任何想要的東西，特別是性的縱慾。可是宙斯是有限的，祂不像基督教的神無所不能、無所不知，因此古代暴君的世界、慾望和目標也是有限的，他們需要奉承者，只會摧毀政治對手。但是現代暴君追求的是在此世實現無限的未來，這導致他們可以無差別的大量殺人。心理學、演化論和生物學似乎還無法解釋古代暴君和現代暴君的不同。我們似乎需要理解基督教的世俗化以及現代意識形態才能解釋現代暴君的恐怖現象。

本書最大的優點在卡拉斯教授結合了各種領域的最新研究去理解暴君這個古老的問題，它幫助我們更完整地拼湊暴君相關知識的政治地圖。作者對阿克頓勛爵格律的批評和補充，很大程度地幫助我們釐清了許多暴君相關的謎團。我們十分期待這些多領域的研究方法，繼續發展，在未來有一天或許可以和我們有關暴君的古典討論深刻對話。

獻給所有那些良善的非心理病態者，
他們應該掌權卻不然。

Corruptible

Who Gets Power and How It Changes Us

Contents

Chapter 1 引言

到底是權力使人腐化，或者腐敗的人受權力吸引？侵吞公款的企業家和殺人的警察是壞制度的必然結果，或者他們原本就是壞人？暴君是後天造就或生來如此？如果你被推上權力的寶座，中飽私囊或折磨你的敵人的新誘惑，是否會讓你心癢難耐而最終使你屈服？有點出人意料的是，我們可以從兩個被人遺忘的遙遠島嶼找到這些問題的答案。

遠在澳大利亞西部海岸外，有一小塊名為燈塔島（Beacon Island）的陸地勉強浮出於海面。島上覆蓋著矮小的青草，三角形的海岸線周圍是米黃色沙灘。如果你站在島上的某端，對著另一端投出棒球，它大概會落入海中。這似乎只是一座近岸處點綴著一些珊瑚，不值得注意的無人小島，但燈塔島藏著一個秘密。

一六二八年十月二十八日，一艘長一百六十英尺的香料船「巴達維亞號」（Batavia）從荷蘭啟航。這艘貿易船隸屬於荷蘭東印度公司旗下的船隊，該公司帝國控制著全球貿易。「巴達維亞號」載著一大筆銀幣，準備用來交換現今印尼爪哇島上的香料和異國財富。船上有三百四十個人，其中一些是乘客，大多數是船員，還有一個心理病態的藥劑師。

船上事務按嚴明的階級制度進行規劃。「住宿條件方面，越靠近船首越簡陋。」船長在船尾處坐擁一個大艙房，他嘴裡嚼著醃肉，一面厲聲對著手下發號施令。在兩層甲板下，士兵們擠在通風不良、老鼠出沒，回程時用來儲存香料的爬行空間中。「巴達維亞號」上的每個人都知道自己的位階。

杰羅尼姆斯·科內利茲（Jeronimus Cornelisz）是比船長低幾個位階的資淺商人，一個窮困潦倒的前藥劑師。歷經一連串個人的不幸後，他在絕望之餘簽約到船上工作。啟航不久後，他著手進行一項翻身計畫。科內利茲與某位高級職員串通，密謀策劃一場叛變。他故意讓船偏離航道，準備在孤立的水域內奪取控制權。如果一切都按計畫發生，他將控制住「巴達維亞號」並展開豪奢的新生活，大肆揮霍手中的銀幣。

但事情沒有按計畫發生。

一六二九年六月四日在澳大利亞外海，「巴達維亞號」全速撞上低矮的阿布羅略斯群島（Abrolhos Islands）的珊瑚礁，木製的船身碎裂。其間沒有人發出警告，也沒有要求改變航道的呼叫。一看便知道，這艘船顯然已經在劫難逃。大多數的乘客和船員設法游到岸上。幾十個人溺斃，其他人試著攀附著「巴達維亞號」的殘骸。

船長明白除非獲得救援，否則無人能生還，他於是控制住緊急救生艇和搶救來的大部分物資。他和其他四十七個人出發前往爪哇島，其中包括領導階層的所有高級船員。他保證他們很快就會帶著救援隊回來。數百人被拋棄，沒有食物也幾乎沒有飲用水，只剩下期待某天有人回來拯救他們的一絲希望。貧瘠的島上沒有生長任何植物或棲息任何動物。情況很明顯：倖存者命在旦夕。

原本想要叛變的科內利茲也被留了下來。他已經沒有適於航海的船隻可以接管，但是他不會游泳，所以與其跳入水中、拚命地朝島上游去，站在沉沒中的「巴達維亞號」殘骸上似乎是更好的選擇。接連九天，包括科內利茲在內的七個男人佔據一片逐漸縮小的木頭乾燥區域。他們一面喝酒、一面盤算著不可避免的事。

六月十二日，「巴達維亞號」終於解體。在海浪的沖刷下，部分倖存者撞上鋒利的珊瑚而提早喪命，其餘的人不久之後跟著溺斃。科內利茲不知怎的活了下來，他最終「抓住一大塊浮木漂浮到島上，成為『巴達維亞號』的最後一名生還者」。

科內利茲來到位於現今燈塔島潮濕沙地上的避難處。在求生本能下的失序和混亂狀態，逐漸恢復成按階級和地位安排的既定秩序。雖然科內利茲被沖上岸時衣衫襤褸且虛弱，但他依舊是高級職員，意味著他是當家做主的人。「『巴達維亞號』是一個高度講求階級的社會。」歷史學家麥克．戴許（Mike Dash）說，「同樣的情況殘留在燈塔島。」受困在島上的幾百個人連忙過來幫助他們的上司。他們將會後悔這麼做，或者至少有些人會後悔。

一等到恢復健康和重振精神後，科內利茲迅速做了些盤算。情況非常惡劣：船隻失事後所剩的食物、飲水和酒維持不了多久。供給不會增加，他心想，因此必須降低需求。這些倖存者需要減少會張口吃飯的嘴。

科內利茲開始藉由消滅潛在的對手來鞏固自己的權力。有些人被派去進行有勇無謀的任務，然後被推出小船外落水溺斃。有些人被指控犯罪，這是用來判處他們死刑的藉口。可怕的處決行動確立了科內利茲的權威，同時也提供有用的忠誠測試。願意聽從科內利茲命令殺人的人，對他來說是有用的人，而拒絕聽命行事的人則是威脅。這些威脅一一被剷除，很快地，就連藉口都不需要了。為了試試看某把劍是否仍然鋒利，有一名男孩因此被斬首。兒童們無端被殺，這些殺戮都是按科內利茲的命令完成，但他本人沒有親自動手。他穿著從船上取得的華服，藉以展現他的支配力：「絲質長襪、滾上金邊的吊襪帶以及……諸如此類的裝飾品。」其他人穿著骯髒破爛的衣服等著依序被殺。

幾個月後，等到「巴達維亞號」船長帶著救援隊回來時，已經有一百多人遭到殺害。科內利茲最終嘗到他自己的島嶼正義：他獲判死刑。他被砍掉雙手並絞殺。但這個恐怖事件引發了一個令人感到不安的人性問題：倘若當時科內利茲不在船上，是否可以避免這場大屠殺？或者自然會有別人來領導他們做這件事？

燈塔島以東四千英里處，澳大利亞另一邊有一座隸屬於東加群島的荒島，名叫阿塔島（'Ata）。一九六五年時，有六名十五至十七歲的男孩逃出寄宿學校，他們偷了一艘漁船向北航行。第一天他們只前進了五英里就決定下錨休息過夜。在他們試著入睡時，一陣暴風劇烈地搖晃他們那艘長二十四英尺的船，結果扯起船錨。超級強風很快就吹壞船帆，還摧毀掉船舵。等到天亮時，男孩們無法操縱船隻，也無法航行，只能隨著洋流漂浮。他們連續八天沿著海岸向南前進，完全不知道回家的方向。

當這六名青少年開始失去希望時，他們望見遠方有一片隱約的綠意。那是阿塔島，一座植被濃密的崎嶇島嶼。他們駕駛那艘只能有限度操縱的受損漁船，等到漂近岸邊時便棄船游泳上岸。在被沖進無情的汪洋之前，這是他們最後的機會。他們終於成功上岸，雖然被岩石割傷，但活了下來。

阿塔島周圍的峭壁使得登島變得困難，沒想到卻成為遭遇船難的男孩的生存助力。鋸齒狀的岩石是海鳥築巢棲息的完美場所，他們開始合作架設陷阱捕鳥。由於找不到淡水，他們只能隨機應變吸食海鳥血液。在新家四處搜尋後，他們升級到以椰子水解渴。最終他們的三餐從生食變成熟食，因為他們生起第一把火。男孩們商量好必須使餘火持續燃燒，絕不能讓它熄滅。他們於是輪流看顧餘火，一天二十四小時不眠不休。這條生命線讓他們得以烹煮魚肉、海鳥和甚至烏龜。

在通力合作下，男孩們的生活水準進一步提升。他們接連四天合力從島上大樹的根部一滴滴收集淡水。他們挖空樹幹來蒐集雨水，還用棕櫚葉搭建出一間簡陋的房屋。他們每件事都分工合作，沒有人當領導者。沒有鑲金邊的裝飾和長襪、沒有大聲下達的命令、沒有為了鞏固權力而策劃的陰謀，也沒有殺人事件。當他們征服這座島嶼時，成功和失敗都由大家平均分擔。

遭遇船難六個月後，當中一名男孩特維塔．法泰．拉杜（Tevita Fatai Latu）在每日例行獵捕海鳥時滑倒，結果摔斷了腿。其他五名男孩連忙過來幫助他，利用傳統東加方法，烤熱椰子樹莖製作出夾板，將骨頭固定復位。接下來的四個月，特維塔無法走路，但其他男孩一直照顧他，直到他能再度處理日常瑣事。

他們不時發生爭執。（六個人整天形影不離，菜單是一成不變的海鳥和烏龜肉，難免讓人偶爾脾氣失控。）然而一旦爆發衝突，男孩們會識相地分開。意見嚴重分歧的男孩會各自待在島上的不同地點，有時長達兩天，直到他們冷靜下來，可以再度合作求生存。過了一年多後，他們開始體認到這種新生活不是暫時的，因此得有長期安頓下來的打算，他們藉由製作粗陋的網球拍和舉行比賽、安排拳擊賽和一起健身來度日。為了避免耗盡海鳥存糧，他們同意限制每人每天的食物量並開始嘗試種植野生豆子。

在男孩們遭遇船難十五個月後，一個名叫彼得・華納（Peter Warner）的澳洲人開著他的漁船找尋捕捉螯蝦的地點。當他靠近一座無人居住的島嶼時，他發現一件不尋常的事。「我注意到峭壁上有燒焦的痕跡，這在熱帶地區並不尋常，因為在那麼潮濕的大氣環境中，不可能引發叢林野火。」現年八十九歲的華納回想。接下來，他看見令人驚奇的景象，一位留著十五個月的長髮的裸體男孩。男孩們大聲吶喊並揮舞著棕櫚葉，希望引起這艘船的注意。當船靠得夠近時，男孩們跳進海中，開始游向他們從沒想到會出現的救星。華納不確定發生了什麼事，他不知道這些男孩是否是被放逐到島上的囚犯，這項懲罰專門留給玻里尼西亞社會中最壞的壞蛋。「見到這些沒穿衣服、沒理髮，看起來健康的青少年，我有點驚慌。」他告訴我。華納將步槍裝上子彈，嚴陣以待。

當男孩來到船上時，他們客氣地解釋自己的身分。華納沒聽說有任何男孩失蹤，於是用無線電聯絡接線生，要他打電話到男孩在東加的學校證實他們的說法。二十分鐘後，流著淚的接線生告知華納，這些被認為已經死亡的男孩失蹤了一年多。「他們的葬禮已經舉行過。」接線生說。男孩被帶回東加與家人團圓。在他們獲救後，當中年紀最大的席歐內・法圖阿（Sione Fataua）說起他對生還返家的焦慮：「我們當中的幾個人有女朋友。或許她們已經不記得我們？」

如同荷蘭歷史學家羅格・布萊格曼（Rutger Bregman）所言，「真正的《蒼蠅王》是關於友誼和忠誠的故事，這個故事告訴我們如果能夠依賴彼此，我們會更加強大。」華納依舊定期和其中一位遭遇船難的男孩一起航海，他認為這整起事件「大大展現人性光輝」。

兩座荒島、兩種互相牴觸的人性洞察。其一，一個渴望權力的人鞏固對別人的控制，以便剝削和殺害他們。其二，講求平等的團隊合作佔上風，合作成為最高的原則。我們要如何解釋其間的差異？

燈塔島有結構、有秩序、有等級，最終釀成悲劇。另一方面，阿塔島到處是崎嶇聳立的岩石，但男孩們在十五個月裡所雕鑿出來的社會卻是一片平坦。兩個衝突的荒島故事引發不同的問題。我們是否因為壞人或壞的階級制度而注定被剝削？為什麼這世界上似乎有許多像科內利茲這樣的領導者在掌權，而像阿塔島男孩的人卻何其地少？

還有，如果你和同事被困在荒島上，你是否會推翻老闆，像東加男孩那樣平等合作來解決問題？或者像在燈塔島上，以血腥的方式奪取權力和支配力？你會怎麼做？

本書回答四個主要的問題。

第一，是否比較壞的人會獲得權力？

第二，權力是否使人變得更壞？

第三，我們為什麼讓那些顯然不該掌權的人控制我們？

第四，我們如何確保讓不會腐化的人掌權，並公正地行使權力？

過去十年來，我一直在世界各地研究這些問題，從白俄羅斯到英國、從象牙海岸到美國加州、泰國到突尼西亞以及澳大利亞到尚比亞。作為政治科學家的部分研究，我訪談了不同的人——主要是濫用他們的權力做壞事的壞人。我會晤教派領導者、戰犯、暴君、政變策劃者、刑求者、雇佣兵、將軍、鼓吹者、造反者、貪污的執行長以及被定罪的罪犯。我試著釐清是什麼讓他們發揮作用。了解他們，以及研究他們所處的體制——是阻止他們的關鍵。他們之中有許多人瘋狂且殘忍，有些則仁慈和具有同情心。但他們有一個共通的特點：他們行使巨大的權力。

當你和一個犯下戰爭罪的叛軍指揮官握手，或者與折磨敵人、冷血無情的暴君共進早餐時，你會訝異於他們鮮少符合諷刺漫畫中的邪惡形象。他們往往很有魅力，會開玩笑且面露笑容。他們乍看之下並不像怪物，但有許多確實是惡人。

年復一年，我努力想解開這些揮之不去的謎題。刑求者和戰犯是否是全然不同的類型，或者他們只是我們偶爾會在辦公室或鄰里中遇見的小暴君的極端加強版？未來的惡人是否就藏身在我們之中？在適當的條件下，是否任何人都有可能變成惡人？果真如此的話，那麼我們從嗜殺的暴君身上所學到的教訓，能否用來減少社會上較小規模的濫權問題。這是一個尤其迫切需要解決的謎題，因為當權者不斷地令我們失望。當你告訴別人你是一個政治科學家，他們接下來往往會提出一個問題：「為什麼有這麼多糟糕的人在掌權？」

但另一個謎題持續要求我們給予解答：這些人是否因為握有權力而變得糟糕？我自己也心存疑惑。另一個可能性在困擾著我：因為權力而變得更壞的人，他們是否只是冰山的一角。或許有更龐大、更嚴重的問題潛伏在波濤下，等待被發現，等著我們去解決。

讓我們先從傳統觀念說起。每個人都聽說過「權力使人腐化，絕對的權力絕對使人腐化」這句名言。大家普遍相信這句話，但事實是否果真如此？

幾年前我走訪了馬達加斯加，那是非洲海岸外一個紅土漫布的島嶼。人人都知道馬達加斯加有可愛的環尾狐猴，但它同樣也是一個有趣物種的產地：腐敗的政治人物。馬達加斯加主要由無賴統治，他們從地球上最貧窮的三千萬人身上榨取利益。在馬達加斯加，一份拿鐵咖啡加鬆餅就得花光一般人整週的所得。雪上加霜的是，有錢人往往剝削窮人。我在那裡遇見了馬達加斯加最富有的人之一：島上的優酪乳大亨拉瓦盧馬納納（Marc Ravalomanana）。

拉瓦盧馬納納出身貧寒。為了幫助家計，五歲的他會提著幾籃水田芥，向搭火車路過學校的乘客兜售。某天他交上意想不到的好運：鄰居送給他一輛腳踏車。年幼的拉瓦盧馬納納於是開始騎車到附近的農場，索討剩餘的牛奶並將它們變成自製的優酪乳。在生意剛起步時，他便試著回饋貧困的社區。他在當地教會當志工，或者在唱詩班裡唱歌，除此之外便是騎著那輛搖搖晃晃的破單車，一路叫賣優酪乳，一罐又一罐、年復一年發展出他的事業。

到了一九九〇年代後期，拉瓦盧馬納納已經成為馬達加斯加的乳品業大亨，島上最富有的人之一。二〇〇二年，他成為拉瓦盧馬納納總統，在幾乎每個人都一窮二白的國家，身為精明的政治人物，他深諳白手起家的故事具有何等價值。擔任總統的拉瓦盧馬納納承諾帶來改變，起初，他履行了諾言。他的政府投資興建道路、取締貪污並以超高的經濟成長率根除貧窮。馬達加斯加變成全世界成長最快速的經濟體之一。這似乎是個成功的寓言故事，一個出身寒微的好人排除萬難，成為明智公正的統治者。

我決定去拜訪拉瓦盧馬納納。當我來到他那有如宮殿般的宅第時，他正穿著滾上白條紋的海軍藍 Nike 運動服走出前門。他滿面笑容地握住我的手，領著我入內。他帶我參觀他的訓練室，他從早上五點開始就一直在這裡做健身操。（「這是讓你保持敏銳的心智，以便做出重大決定的唯一辦法。」他告訴我。）接著他指向一座用來敬拜耶穌、裝飾華麗的定製神龕，這是某種火車模型版的伯利恆，上面有一具巨大的木製十字架俯臨著微型化的城鎮。我們走上樓，來到走廊盡頭時，他打開兩扇桃花心木製的大門。一張巨大的桌子出現在門後。桌面上擺滿食物、成堆的熱可頌麵包、以各種方式烹製的蛋、五種果汁，以及足夠餵飽他兒時村莊整整一星期的優酪乳。兜售水田芥的貧苦生活早已離他遠去。

儘管有拉瓦盧馬納納的幕僚長陪著我們，但只安排了兩個座位，一個給他，一個給我。我坐了下來，打開筆記本，伸手要拿筆，這才發現我忘了帶筆。

「沒問題。」拉瓦盧馬納納說，「我們或許貧窮，但並不缺筆。」他拿起叉子旁的小鈴鐺搖了起來。幾秒鐘後，兩名員工衝進房間，每個都希望搶先來到桌子旁。

「筆。」拉瓦盧馬納納厲聲說。

兩人匆忙離去，三十秒後回來，手上各抓著一支嶄新的原子筆，搶著得到讚美。動作比較慢、沒有獲得讚美的那個人看起來情緒低落。

這時拉瓦盧馬納納開始辦正事。他準備要在下次選舉中奪回總統寶座。他熱切地看著我。

「我從 Google 上得知你當過競選顧問。」他說，「告訴我，我應該怎麼做才能贏得選舉？」

這個問題讓我猝不及防。我去那裡是為了研究他，而不是當競選顧問。但我想要建立交情，只好臨場發揮。「我在明尼蘇達州幫忙處理州長競選活動時，我們想出一種有效的招數。我們在八十七天內走訪了全部八十七個郡，以顯示我們關心整個明尼蘇達州。馬達加斯加總共有一百十九個區，你不妨在一百十九天內走訪完這一百十九個區？」

他點點頭，示意我繼續說下去。

「你可以利用這個下鄉行程，搭配你的白手起家形象。你只需騎著腳踏車到每個城鎮，提醒人們你曾有過販售優酪乳的童年，藉以顯示你了解貧窮的滋味。」他點點頭，轉身對他的幕僚長說，「去買一百十九輛腳踏車。」

拉瓦盧馬納納對於如何出奇制勝打贏選戰並不陌生，他對打破規則也無所顧忌。二〇〇六年時，他雖然佔有再度當選的優勢，但他不願意冒任何風險。他運用了一個新奇的手法來操縱選舉：他迫使他的主要對手被流放，然後阻止他返回家鄉登記參選。每當他的對手設法想回到馬達加斯加，拉瓦盧馬納納就拿起電話，下令關閉島上所有機場，導致對手所搭乘的飛機掉頭返航。這個辦法奏效了。由於這個對手不准從海外登記參選，所以不在候選人名單中。拉瓦盧馬納納於是大獲全勝。

二〇〇八年，拉瓦盧馬納納，一個出身寒微，參加教堂唱詩班和當過慈善志工的人——變得貪婪。在掌權六年後，他的內心似乎已經被某種事物改變。在一個每人年平均所得只有幾百美元的國家，他花費六千萬美元的國家基金購買了一架總統專機（有點野心勃勃地命名為「空軍二號」）。他設法將這架飛機的牌照登記在自己名下，而非馬達加斯加政府。拉瓦盧馬納納年復一年地掌握權力，他腐化的程度似乎越來越嚴重。

最終這將證明是他垮台的原因。二〇〇九年，一名暴發的廣播節目主持人轉行從政，他組織了抗議拉瓦盧馬納納總統的活動。這位前主持人在廣播節目中慫恿和平抗議者遊行到總統府。在他們到達時，保護優酪乳大亨的士兵朝他們開火。數十人被射死，激起人們的憤怒。街道上的血跡剛被清洗掉不久，拉瓦盧馬納納便在政變中被推翻，接管政府的軍方擁立這位主持人上台。

或許傳統看法是對的：權力確實使人腐化。五歲時的拉瓦盧馬納納只夢想著從兜售水田芥晉級到販賣優酪乳，他規規矩矩地做生意，為人並不殘暴。他幫助的是別人而非自己。但掌控馬達加斯加似乎改變了他，使他變得更壞。但這或許不是拉瓦盧馬納納的錯。那位廣播節目主持人總統最終可能變得比他所取代的乳品業大亨更腐敗。假使你或我突然被擁立為這個以貪腐而聞名的島國總統，我們也可能會墮落。這只不過是時間早晚的問題。

然而傳統觀念有時錯得離譜。假使權力並不會讓我們變得更好或更壞呢？假使權力只吸引某些類型的人——而那些人恰恰是不應該掌權的人？也許最想要權力的人正好是最不適合掌握權力的人。也許渴望權力的人比較容易墮落。

如果你曾閱讀通俗的心理學書籍，你很可能聽說過一個惡名昭彰的研究，這個研究似乎暗示權力確實使人腐化。只是有個問題：關於這個研究，你以為你知道的一切其實是錯的。

一九七一年暮夏，史丹佛大學的研究者菲利普・津巴多（Philip Zimbardo）在心理學系的地下室搭建一座模擬監獄。他招募了十八名大學生參與一項準科學研究，目的在判定社會角色是否會改變一般人的行為到不像話的程度。這個假說相當簡單：人類行為變化莫測。我們會配合我們所扮演的角色，或者說我們所穿的制服。

為了測試這個假說是否為真，津巴多隨機指派其中九名自願參與者為「守衛」，其他九名參與者則成為「囚犯」。為了為期兩週、每天十五美元的報酬，他們必須進行一場過於真實的刑事司法角色扮演。接下來發生的事，如今變得惡名昭彰。守衛幾乎立刻開始虐待囚犯。他們用滅火器攻擊囚犯，拿走囚犯的床墊並強迫他們睡在混凝土地板上。扮演守衛的大學生剝光同儕的衣服，只為了顯示誰是老大。權力似乎使他們變得可怕。

在喪失人身控制權後，原本自豪、外向開朗的大學生變得封閉保守和順從。一名守衛在虐待完他的大學同儕後，命令囚犯排好隊以便羞辱他們。

「以後我說什麼，你就做什麼。」

「謝謝你，矯正官。」一名囚犯回答。

「再說一遍。」

「謝謝你，矯正官。」

「說『上帝保佑你，矯正官』。」

「上帝保佑你，矯正官。」

這項研究原本要持續進行兩個星期，但當津巴多的女朋友來探訪這座模擬監獄，她被所目睹的境況給嚇壞了，六天後，她說服津巴多停止了實驗。研究結果發表之後，舉世震驚。有人為此製作紀錄片，也有人寫書。證據似乎相當明確：權力能召喚出我們每個人心中的惡魔。

但這當中藏了一個圈套。看似直截了當的史丹佛監獄實驗故事，不是這麼清楚明白——這已成為心理學的傳統看法。守衛之中只有一些人濫用權力。有些守衛拒絕濫用權力，並給予大學生囚犯尊重的對待。因此，即便權力真的使人腐化，是否有人比其他人更加不受影響？

此外，如今有些囚犯和守衛表示，他們當年只是在進行表演。他們相信研究人員想要看見一場表演，於是便給他們一場表演。近來被揭露的實驗準備階段錄音，已經讓人質疑這些參與者是否因為受到指示而對囚犯苛刻，並非自然而然變卑鄙。因此，情況比我們被引導去相信的還要撲朔迷離些。

但即便有這些提醒，這個實驗仍然教人感到心寒。一般人如果在合適的環境下，是否都有可能變得殘酷和邪惡？一旦我們控制了別人，我們是否全都是等著被揭下面具的虐待狂？

幸好答案可能不是如此。津巴多的結論並沒有考慮到該研究的一個重要層面：參與者的招募方式。研究人員為了找來囚犯和守衛，在當地報紙刊登了以下的廣告：

徵求男性大學生參與監獄生活的心理學研究。自八月十四日起，為期一至兩週，每日報酬十五美元。欲知詳情與應徵，請洽……

二〇〇七年，西肯塔基大學的研究人員注意到廣告中似乎微不足道的細節。他們感到納悶，這是否已經不慎使該研究產生偏差。為了找出答案，他們複製了這則廣告，只將十五美元改成七十美元（因應一九七〇年代以來的通貨膨脹所作的調整）。除此之外，更新後的廣告中每個字都一模一樣。後來，他們又創造一個新廣告，除了一個關鍵的差異，其他部分都相同：「參與監獄生活的心理學研究」改成「參與心理學研究」。他們在某些大學城放置「監獄生活」廣告，在其他大學城放置「心理研究」廣告。其概念是讓一組人自願參加監獄實驗，而另一組參加一般心理學研究。回應這兩則廣告的人會有什麼差異嗎？

招募期結束後，研究人員要求未來的研究參與者接受心理篩選和徹底的人格評估。他們的發現十分驚人。相較於回應一般心理學研究廣告的人，那些回應監獄實驗廣告的人在「侵略性、獨裁主義、馬基維利主義、自戀和社會優勢」的測量項目獲得相當高的分數，而在「同理心和利他主義傾向項目的得分明顯偏低」。只不過是在廣告中包含了監獄這個用語，結果便招來不成比例的一批殘酷成性的學生。

這個發現可能翻轉了史丹佛監獄實驗的結論，在根本上改變我們對權力的了解。史丹佛監獄實驗並沒有證明被賦予權力的一般人會變得殘酷，而是可能證明了殘酷成性的人會尋求權力。或許我們倒因為果。或許權力只是一塊吸引壞人的磁鐵，而非使好人變壞的一種力量。依此構想，權力不會使人腐化——它吸引腐敗者。

但仍有另一個謎。即便不適合掌權的人被權力吸引，他們為何似乎很容易獲得權力？畢竟在現代社會中，大量的控制不是奪取來的，而是被給予。執行長不必與中階經理進行格鬥士般的戰鬥，就能進駐邊間辦公室。懦夫和腐敗的政客，至少在民主政體中，需要一般大眾支持他們掌權。近來所揭露關於史丹佛監獄實驗的事，提升了壞人受權力吸引的可能性。但我們又為什麼容易因為錯誤的理由，而將權力交給不對的人？

二〇〇八年，瑞士研究人員進行一項實驗來測試這個假說。他們招募了六百八十一名當地兒童，年齡介於五歲到十三歲之間。這些孩童被要求玩一個電腦模擬遊戲，他們必須為一艘即將出航的船做出相關的決定。每個孩童都得依據出現在螢幕上的兩張臉，為他們的數位船挑選一位船長。此外沒有其他資料。如此的設計是為了迫使這些孩童決定：對你而言誰看起來像是個好船長？誰似乎可以成為你想像中的船隻的有效領導者？

孩子們不知道的是，這兩個可能的船長人選並不是隨機搭配。他們是最近在法國國會選舉中競選的政治人物。成對的臉隨機分配給這些孩童，但他們所看見的每一對組合都包含了勝選者和第二高票。研究的結果相當驚人：孩子們挑選出來的船長，有高達百分之七十一的機率是贏得選舉的候選人。當研究人員改以成人為對象進行相同的實驗時，他們驚訝地發現近乎相同的結果。研究結果有兩方面值得我們注意。首先，連兒童都能光憑長相就準確辨識出勝選者，突顯出我們對於領導潛力的評估方式是多麼膚淺。第二，在挑選掌權者時，兒童和成人的認知歷程並無根本上的差異。此事賦予憑表象（at face value）相信人這個片語新的意義。進一步的證據指出，我們挑選領導者的能力是有問題的，其他幾項研究也顯示在群體討論中，更具攻擊性或表現粗野的人會被視為比更樂意合作或更溫順的人，看起來更有權力和更像領導者。

沒錯，事情越變越複雜。權力可能使好人腐化，但也可能吸引壞人。身為人類，不知怎的我們似乎因為壞的理由而被壞的領導者吸引。

不幸的是，這種複雜性才只是起點，還有另一個需要考量的難題。假使掌權者之所以做壞事，並非因為他們原本就是壞人，不是因為得到權力之後變壞，而是因為他們受困於壞的體制呢？這個想法非常有道理。畢竟奉公守法可能會讓你在挪威晉升，但保證你永遠無法在烏茲別克獲得權力。這有助於解釋為什麼某些位高權重者是真正的了不起——他們一心幫助別人而非幫助自己。因此權力的誘惑和掌握權力的影響可能得視背景而定。幸好，背景和體制是可以改變的。這帶給我們一些好消息：或許我們不是注定要活在一個無法避免科內利茲式濫權領導的世界。

在印度班加羅爾（Bangalore）所進行的研究為上述的樂觀看法提供了一些證據。研究人員想看看什麼類型的人會被公職吸引，當地公家部門是以貪污受賄而聞名。印度文官提供了合適的試驗場，因為他們的貪污腐敗可謂惡名昭彰。人人都知道在班加羅爾當公務員有機會獲得灰色收入。在這個由兩位經濟學家所設計的實驗中，數百名大學生被要求投標準的骰子四十二次並記錄結果。當然，投骰子的結果全憑運氣。然而在投骰子之前，他們被告知如果他們運氣好，投出更高的點數，會獲得更多報酬。投出更多的四點、五點和六點可以賺到更多現金。

但由於結果是自行報告，學生可以謊報他們投骰子的結果。許多人的確這麼做。投出六點的次數佔百分之二十五，而一點只有百分之十。藉由統計分析，研究人員可以確定，如此偏差的結果不可能是因為運氣。有些學生甚至厚顏無恥地宣稱他們接連投出四十二次的六點。但這些數據透露出蹊蹺：在實驗中作弊的學生，他們的職業志向不同於誠實記錄的學生。比起一般學生，自行報告出造假的高點數的學生，有更多人表示他們想要加入腐敗的印度文官體系。

丹麥的另一組研究人員也做了類似的實驗——這個國家的文官體系乾淨且透明，卻獲得相反的結果。誠實地自行報告點數的學生更想要擔任公務員，而說謊的學生尋求能讓他們以骯髒手段致富的職業。腐敗的體制吸引腐敗的學生，誠實的體制吸引誠實的學生。或許這無關權力使人改變，而是與背景有關。好的體制能創造出以合乎道德的方式追求權力的良性循環。壞的體制則創造出讓人們為了爬到最高位，樂於說謊、欺騙和偷竊的惡性循環。如果這是事實，那麼我們應該關切的不是掌握權力的個人，而是修補不健全的體制。

關於這些惱人的複雜謎題，我們有一系列可能的解答。第一，權力讓人變得更壞——權力使人腐化。水田芥變成優酪乳帝國，在你還會意不過來之前，你已經匆匆投入選戰，用不屬於自己的錢買飛機。第二，並非權力使人腐化，而是比較糟糕的人會被權力吸引——權力吸引腐敗的人。心理病態的藥劑師忍不住要在一艘注定滅亡的船上攀登到最高位，而虐待狂無法抗拒穿上制服，用警棍毆打囚犯的誘惑。第三，問題不在掌握權力或追求權力的人身上，而是我們因為壞的理由而被壞的領導者吸引，我們還傾向於授予他們權力。我們的船長是基於不理性的原因被挑選出來——不只是想像中的船。當他們帶領我們撞上礁岩時，我們只能怪罪自己。還有第四，我們不應該將重點放在個別的掌權者，因為一切都取決於體制。壞的體制產生壞的領導者，只要創造出正確的背景環境，權力就能使人淨化而非使人腐化。

這些假說是關於人類社會的兩個最基本問題的可能解釋：誰得到權力以及權力如何改變我們。本書會提供答案。

Chapter
2

權力的演化

我們是什麼？人類？或動物？或野蠻人？

——威廉．高汀，《蒼蠅王》

關於黑猩猩與兒童

在我們開始探究誰尋求權力、誰獲得權力，以及權力是否改變我們的問題之前，我們必須先稍微縮小一下範圍，處理一個更基本的問題。那便是身為人類，我們為何不可避免地將社會建構成讓少數人擁有權力，而大多數人沒有權力？

且讓我們回到那兩艘荒島失事船舶的故事。將天數已盡的「巴達維亞號」和受困阿塔島的東加男孩兩者並置，不僅能道出關於人性的一個難解之謎，也提出一個我們鮮少會思考的問題：階級制度為何存在？等級和地位界定了我們大部分的日常生活，使我們根本無法停下來想像其他可能的替代品。但如果人與人之間的關係主要是平等的，而非一連串由上而下的種種排序，例如老闆、將軍和總統，情況又會怎樣？的確，這聽起來有點像是中產階級文科大學裡，無政府主義者和馬克思主義者的狂想。但如果你回顧足夠久遠之前的歷史，便會發現在人類出現於地球上的大多數時間裡，對大多數人而言，那個沒有階級制度、看似烏托邦的世界確實像是這樣。為了了解現在，我們需要回到過去。

在三十五億至四十五億年前，如果你想要探訪你的祖先，來個闔家團圓，你得深入海洋找到一個熱氣騰騰的深海噴發口。在流出地表的岩漿所造成的滾燙高溫下，你可以和一種單細胞生物相聚，牠不僅是你的祖先，也是地球上現存一切生物的祖先，稱作最後的共同祖先（Last Universal Common Ancestor, LUCA）。這是我們與每一隻鳥、每一隻海膽和每個黏菌的共同祖先。地球上的所有生命都透過最後的共同祖先產生關聯，但這個事實沒有說出太多關於我們自身的事。

時間快速向前推進數十億年，你會遇見毛茸茸的人類祖先，牠們的名字唸起來有些拗口，叫作黑猩猩─人類最後的共同祖先（Chimpanzee-Human Last Common Ancestor, CHLCA）。CHLCA確實比單細胞的LUCA更容易辨識，牠代表了我們的祖先與黑猩猩難以區分的最後時刻。在人類及其先祖演化的分枝中，長臂猿最早分化出來，接著是紅毛猩猩，然後是大猩猩，最後在大約四百萬至一千三百萬年前，我們從黑猩猩分化出來。

即便演化了數百萬年後，我們依舊與黑猩猩關係密切。現代人類的ＤＮＡ有百分之九十八點八與黑猩猩相同。（不過當你知道我們的ＤＮＡ百分之八十與狗相同，而百分之五十與香蕉相同時，這個統計數字聽起來就稍微沒那麼讓人印象深刻。）然而當你看著黑猩猩在玩耍或照顧幼兒時，又或者當你看見牠們展示支配和順從時，你的確會從中感覺出一絲人性，這不是沒有原因的。在許多方面，黑猩猩就和我們一樣。

這些相似性代表一個誘人的簡單假設：如果你想要了解人類與權力、地位和階級制度的關係，也許只需觀察黑猩猩就能知道。如果黑猩猩是我們的動物最近親，說不定我們可以藉由了解牠們來了解我們自己。另一方面，如果黑猩猩遵循叢林法則，由體型最大、最強壯的黑猩猩統治，而最弱小的黑猩猩接受統治，那麼便會產生一個問題。這個模型無法讓我們進一步解釋，比方說前德國總理梅克爾（Angela Merkel）。

幾十年前，一位名叫法蘭斯．德瓦爾（Frans de Waal）的荷蘭靈長類動物學家注意到，黑猩猩的社會結構遠比我們先前知道的還複雜。一隻黑猩猩若想要當家做主，確實必須體型夠大、夠強壯，但這並不保證最大的黑猩猩總是變成最有權力的黑猩猩。相反的，有抱負的領導者必須能建立聯盟、巴結造王者和分配資源。那些一路爬到最高位的雄性黑猩猩沒有工作安全感，因為篡位者一直在等待牠們變弱的時刻，以便形成自己的聯盟和推翻最高位者。黑猩猩的階級動態是如此地複雜，讓德瓦爾開始將這些互動視為無疑是政治運作。他在一九八二年寫出他的重要著作《猩球攻略：黑猩猩政治學》（*Chimpanzee Politics*）。

這本書在當時引發爭議，因為它把被認為是人類所獨有的社交意圖和策略也歸給動物。孱弱的黑猩猩可以形成盟約來抵銷強壯的黑猩猩所擁有的權力。聰明的黑猩猩能智取牠們的對手。德瓦爾甚至描述黑猩猩的政變，醞釀多日但在頃刻間準確執行。無論德瓦爾觀察到的是哪一群黑猩猩，地位的問題總是存在。這個地位是由無情追求支配別人的權力的某些黑猩猩所定義。階級制度是不可避免的事。如同「巴達維亞號」上的人，黑猩猩一向知道牠們的位階高低。

「黑猩猩，包括雌性黑猩猩在內——都非常熱中權力。」德瓦爾告訴我。「在與黑猩猩打交道時，公猩猩或母猩猩都免不了試著支配你或威脅你，只為了看看你如何反應。牠們總會測試你。牠們總想知道牠們和你的相對地位高低。如果牠們察覺出你的軟弱就會逼迫你，因為牠們設法想要佔上風。」

即使權力如此影響黑猩猩的行為，但這不是牠們唯一的考量。就像某些人類一樣，有些黑猩猩無法抗拒地被權力吸引。有些黑猩猩試著支配別人，但不介意最後當追隨者。「並非每隻黑猩猩都有想要居於最高位的衝動，這是一件高風險的事。」德瓦爾說，「舉例來說，你可能發現體型十分碩大的雄黑猩猩，甘願屈居於老三的地位。」這種複雜程度似乎與人類的情況相似。我們當中有些人會尋求權力，有些人迴避權力，寧願退到一旁讓別人領導。說到尋求權力、獲取權力和行使權力，主張黑猩猩與人類極其相似的理論確實有道理。

在某些方面，這是一個令人感到不安的前景。畢竟大多數的黑猩猩似乎無法避免設法想要支配別人。一九六四年的研究發現，出生時即被孤立並在任何社會結構之外養育的黑猩猩，依舊展現出與社會支配有關的行為。階級制度、權力和控制似乎就是身為黑猩猩的一部分。我們與黑猩猩共享的遺傳基因碼是否注定我們也有相同的執迷？

事實不盡然如此。儘管我們與黑猩猩在基因上的相似程度達到百分九十八點八，但這百分之一點二的DNA差異充滿了關鍵性的不同。在讓人類之所以為人類的無數A、C、G、T排列組合中，我們大約有一千五百萬個字母有別於黑猩猩。許多這些變化是無意義的基因轉錄錯誤，在生物學上對我們並無可識別的影響。那是因為並非所有的DNA鹼基對都是相等的。有些鹼基對具有關鍵作用，提供了確保我們有兩隻手臂並且接附於我們的上半身，而非從頭部冒出來的藍圖。其他的鹼基對只是無用之物。

二〇〇〇年代初期，計算生物學家凱薩琳．波拉德（Katherine S. Pollard）試著弄清楚在這一千五百萬個字母中，哪些是使我們有別於黑猩猩的重要字母。為了達成這個目的，她遵循一個簡單的邏輯：在好幾百萬年前，我們的基因組在某些方面已經大幅改變，不同於我們與黑猩猩的最後共同祖先，但其他方面則保持不變。當然，如果你能鑑別出哪些部分的基因組改變得最多——它們是最大的離群值，你就能解開人之所以為人的秘密。

但當中存在著一個演化的轉折。不重要的差異最有可能是隨機突變的結果。它們是無用之物，沒有意義的意外。但任何重大的改變都不是意外。改變速度快於隨機突變的任何遺傳密碼都是「被挑選出來的」。換言之，這些改變提供我們準人類的祖先更大的生存機會。由於這些有益地被改寫的ＤＮＡ片段幫助他們存活下來，因此更可能被傳遞給往後的世代。有用處的遺傳革新以如此簡練的方式被「加速」。如果波拉德能找出這些被「加速」的片段，那麼她便能準確看出我們如何從我們的靈長類動物祖先進行演化。

二〇〇四年十一月，波拉德看著她的計算機編碼，按下滑鼠，精準確定了數百萬年的遺傳分歧：一百一十八個ＤＮＡ鹼基結合起來構成現在所稱的第一號人類加速區（human accelerated region, HAR1）。ＨＡＲ１在我們大腦發育期間開啟。如果ＨＡＲ１出了差錯，大腦就可能變混亂，甚至以致命的方式退化。波拉德發現了許多使我們有別於黑猩猩的關鍵鹼基配對。

但這樣並不足以知道我們在哪裡不同。我們需要知道我們如何不同。說到我們的行為，是什麼使我們有別猿猴？事實證明某些驚人的線索顯示，我們天生就會關注公平與平等，而黑猩猩則根本不在意。這提供了些許希望，說明在內心深處我們更加像東加青少年而非「巴達維亞號」的殺人者。

杜克大學（Duke University）的發展心理學教授麥可・托馬塞洛（Michael Tomasello）可能從學步幼兒的眼中發現了希望的微光。他設計了一個簡單的研究。成對的兩、三歲兒童被隨機指派為「幸運的」兒童或「倒楣的」兒童。「幸運的」兒童得到三個獎賞，而「倒楣的」兒童只獲得一個。如果人類天生具備公平正義感，那麼這些幼兒之間的差別待遇，應該會使他們感到良心不安。然而如果我們只對支配別人感興趣，那麼幸運的兒童會欣然接受他們的好運，而不會想到倒楣的兒童。

這個研究有三個版本。在第一個版本中，兒童們走進一個房間，幸運的兒童會找到等著他的三個獎賞，而倒楣的兒童只找到一個。在第二個版本中，兩個兒童會拉一條繩子。幸運的兒童同樣得到三個獎賞，而倒楣的兒童只得到一個獎賞。在第三個版本中，兩個兒童公平合作進行一項任務，最終仍是按三比一分配的獎賞。這個設計概念是要看看我們的天性是否傾向於和別人分享，還有獎賞的分配方式是否重要。

在第一個版本的研究中，沒有兒童跟別人分享獎賞。在第二個版本中，有些兒童會分享。但第三個版本——平等合作的努力產生不平等的待遇，出現最有意思的結果。兩歲的兒童沒有人分享他們得到的獎賞，但在幸運的三歲兒童中，高達百分之八十放棄他們其中一個獎賞，來達成和倒楣同伴的平等立足點。他們的天性傾向於維持公平，尤其是在合作之後。看似隨機的分配並不會讓這些兒童感到困擾，但在付出同等的努力後，不公平的分配顯然讓三歲大的兒童覺得不安。當我們不再喜歡吸奶嘴時，我們會開始發展出對不公平的厭惡。

除非你與一群笨蛋合作，否則你可以假定在成人之中也有類似的結果。但我們經常在同事之間看到的分享衝動可能是學習而來，並非天生就擁有的。它也可能是社會壓力造成的結果。畢竟有誰膽敢冒險拿走兩塊蛋糕，什麼也不留給同事，因而成為辦公室裡的被排斥者？對三歲的兒童而言，社會污名比較不構成一個因素。然而堅守社會公平正義的兒童難道只是良好的教養，或者坐在電視機前看許多小時的《芝麻街》兒童節目的副產物？

「我們可以主張說，這些兒童只是盲目地在遵循他們從父母親那裡學來的分享原則。」托馬塞洛說，「但如果事實是如此，他們應該在這三種情況下都會與其他兒童公平地分配獎賞——除非他們被教導的規則是只在合作之後才分享資源，但這是難以置信的事。更有可能的原因是合作行為產生出『我們』的感覺，促使兒童認為他們的夥伴理應公平地得到戰利品。」托馬塞洛和他的共同作者開始納悶，為何如此的本能——合作的本能，在人類身上發展起來。

但這只專屬於人類嗎？托馬塞洛決定對黑猩猩進行一個類似的研究。在實驗進行時，黑猩猩的分享行為相當罕見。重要的是，實驗的安排方式絲毫不改變結果。合作是和牠們不相干的事，當中沒有「我們」的感覺，也沒有公平感。對黑猩猩來說，想要支配別人並非經過再三思考的結果。

所以這是人類權力演化的一個謎題。我們開始與黑猩猩分道揚鑣，但在成為現代人類的路途中，我們在某處發展出一種強烈的意識，認為合作應該獲得均等的戰利品作為回報。我們也發展想要與人合作的本能欲望，不只是為了支配別人。這種事如何以及為何會發生？為了找出答案，我們需要回顧一下人類身為狩獵採集者的過往歷史，並回答一個看似不相干的問題：黑猩猩為什麼不會打棒球？

我們的肩膀如何形塑社會？

在非洲的喀拉哈里沙漠，住著一群稱作康人（!Kung）的狩獵採集者。在周遭的波札那、納米比亞和安哥拉都已經變成複雜的現代國家時，康人依舊保有他們的史前生活方式。這種生活的核心是狩獵儀式，提供了一個窗口讓我們窺看人類生存在地球上的大部分時間裡，極具特色的追求平等的衝動。

為了生存，康人必須把肉帶回家，這是一件曠日費時的事，他們經常空手而返。

但當他們狩獵成功並將獵物帶回村子時，他們既不慶祝也不歡呼，而是經歷一種儀式性的羞辱，人類學家稱這種儀式為「辱肉」儀式。即便獵人們獵殺到的動物能餵飽全村的人一個星期，抱怨依舊相同：「你的意思是說你把我們全部的人叫到這裡來，就是為了讓我們載著成堆的骨頭回去？噢，如果我知道獵物這麼瘦，我就不來了。」這個奇怪的習俗有一個目的：要挫挫獵人的銳氣。以幫群（band）為單位的康人，曾在一九七〇年代向加拿大人類學家理查·李（Richard Lee）解釋箇中的道理：「當年輕人獵殺到很多肉時，他會以為自己是首領或大人物，而將我們視為他的僕人和下屬。我們無法接受這點，我們拒絕自吹自擂的人，因為某天他的驕傲會讓他害死別人。所以我們總是會說他帶回來的肉毫無價值，這麼一來我們就可以讓他冷靜下來並且變溫和。」

就像藉由侮辱獵人帶回來的肉，以免他過於厚臉皮而不知謙遜，另一個機制用來確保沒有人會變得自以為是。康人用箭狩獵，每一個箭頭都屬於不同的個人或家族所擁有，無論由誰負責打獵。社群中的成員會定期彼此交換箭頭。接下來在射中獵物時，功勞不歸獵人所有，而是屬於殺死獵物的箭頭的主人。由於康人頻頻交換箭頭，這個過程有效地被隨機化。藉由這種聰明的社會工程，每家每戶都可獲得大約相等的餵飽幫群的功勞。這個系統確保生產力高的獵人不會成為領導者，而成功與失敗都由族人來分擔。我們所知道的階級制度並不存在，他們的社會是一種人人平起平坐的均等設計。

這並不表示史前人類和現代狩獵採集者對於權力或階級制度不感興趣。相反的，如同演化心理學家馬克・范伍格特（Mark van Vugt）向我解釋的，「如果就連在狩獵採集者社會中，都沒有人試著去支配別人，這會是一件非常奇怪的事。那是我們的靈長類動物遺產非常基本的一部分。」但每當有人設法在康人社群內掌握權力時，他們就會被放逐、嘲諷、羞辱或者在極端的情況下被殺死。康人的儀式在我們看來雖說顯得奇怪，但在人類歷史中，它們實屬正常。我們才是奇怪的人。

如果將我們智人（Homo sapiens）的三十萬年歷史濃縮成一年，那麼我們從新年一直到大約聖誕節，絕大多數時候都活在非階級制的均等社會中。在這一年的最後六天，階級制度將成為常態，屆時文明在世界上到處生根。那時候支配和專制政治將定義我們。我們的現代社會其實是例外。相當於我們黑猩猩祖先中帶頭公猩猩的男性從許多史前社會中消失。那麼他們去了哪裡？

如果你讓世界上力氣最大的黑猩猩穿上棒球服，給牠最好的訓練，讓牠每天練習投球，牠可能依舊只能投出時速大約二十英里的球，大約是小聯盟裡一般弱小的七歲投手的球速。一個還不錯的十二歲投手能用時速六十英里的快速球三振打擊者，球速是黑猩猩中的諾蘭・萊恩（Nolan Ryan）或馬里安諾・李維拉（Mariano Rivera）的極速的三倍。我們的靈長類祖先更有可能會投中打擊者，或者把球投歪了，而不是投出一個好球。但這不是一個公平的競爭。「人類是唯一能將物體投擲得極為快速又有準頭的物種。」哈佛大學演化生物學家尼爾．湯瑪斯．羅區（Neil Thomas Roach）寫道。大約兩百萬年前，我們的直立人（Homo erectus）祖先有點幸運地動了肩膀的演化整型手術。突然間他們能以致命的速度和準確度投擲物體，徹底改變了人類這個物種的演化進程。

四十萬年前，我們的某位祖先將一根紫杉樹枝削尖。這根樹枝也被製作成更符合空氣動力學。這個勞動的成果如今被稱作克拉克頓矛（Clacton Spear），是有史以來所發現最古老的木製加工品。在六萬至七萬年前，弓和箭進入考古紀錄中。但在這些武器被發展出之前，人類先祖便能以黑猩猩只能夢寐以求的準確度投擲石頭。我們能運用種種武器，使我們有別於其他靈長類動物。這個區別改變了我們的社會結構。

有了遠距武器後，殺戮變成更關乎大腦和技巧的事，肌肉發達和體型大小與否不再是那麼重要。在爭奪權力的戰鬥中，拋射式武器造成殘酷的平等。突然間，能製作出更好的矛或經常練習投矛的小個子，能輕易殺死比他更高大、更強壯的人。權力與體型大小之間的傳統連結被切斷。巨人歌利亞不再無往不勝，配備遠距武器的大衛能夠推翻他們。

這種轉變依舊展現在現代社會。越戰期間，美軍最無情的殺手之一是名叫羅伯特・佛萊厄提（Richard Flaherty）的綠扁帽特種部隊戰士。他獲頒一枚銀星勳章和兩枚銅星勳章。他的身高只有四英尺十英寸，比一般美國女性還矮六英寸。但你甚至無需接受格鬥訓練就能變得致命，只要你擁有合適的拋射武器。你甚至無需是成年人。在美國大約每個星期都有一個人被意外開槍的幼兒給射中，當中的某些意外是致命的。相較之下，年幼的黑猩猩意外殺死成年黑猩猩的概念則顯得荒唐可笑。我們的靈長類表親只能憑蠻力進行殺戮。

說到最適者生存時，遠距武器的發展因此改變了「最適者」的意義。體型不再那麼重要。演化生物學家認為這種改變是男女之間的體型差異，比起其他任何類人猿更加縮減的關鍵原因。（如果科學家說的沒錯，男人通常比女人高出幾英寸，部分原因在於我們肩膀的設計方式。）但最大的改變來自於遠距武器，而它們所造成的最大破壞是摧毀階級制度——從黑猩猩的專制君主統治到狩獵採集者的平等合作。

然而，我們不應該自認為人類是一個極度討人喜愛的物種。人類如同黑猩猩般受到權力的吸引。但我們身為從黑猩猩分化出來的人類，通往權力之路也產生分歧。當奪取權力需要藉由身體戰鬥所進行的殺戮時，要挑戰族群中佔優勢地位的成員，會是一件危險且可能致命的事。為了取得控制，你必須置身於危險之中。這為當權者提供了一定程度的保護，因為他們往往知道他們會贏得體力的戰鬥。他們體型較大而且更強壯。然而隨著遠距武器的發展，想要當領導者的人得更加留意背後。突然間，就連族群中最瘦小的成員也可能形成威脅。潛在的對手可能躲在樹林裡，準備對你投出一支矛。這個競爭者可能用弓箭射你，或者趁著你睡覺時，在你最意想不到的情況下用石頭砸碎你的頭[1]。突然間，族群裡的大人物更難憑藉體型去支配違反他們意志的瘦小成員。此時的人類有了選擇，可以不接受以體型大小決定權力大小的規則。

南加州大學的人類學家克里斯・貝姆（Chris Boehm）發展出一個廣為接受的解釋，來說明此後人類社會中階級制度的被摧毀。他創造出有點累贅的用語逆向優勢的階級制度（reverse dominance hierarchy）來說明這個現象，但其概念是簡單的。優勢的階級制度是一個銳角三角形，居於最高位的頭頭從頂點淩駕其他每一個人。逆向優勢的階級制度是一條平坦的線，當中的每個人或多或少是平等的，至少就形式而言。貝姆解釋說任何嘗試改變這條平坦的線，使之恢復為銳角三角形的人會使自己冒著危險。

儘管如此，狩獵採集者往往需要奮力維持沒有階級制度的狀態。就人類這個物種而言，有許多人喜歡控制別人，從演化的觀點來看，這是說得通的。至少擁有一些權力往往能保障生存，以及進一步來說，可以保障順利的繁衍。但如果社會的建構方式是只讓一個人當領導者，那麼幾乎每一個想掌握權力的人都得不到權力。當然，你或許夠幸運。對任何一個特定的個人來說，受別人支配是階級社會最有可能的結果。因此，許多早期的人類不接受靈長類動物式的安排，而選擇設計出一個不同的生活方式，當中沒有人可以當家做主。任何嘗試掌握權力的人——貝姆稱之為暴發戶，將會受到群體的控制，被打回和其他人相同的地位。暴發戶可能面臨驅逐、騷擾甚至死亡。康人的辱肉儀式和輪換箭頭，只是其中兩種被發展出來威懾這種暴發戶的機制。如同某位人類學家所言，「所有的人都試圖統治別人，如果無法統治別人，他們則偏好平等。」我們想要統治的天性被不想受統治的更強烈欲望所取代。

因此，貝姆認為數十萬年以來，人類相對平等地生活在稱作幫群的群體中——在我們濃縮的一年裡，從新年到聖誕節。這種幫群少則幾十人，多至大約八十人。在做出決定之前，群體成員會深思熟慮和進行討論。對於特定主題尤其有技術或知識的領導者，可能具備更多的能力來說服別人，但他們發揮不了正式的權威。

我們透過三種不完備的證據得知此事。首先，針對古代狩獵採集者墓葬所進行的考古挖掘，發現墳墓內的陪葬品鮮少不相同[2]。當階級制度變成常態時，這種情況

1 這也是我們不需要知道李・哈維・奧斯華（Lee Harvey Oswald，譯註：他被認為是槍殺前美國總統甘迺迪的主嫌）身高多少或者他能舉起多少重量的原因。

2 有一些例外存在。舉例來說，義大利某具小男孩的屍體伴隨著象徵社會地位的華麗陪葬品。現今莫斯科附近也曾發現過宏偉的墓室。

發生極大的改變，有權力的個人被埋葬在大型的墳墓中或者擁有更多財產，或者以某種方式表明他們與眾不同（想想金字塔）。第二，考古證據顯示出幫群成員之間鮮少顯現重大的營養差異。幾乎沒有肥胖的亨利八世，同時存在挨餓的農夫。第三，幾乎沒有例外的是，現代倖存的狩獵採集者幫群以這種方式過活——沒有首領但具備由集體意見所推動的深思熟慮。這些屬於石器時代社會的活生生人類，讓我們得以一窺人類過往的集體生活。這種生活與我們的世界相去甚遠，如今我們生活中的每個層面都受到社會階級制度的影響。

不可否認的是，我們對於非階級制的狩獵採集者社會了解得並不完整，而且可能過於誇大。人類演化生物學專家曼維爾．辛格（Manvir Singh）令人信服地挑戰傳統觀念，他表示某些定居的史前階級社會的確存在（例如在中國南方、地中海東部諸島及沿岸、斯堪的那維亞半島南部等地）。他認為史前社會的結構遠比我們目前所以為的還要複雜。此外，有些專家質疑營養證據是否造成誤導，或者「平等主義」是否真的意味著平等（尤其在涉及性別時）。然而有強烈的證據顯示，在人類歷史的大部分時間裡，正式化且複雜的階級制度遠遠不如現今常見。乍看之下，一個沒有慣老闆或無能政客的世界聽起來似乎相當吸引人。我們是不是該重返石器時代了？

別誤會我的意思：這些社會絕非烏托邦。其中超過四分之一的嬰兒活不過一歲，將近半數的兒童無法活到青春期。當某個暴發戶或渴望權力的濫權者出現在史前時期時，衝突和悲劇往往隨之產生。有時暴發戶會被放逐。（如果你的整個世界裡只有八十個人，而且沒有人跟你做朋友，社會污名會是一項強大的武器。這就像在一群高中死黨中，一個史前壞女孩的加強版。）在狩獵採集者的幫群中，放逐意味著社交死亡，至少在短時間內。但儘管存在如此強大的威懾力量，但人們確實會違反社會規範。一旦發生這種事，他們沒有警察部門可以求助，也沒有法官來判定有罪或無罪。這非常像是沒有法律的古代版蠻荒西部世界，時常以殺人來解決爭端。根據西班牙研究者最近發表在《自然》期刊的一項研究，在狩獵採集者的社會中，大約百分之二的死亡起因於殺人。這密切反映出類人猿之間，靈長類動物對靈長類動物的殺戮比例。（以此作為辯護，我們的確不是動物界裡最壞之中的最壞例子，印度豹之間的同種殺戮比例是百分之八；狼是百分之十二；海獅百分之十七；而看似可愛的馬達加斯加狐猴高達百分之十七。）

但在這些樂於殺人的史前幫群中，誰是麻煩製造者？從現代狩獵採集者的社會，我們知道渴望權力的暴發戶在人口中並非隨機分布。「惹麻煩的人是男性。」貝姆解釋。「群體領導者、巫醫、熟練的獵人、有殺人傾向的精神病患，或握有不尋常的權力或有強烈政治野心的男人。」人性之謎是如此地複雜：當我們活得比較像那些遭遇船難的東加男孩時，我們的社會中依舊潛伏著「巴達維亞號」船員，等待被釋放。

我們知道這種沒有階級制度的情況並不會持續。看看你的周遭。我們的生活是由地位和權力所界定，從小心過招的茶水間政治和象徵社會地位的奢華手提包，到警方虐待少數族裔以及如頑強野草般繼續存在的性別不平等。就像「巴達維亞號」上的乘客知道他們的位階，我們也被提醒自己在社會中所處的地位。因此，有什麼事情被改變了嗎？我們如何從比比皆是的原始平等社會演變出史上最複雜的階級制度？

戰爭與豌豆

一萬一千至五千年前，一切都改變了。幫群被部族、酋邦和古代版的國家給取代。確實存在的階級社會變得更加階級分明。我們的世界不再平等。權力引發復仇。到底發生了什麼事？

一位移居美國，戴眼鏡、大鬍子的俄國人決定找出原因。

彼得・塔欽（Peter Turchin）自小便學會打從心底厭惡高壓的階級制度。他的父親范倫汀・塔欽（Valentin Turchin）是蘇聯人工智慧的早期先驅。但當范倫汀公然說出蘇聯的弊病時，他批評得太過火，結果惹惱了上司。變成異議分子的范倫汀帶著二十歲的兒子彼得逃往美國。幾十年後，彼得・塔欽成為博學之士，在康乃迪克大學擔任教授，他是你可能從未聽說過的最聰明的思想家之一。塔欽看起來有教授風範，他把醒著的時間花在思索重要的理論和假設。他戴著有教授味的眼鏡，花白的頭髮與鬍子相稱，穿起馬球衫比穿西裝打領帶更自在。他用殘留的俄國腔說著極具說服力的學術英語，雙手激動地揮舞著，向每一位新聽眾解釋他那具有全面性的宏觀想法——不是要他們接受某個理想，而是他看待世界的方式。

塔欽執著於兩個問題。首先，我們的社會如何演變成創造出這些古怪的不平等和有害的統治方式。第二，我們能否利用數學和數據來回答這些歷史謎題？為了解決這些問題，塔欽開創出一個他稱作歷史動力學（cliodynamics）的領域，按歷史女神克萊奧（Clio）的名字加上研究變化的動力學（dynamics）來命名。他利用他的新方法，著手解開人類階級制度的神秘起源。

他的核心思想是一個稱作多層次選擇的概念。這是一個複雜的概念，但可藉由塔欽最新的一本書《極端社會》（*Ultrasociety*）中一個簡單的例子加以說明。讓我們先從達爾文天擇說最基本的部分說起。在個人的層次上，如果某項特質讓你更容易存活下來和繁衍後代，那麼它更有可能遺傳給下一代。你的孩子將擁有那項特質，而且或許會遺傳給他們的孩子。那項特質是「被選中的」。相反的，使你更容易死亡，從而無法產生後代的特質會隨著時間從基因庫中被汰除。

現在請你想一想這些動力會如何影響戰士。讓戰士更擅長戰鬥的特質，也會讓他們更容易死亡。最優秀的戰士渴望投身於致命的戰鬥，而且有許多人會死於戰鬥中，因此使他們從基因庫中被抹除。逃跑的懦夫會免於一死。當然，勇於戰鬥的特質不會中選，因為它不利於我們活得夠久而產生許多後代。那麼我們為何仍然還有源源不絕的勇士？

要解釋這個看似矛盾的問題，必須從群體而非個人的層次進行說明。如果你擁有一支由勇敢的戰士所組成的軍隊，而且你得在戰場上對抗一支由懦夫組成的軍隊，在這種情況下，我們不需要像塔欽這樣的天才也能預測誰勝誰負。在懦夫軍隊中的一名勇敢士兵會死亡，但一整群勇敢的士兵合力作戰，卻會獲得更大的生存機會。如果戰爭是殘酷的，失敗的一方會被屠殺，那麼逃跑和被殺害（有時連同其親屬）的懦弱戰士就變成從基因庫中被抹除的人。在戰事頻仍的年代，一個充滿勇士的社會比起充滿懦夫的社會更有機會生存下來，並且產生許多後代。群體是重要的。

當然，現實世界的情況是更複雜的。在個人的層次上，勇敢的戰士更可能在戰鬥中陣亡，但存活下來說故事的人有時能任意挑選性伴侶。在史前的雞尾酒吧裡，返鄉的英雄比倖存的懦夫可能有更好的運氣。有時某個社會在戰場上擊敗另一個社會，但這兩個社會都繼續存活下來並持續繁榮發展，在傳遞給後代的遺傳上並沒有造成差異。這種個人層次的選擇（在我們所舉的例子中，個別戰士倖存的可能性）與群體層次的動力（社會整體存活下來並繁榮發展的可能性）之間的複雜互動，是多層次選擇試圖去解釋的核心難題。了解這些動力會是關鍵，因為我們的現代世界是一代又一代許多小小的社會實驗的副產品。某些為了求生存而定製的生活方式會傳播開來，而其他的生活方式則逐漸消失，因為奉行這些生活方式的人們從地圖上被抹除。（要思考這個概念，你也可以想像某個相信生小孩是上帝所禁止的社會，還有另一個相信上帝要每對夫妻生十個小孩的社會。不生小孩的社會只能持續一個世代，而執迷於神的生育意旨的社會則會人口激增。就此而言，特質、信仰和社會制度，都會對延續至下一個世代的想法、習俗和人們產生影響力。）

但這一切與階級制度的興起有什麼關聯？

大約在西元前五〇〇年，希臘哲學家赫拉克利特曾說：「戰爭是萬物之父。」他說對了某些事。再一次，在塔欽的理論引導下，我們的故事回到遠距武器。讓我們想像兩支同樣熟練的軍隊，規模較大的軍隊擁有一千名士兵，而較小的軍隊擁有五百名士兵。如果兩軍對陣衝鋒，以拳頭或刀劍接戰，那麼較大的軍隊約有二比一的勝算。每名士兵通常一次只能接戰一名士兵，因此較小的軍隊會逐漸消耗光士兵而不得不撤退，否則就會全軍覆沒。這種優勢是真實存在的，但並非無法克服。人數較少、勝算只有對方一半的軍隊有時也會打勝仗。

現在，讓我們想像這兩支軍隊擁有的是弓箭手而非劍客。一切都會改變，因為這不再只能是一對一的戰鬥。情況好比在打躲避球，二對一的優勢有可能最終讓唯一的倖存者同時遭遇來自兩個方向的攻擊。同樣的，兩名弓箭手可以同時射擊同一名敵軍士兵。遠距戰鬥有不同的數學運算方式。讓我們看看要如何計算。（請容忍我在本書中提到這僅有的一點點數學。）

兩名弓箭手同時放箭——其中一個是五百名弓箭手中的一員，另一個是一千名弓箭手中的一員。為了簡單起見，好比說有百分之三十的弓箭手會射中他們的目標。在那支較小的軍隊中，會有三百名弓箭手受傷或死亡（一千名弓箭手中的百分之三十射中等量的敵軍士兵）。但在較大的軍隊中，只有一百五十名弓箭手被射中（五百名弓箭手中的百分之三十等於一百五十）。歷經一次交戰後，現在的人數是八百五十比兩百。二對一的優勢很快變成大於四對一。又一次齊射之後，較小軍隊中的每個士兵都會負傷或陣亡，而較大的軍隊則還有七百九十名士兵。

戰場的運作不必然遵循著黑板上的數學邏輯。戰術、地形、奇襲以及武器或士兵的本質在在都是極重要的變數。但關鍵在於：數學邏輯顯示擁有較大規模的軍隊，在使用遠距武器時所具備的優勢遠大於從事近戰。（使用遠距武器的小規模軍隊有時也能打出響亮的勝仗，即便對手是人數多出許多、但配備劍和矛的軍隊，如同英國國王亨利五世在阿金庫爾戰役〔Battle of Agincourt〕中欣然所見。）

但這件事為何那麼重要？箭與劍的數學為什麼關係到你了解，你為何有個老闆、老闆的老闆、老闆的老闆的老闆在發揮作用？簡單的理由是：當遠距武器變得更普遍，戰爭的動力開始戲劇性地有利於擁有更多士兵的社會。如果幾百個人在一個首領的統治下聚合並形成一支軍隊，由二十至八十個成員所組成、講求平等的幫群便根本無法與之匹敵。而且當人類聚集成更大的群體時，平等的社會變成不可能的事。讓足夠多的人聚集在一起，階級制度和支配必然產生。這是鐵一般的歷史規律。

有些人得吃過苦頭才學得會教訓。固守平等社會老路線的幫群，開始被聯合起來並欣然接受首領統治的人們給消滅。此外在戰場上，擁有領導者（將軍）對士兵行使正式權力的軍隊，其戰鬥力遠勝於一群自行做決定的烏合之眾。這與康人的狩獵儀式截然不同。為了贏得戰爭，你不會想要侮辱你最精良、最勇敢的人馬。你需要鼓舞他們的士氣，而不是挫他們的銳氣。

這些戰場動力沒有止於戰場。一旦人們變成將軍，他們便更想一嘗權力的滋味。「被推上領導者位置的人——軍事將領，會逐漸為自己奪取更多的權力。」塔欽說。幫群變成部族，部族變成酋邦。但如果塔欽說得沒錯，是戰爭引發這種社會改變，那麼它為何沒有更早發生？階級制度為何在一段相當短的人類歷史時期突然興起？答案不在於武器，而是食物。

大約在一萬一千年前，人類改變了餵飽自己的方式。第一次農業革命（或者說新石器時代革命）隨著一些「先鋒作物」的馴化而發生，包括豌豆、雞豆、扁豆和亞麻。大麥、無花果、燕麥和其他農作物很快便跟上腳步。農業登場。這對於我們的營養是場災難。我們的食物供給變得更穩定，但卻將人類的多樣化飲食變成只提供營養種類極少的飲食。在轉而從事農業之前，狩獵採集者的男性平均身高是五英尺十英寸，女性是五英尺六英寸。幾乎一夜之間，男性的平均身高下降到五英尺五英寸，女性下降到五英尺一英寸。即便到了現在，我們的平均身高尚未完全恢復。但除了我們的體型變小，農業革命似乎也引進了新的不平等時代。我們變成一群貪婪的矮子。

關於這個突然的改變，在賈德・戴蒙（Jared Diamond）的《槍炮、病菌與鋼鐵》（*Guns, Germs, and Steel*）的普及下，傳統的解釋是：農業讓人們更容易取得食物。一旦有更多的食物足夠分配，有些人便會囤積食物。這些多餘的食物使不平等得以產生。這也使得養活更大一群人變成可能的事，因為藉由種植豌豆以擴增糧食，這是獵捕瞪羚辦不到的事。隨著餘糧和人口的增加，社會變得更複雜和更有等級之分。過剩的糧食和階級制度帶來更多的衝突，個人和群體爭相在快速改變的體制中建立他們的優越地位。

其他人提出了更微妙的解釋。曼維爾・辛格指出，有些人早在農業革命之前就已經能夠獲得穩定的食物供應，例如透過捕魚。羅伯特・卡尼路（Robert Carneiro）在一九七〇年發展出一個稱作環境限制的理論，其概念相當簡練。他認為農業的興起助長了對土地的控制，這對狩獵採集者而言根本是不會發生的事。如果你在追捕的瞪羚偏要朝別處移動，去控制一片泥地又有什麼意義呢？因為從事農業的緣故，你的生存與你所佔據的土地產生關聯。更多的土地意味著更多生產力。控制土地於是變得更重要。

但事情有個轉折：如果你住在比方說亞馬遜，那裡到處都有良田。如果各處的土地都一樣肥沃，被迫離開你的土地並不是什麼大不了的事。但如果你住在例如秘魯沿岸地區，那裡背對著海，事情就不是這樣了。按卡尼路的術語，秘魯的土地是「受到限制的」，而亞馬遜的土地沒有受到限制。因此，亞馬遜地區如果發生戰爭，打敗仗的一方會乾脆撤退，到別處的肥沃土地另起爐灶。然而在秘魯沿岸地區，落敗者別無他處可去。輸家將會被征服，而被征服意味著你可能被殺死，或者更可能的是被納入贏家的社會中。

如此一來，卡尼路認為在受到限制的地區，戰爭會創造更多人口，最終創造出更複雜的社會。這些社會終究會變成原始國家，也就是我們現在所認定的國家的最早期版本。直到今日，亞馬遜地區仍然有許多狩獵採集者，而秘魯沿岸地區產生出一系列複雜的社會，在由階級制度所定義的印加帝國達到頂點。人類社會從平等的幫群發展到由上而下統治的帝國，這個演變或許可以藉由地理位置的僥倖來解釋。

那麼，哪一個理論是正確的？是戰爭或者農業的興起？我們的世界實在太過複雜，因此沒有任何一個統一的理論可以解釋一切。然而大多數學者都同意戰爭與農業——「戰爭和豌豆」，如果你願意這麼說——在催生出複雜的大型階級社會上都扮演了重要的角色。這個改變以驚人速度在發生。根據塔欽的數據，以數十人為單位的幫群存在了無數年。然後大約在西元前八〇〇〇年，數以百計的人形成了農業村莊。在西元前五五〇〇年，數以千計的人形成簡單的酋邦。到了西元前五〇〇〇年，人口以萬計的複雜酋邦跟著出現。由數十萬人口所構成的第一個古代國家，大約在西元前三〇〇〇年崛起。到了西元前二五〇〇年，出現了有數百萬臣民的大型國家。到了西元前五〇〇年，大型帝國的人口達到千萬之譜。在相對短暫的時間內，我們從眾多較小、較平等的社會，演變成龐然無比、由不平等和支配所定義的階級社會。

剩下的是如實的歷史。

當階級制度變得越普遍，爭奪權力的事也越常見。以前會面臨放逐、羞辱或死亡的暴發戶，現在有機會變成真正大權在握。權力引發衝突，暴力事件因此增加。狩獵採集者社會百分之二的殺人率，在我們最黑暗的某些時代（從鐵器時代到大約五百年前）大幅增加到逼近百分之十。乍看之下，階級制度似乎相當壞。畢竟「巴達維亞號」的階級制度容許一個心理病態者殺死一百多個人，只因為他擁有高於別人的權力。死在首領或暴君手中的人數多過死在平等主義者手中的人數。但此事如果要歸咎於階級制度，我們該如何解釋目前世界上的人類只有百分之零點七死於被殺害此一讓人放心的事實——這個比例大約是我們從靈長類動物祖先身上可預期的比例的三分之一？更讓人放心的是，如果你看看世界上被統治得最徹底的複雜社會——例如日本、挪威或德國，他們的國民死在另一個人類手上的比例介於百分之零點零五和零點零九之間，比狩獵採集者社會的比例低上四十倍。現代國家是有史以來所構思和發展最具階級性的社會結構，它們同時也是最安全的社會結構[3]。

明顯的結論是階級制度和權力本身並無好壞可言。它們提供了一種手段——可用來促進合作和造福社群，或者用來剝削人和殺人的手段。塔欽對此表示同意：「階級制度就像火一樣，可以用來烹煮食物或燒死人。」但沒有了火，文明的所有奇蹟都會變成不可能。「我們不是螞蟻。」塔欽解釋，「我們沒有費洛蒙系統。因此階級制度是人類在大型社會中賴以進行合作和協調的唯一方法。」此外，由於階級制度會引發競爭，所以也能激勵創新。比起人人只滿足於平等現狀的社會，在由菁英領導的社會，為了追求地位而競爭有時會產生更好的結果。

遭遇船難的東加男孩的故事暖人心扉，而「巴達維亞號」的故事則讓人揪心。但東加男孩並沒有提供我們一個可供現代社會借鏡的模型。平等的社會對人類來說

3 這個結果的部分原因在於，現代社會與講求平等的狩獵採集者幫群不同的是，現代刑事司法制度提供了一個機制來嚇阻社會異常行為的發生，還有一旦發生這種行為，也會消除了訴諸私刑正義的需求。

極具限制性。我們只能選擇生活在一個合作的小群體中，或者欣然接受階級制度。這就是為什麼權力和地位為大多數人所接受。

如果我們無法擺脫階級制度，如果我們需要老闆、將軍、總統和監獄警衛，那麼為何這些人當中會有這麼多糟糕的傢伙?想要找出答案，我們必須弄清楚為何容易墮落的人往往會尋求權力。古怪的是，這個謎題的解答存在於第二次世界大戰期間的統計學家、食人皇帝的女兒、鬣狗，以及美國亞利桑那州某個渴望權力、對紅鶴著迷的大廈管理委員會會長身上。

Chapter 3 — 飛蛾撲火

最想要統治別人的人，根據事實正好是最不適合當統治者的人，這是人盡皆知的事……任何能使自己成為總統的人，絕不應該讓他當總統。

——道格拉斯．亞當斯，《宇宙盡頭的餐廳》

飛機與穴居人

亞伯拉罕．沃爾德（Abraham Wald）是一位倖存者。在一九三〇年代後期，沃爾德如實看待自己：一名來自羅馬尼亞克盧日（Cluj）的統計學家，任職於奧地利經濟研究所（Austrian Institute of Economic Research）。但當納粹分子於一九三八年入侵奧地利時，他們對沃爾德有別的看法：拉比的孫子和猶太麵包師的兒子。沃爾德遷居美國以逃避希特勒的迫害，他最終獲得哥倫比亞大學的教授職位。

一九四二年七月一日，一個由統計學家所組成的秘密團體在哥倫比亞大學成立，稱作統計研究團體（Statistical Research Group, SRG）。他們的辦公室位於曼哈頓西哈林（West Harlem）區一條安靜馬路上的單調建築物內，正對著晨邊公園（Morningside Park）。那裡聚集了全美國最優秀的十八位統計學家，包括沃爾德在內，他們接下來一起工作了三年。他們的任務簡單明確：協助贏得第二次世界大戰。他們的武器不是槍砲或炸彈，而是或然率。他們被要求利用統計學方法確認同盟國戰爭機器可能的改進方式——這些或許是將軍、總統和首相們會忽略的改進。

軍方會將問題丟給他們。這些數學高手略為苦思一番，然後對於某個解決方案達成共識。「每當我們提出建議，」SRG的某位成員後來回想，「經常就會有事情發生。」戰鬥機機翼上的機槍以不同方式裝填彈藥。戰時生產線的品管檢查變得更積極。稍加改變大砲砲彈的引信，使之具有更可靠的破壞力。數學能證實一項決定性的武器的效用。統計學家所做的每一次計算、所解決的每一個方程式，都能拯救性命或犧牲性命。

戰爭期間，同盟國戰鬥機和轟炸機在歐洲戰場大量被擊落。為了減少損失，將軍們已經知道如何讓飛行員變得更好——在駕駛艙裡接受更多訓練。然而為了使飛機變得更好，將軍們明白他們需要這些西哈林書呆子幫忙。

看看你能不能解決他們對沃爾德提出的問題。從德國天空返航的飛機身上布滿彈孔。你必須有系統地進行評估，測繪出已經被敵軍砲火重創的部位。你所分析的飛機在機翼、機尾和機身到處都有洞孔。將軍們提出的問題是，他們應該在哪裡安裝額外的裝甲以強化中彈的部位？

這些統計學家必須對症下藥。在錯誤的部位安裝多餘的裝甲只會讓飛機速度變慢，使它們成為納粹機砲的固定靶。但如果無法強化脆弱的部位，就可能導致更多飛行員喪命。看看底下這張顯示從歐洲戰場返航的飛機彈著點分布圖。想像你是沃爾德，面對攸關人命的事。你會告訴將軍們在哪些部位進行強化：機翼、機尾、機身或以上皆是？

如果你回答機翼、機尾、機身或以上皆是，恭喜你，你會意外害死許多美軍飛行員。

沃爾德在心裡看見將軍們沒看見的東西：隱形的飛機。當盟軍飛機被擊中機翼、機尾或機身時，它們多半能設法緩慢地飛回家，雖然冒著煙但安全無虞，它們會活下來。當飛機在別處中彈，特別是機鼻旁的發動機被擊中時——它們不在研究之列。為什麼？因為它們變成著火墜毀在德國的殘骸，它們回不來了。

沃爾德明白留在德國的飛機——軍方無法進行研究的飛機，因為它們不復存在——才是唯一重要的。若非沃爾德，軍方將會強化飛機最禁得起敵軍砲火的部位，這樣只會讓飛機變重變慢。相反的，沃爾德要他們去強化沒有彈孔的部位。軍方遵從他的建議，結果拯救了許多性命。沃爾德幫助盟軍贏得戰爭。

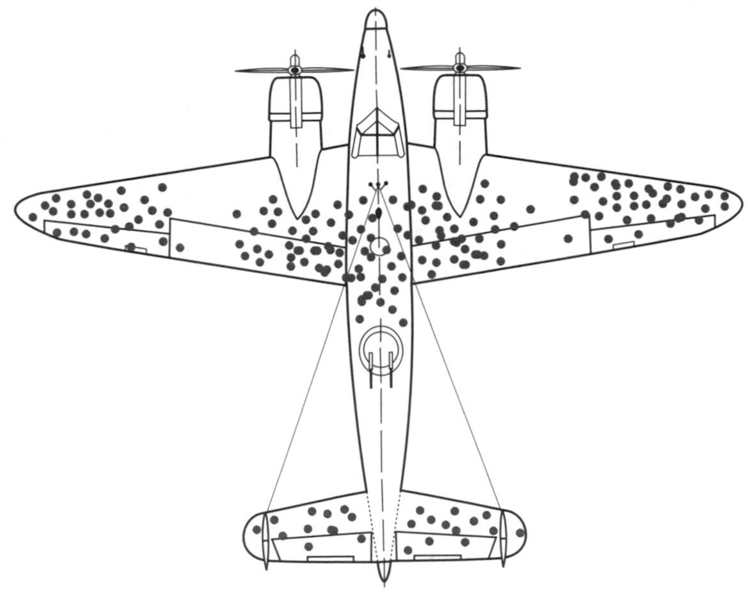

沃爾德了解「倖存者偏差」（survivorship bias），一種關於篩選偏見的統計學概念。這個概念相當簡單：你需要研究所有可能的案例，不光只有「倖存下來」的案例。我們再舉一個比第二次大戰古老許多的例子。穴居人真的住在洞穴裡嗎？大量的證據顯示他們確實如此。畢竟全世界存在著數以百計的洞穴壁畫，那似乎相當具有決定性。但我們要如何知道，是否有史前的畢卡索住在草地裡並在樹上作畫？這些樹，連同畫在樹皮上的藝術作品——早已不存在。有可能穴居人鮮少冒險進入洞穴內作畫，但當他們這麼做時，只有這些藝術作品被保存下來。這就是倖存者偏差為何有時被稱作穴居人效應。我們對於世界的理解往往嚴重地偏差，不只是因為我們所擁有的證據，還因為我們所沒有的證據。

沃爾德的故事是絕佳的例子，說明忽視倖存者偏差的真實危險。但沃爾德的洞察力也是一種實實在在的倖存者偏差。他家中的其他八個成員原本也可能在他們的人生中做出極大的貢獻。結果如何我們不得而知，因為他們全被納粹殺害。而沃爾德報了仇，他的復仇方式是確保減少盟軍飛機在德國出任務時被擊落的架數。他本人於一九五〇年搭飛機前往發表數學演說的途中，在印度南部的尼爾吉里山地（Nilgiri Mountains）失事身亡。

想要了解容易墮落的人為何受權力吸引，你用不著研究飛機，或者糾正關於穴居人的紀錄。但沃爾德對倖存者偏差的洞見，對於我們了解誰尋求權力、誰獲得權力以及誰繼續掌權相當重要。這不是隨機的事。如果你只關注眼前的證據，那麼你會嚴重誤解這個世界運作的真正方式。

且讓我們將沃爾德的邏輯套用到你的老闆、你國家的總統或首相、或者逼你跑操場直到吐出來為止的高中橄欖球教練（我是這麼聽說的）。為什麼是那傢伙在當家做主？要回答這個問題，我們需要探究三個關卡的倖存者偏差。第一，誰尋求權力？誰想要當老闆、領導者或教練？在回答這個問題時，辨識出不想掌權的人跟辨識出想掌權的人一樣重要。只有那些試圖獲得權力的人才是「倖存者」。其餘的不予考慮。

第二，誰獲得權力？除了國中教練是可能的例外，大多數掌權的位置都涉及競爭。這種競爭不盡然公平，體制也可能存在著偏見。即便體制沒有偏見，總會有一些人比其他人更擅長往上爬。在這一回合「倖存者」成功取得權力。嘗試後並失敗的人沒有得到權力。

接下來是倖存者的第三個關卡：誰繼續掌權？許多人有點像是伊卡洛斯[4]：他們飛得太高，結果被太陽燒傷而墜落地面。我們矚目的領導者——無論好壞，往往緊握權力的時間夠久並且強力地行使權力。聽說過佩德羅．拉斯庫賴因（Pedro Lascurain）嗎？我也沒聽說過。這是有道理的，因為他保有史上在位時間最短的可疑總統頭銜，在一九一三年的一場政變期間，他統治墨西哥大約十五分鐘。那些得到權力但又失去權力，或者放下權力的人，就像是穴居人畫在樹上的畫。他們消失得無影無蹤。

我們傾向於關注取得三連勝的人：他們尋求權力；他們取得權力；他們持續掌握權力。成功通過所有這三道關卡的是倖存者偏差中的倖存者。他們被我們視為大權在握的人。其他每一個人相較之下都是隱形的，就像在德國墜落燒毀的飛機。除非你將隱藏的證據包括進來，如同亞伯拉罕．沃爾德的做法，否則我們最終會誤解這個問題。如果你不了解問題，就解決不了問題。

一如歷史如此殘酷地向我們證明，並非每個最終掌權的人都是了不起的人。現在我們混為一談。有些了不起的人居於領導的位置：好心的教練、願意授權的老闆、真心誠意設法讓別人過上好日子的政治人物。但許多位高權重者完全不是這麼回事。他們說謊、欺騙和偷竊，造福自己卻剝削和虐待別人。一言以蔽之，他們容易墮落，而且造成許多損害。

在另一種理想的現實中，我們不會混為一談。相反的，只有好人——姑且簡單稱之為不會墮落的人，會成為我們的領導者、老闆和警察。同時，那些你不希望他

4 譯註：Icarus，希臘神話中的人物，巧匠 Daedalus 的兒子，兩人用蠟粘黏羽毛製成翅膀飛離克里特島，因為飛得太高，蠟被陽光融化而墜落愛琴海。

們掌權的人——姑且稱之為容易墮落的人，不會擁有任何權力。為了建構這個理想的世界，你必須思考所有這三道關卡。你必須確保是不會墮落的人在尋求權力、取得權力和繼續掌權。同時你還得在這三道關卡上設置障礙，來阻擋那些可厭的墮落者。說的比做的容易。這個世界多半受制於吸引和提拔容易墮落者的體制。往後各章會告訴我們，被建立起來的體制也可以被廢除。但首先，我們需要聚焦於尋求權力的人。

食人皇帝與鬣狗的階級制度

追求權力的人並非隨機分布。某些類型的人最是渴望權力，並且設法要為自己奪取權力。這產生了一種「自我選擇偏差」。我們在生活中的其他層面很容易辨識出自我選擇偏差。舉例來說，高個子孩童比起矮個子孩童更容易嘗試參加高中籃球校隊。這就是為什麼籃球隊絕非一個隨機的、具有代表性的人口樣本。尋求權力者的情況也是如此。某些特質造成某些人比其他人更想擁有權力。太多的注意力被放在權力使人腐化的概念上。至於容易墮落的人為何尋求權力，則沒有得到足夠的關注。

那麼是什麼原因造成有些人想要當領頭羊？又為什麼其他人滿足於追隨別人？領導者是先天傾向或後天養成？或者對權力的渴望是否只是一種遺傳特質，如同藍眼睛或鬈髮？

二〇一九年某個冷颼颼的秋天，我在巴黎聖拉扎爾車站（Gare Saint-Lazare）附近的一家小酒館和瑪麗—法蘭斯・卜卡薩（Marie-France Bokassa）碰面。當我到達時，她已經在等候，抽著菸、啜飲一小杯白酒，滑著她的手機。她穿著時髦但沒有過度打扮，戴著名牌眼鏡、塗上鮮紅色的口紅。當我入座時，她微笑示意。暗示著她有故事要說的唯一線索顯現在她的脖子上——看起來不像一般人會擁有的超大顆鑽石。那是因為瑪麗—法蘭斯確實不是一般人。

她是某位惡人的女兒。

一九七八年九月，法國軍隊抵達中非帝國（Central African Empire）的首都班基（Bangui），這是一個你可能從沒聽說過的貧窮國家，由一位你可能從沒聽說過的殘忍暴君所統治。那位暴君是瑪麗—法蘭斯的父親：讓—巴都・卜卡薩（Jean-Bédel Bokassa）。當卜卡薩掌權時，他不只宣誓就職，還舉行了加冕儀式。此舉仿傚拿破崙在一八〇四年加冕為皇帝。依循相同的傳統，他被稱作卜卡薩皇帝一世。在一九七七年的加冕儀式上有個嚴格的服裝規定。兒童穿白色、中級官員穿藍色，而最高級官員穿黑色。這場皇帝秀中的明星卜卡薩披著一件由法國頂尖裁縫師所縫製的貂皮斗篷。他戴著閃閃發光的皇冠，由法國最高檔的珠寶店製作，前面鑲嵌一顆八十克拉的鑽石。卜卡薩手持定製的金權杖，站在十二英尺高的定製青銅鷹塑像前。王座花費政府三百萬美元，相較於要價五百萬美元的皇冠和權杖，算得上是划算的買賣。這場典禮總共花費二千二百萬美元，大約是政府年度總預算的四分之一。

當時，該國一般人的年所得是二百八十二美元。

到了一九七九年，法國人——先前的殖民政權，認為卜卡薩是一個危險的誇大狂患者（有誰可能已經看出這件事？），該是讓他下台的時候。一小支法國部隊罷黜了這位獨裁者，換上法國所挑選的繼任者。當士兵來到卜卡薩最喜歡的宮殿科隆戈別墅（Villa Kolongo）時，他們看見一個可憎的奢華世界。裡面有整盒的鑽石、黃金塞滿了櫥櫃，以及足夠供應全世界狗仔隊的高科技照相機。他們將卜卡薩從人民身上偷來的噁心財富進行造冊，同時發現皇宮旁的池塘裡養著尼羅河鱷魚。為了移除這些鱷魚，他們抽乾了池塘。當池水消退時，已經變色的白色物體映入眼簾，突出於黑色泥漿外。法國士兵驚恐地發現這些是大約三十名受害者的腐朽骨頭，全都是膽敢反抗卜卡薩者的遺骸。據聞其中有些人因為抗議卜卡薩堅決要求他們的老婆陪寢，結果成為卜卡薩的寵物鱷魚的餐點。

但吃掉卜卡薩的敵人的不只有鱷魚。當法國士兵打開科隆戈別墅裡的冰箱時，他們找到兩具被切開的屍體，其中一具已經無法辨認身分，另一具是某數學老師的屍體。他們的屍體被保鮮，因為據說人肉會出現在特殊場合的菜單上。有人宣稱卜卡薩用人肉招待來訪的顯要。「你絕對不會注意到，但你剛才吃下人肉。」據聞卜卡薩曾這麼告訴一位來訪的法國外交官。（卜卡薩至死否認自己吃人肉。）

這位皇帝是食人魔。他對於權力有著不可遏制的渴望。但這樣的渴望是隨著時間發展，或者他一出生便是如此？卜卡薩想要控制、虐待和殺人的欲望是否寫進了他那令人感到不安的DNA片段？

卜卡薩死於一九九六年，使得想要採訪他變得相當困難。所以我必須採訪第二優先對象：某個擁有他的遺傳密碼的人。我有許多選項，因為卜卡薩至少有五十七名子女，分屬於十七個正式的妻子（可能還有許多非婚生子女）。卜卡薩的子女大多現居法國，有些人的境況比其他人好。其中兩個因為詐騙或濫用藥物而坐牢；三個因為在商店行竊而被逮捕。還有一個兒子查理曼（Charlemagne）——和他的同名法國人物查理曼大帝相去甚遠。他統治著一座巴黎地鐵站，在那裡棲身和行乞度日。他被發現死在地鐵站中，享年三十一歲。

瑪麗—法蘭斯的境況遠勝於卜卡薩的大多數子女。我選在聖拉扎爾車站和她碰面，是因為那裡最方便她從巴黎以外的近郊阿德里庫爾（Hardricourt）搭車前來。就像卜卡薩的眾多子女，瑪麗—法蘭斯在父親的皇宮中度過大部分的童年時光。現在她依舊活在父親昔日居所的陰影下。但我想知道她是否也活在他的遺傳陰影下？她是否注定同樣渴望著使她父親成為獨裁者的權力？

「我父親塑造出我唯一的家族身分。」她告訴我，停了一會兒後繼續啜飲她的酒。

「我不認識我母親。我父親在我身上留下烙印，彷彿我是卜卡薩這個烙印的一部分。」對大多數人來說，與一個讓人想到食人魔以及用人肉餵養鱷魚的烙印綁在一起，會讓你想要衝到戶政機關去申請改名字。但瑪麗－法蘭斯的反應並非如此，她以身為卜卡薩家族的一分子為榮。

「卜卡薩是一個力量強大的名字。」她告訴我，淘氣地露齒一笑。「我不會想要改名換姓。」

每個涉及人類行為的討論，最終都要回歸到古老的先天對後天的辯論。因此，為了顧及禮貌，我給了瑪麗－法蘭斯一個方便下台階的說法：我說她父親的行為是在造成創傷的教養環境下被塑造出來。意思是這個食人魔是後天養成的，不是先天如此。畢竟在卜卡薩小的時候，他的父親曾被一位法國殖民地軍官給打得半死。隔週卜卡薩的母親便自殺了，留下變成孤兒的他。這種事足以毀掉一個人的童年，但足夠讓他墮落變壞嗎？

瑪麗－法蘭斯停下來思索。「他的童年教會他必須冷酷無情，必須堅強。」瑪麗－法蘭斯旋轉著杯中的白葡萄酒。「但我看見悲慘的童年在他身上造成的內在脆弱，中非人民也看見那童年所造成的後果。」

一提起她的父親，瑪麗－法蘭斯似乎有某種斯德哥爾摩症候群。她告訴我，她大部分的家人依舊有點像是某種教派的信徒，而他們已故的父親就是教主。他們全將卜卡薩一世視為英雄而非暴君。瑪麗－法蘭斯告訴我，最近她在家裡放了一幅父親的大型肖像畫，每天對著他說話，向他保證現在的她會讓他引以為榮。這是她長久以來所追尋但甚少得到的認可。

「我父親不停地改變心情。」她解釋。「前一分鐘還輕鬆愉快，下一分鐘就大發雷霆。他總是變來變去，難以預測，絕不會一整天都是相同的心情。他反覆無常、性情暴躁。」有一回瑪麗－法蘭斯的某個姊妹忘記端上父親每天要喝的威士忌，結果他燒掉她的衣服以示懲戒。

在寫到有關她的童年的回憶錄時，瑪麗－法蘭斯開始接受父親生性暴虐的事實——她從小從父親的心情轉變中瞥見的暴虐。即便她已經開始接受他的真實樣貌，但她拒絕相信權力使他腐化。「我不認為權力改變了他。」她堅稱。「他一直沒有變，我自己看不出他有任何改變。而且我確實看不出來從他獲得權力到失去權力，其間有任何的變化。他一直擁有某種人格，同樣不變的正面特質和缺陷。」就算她說的沒錯，權力沒有使卜卡薩腐化，但不可否認的，他無法抗拒權力的魅力。存在他心中的某種事物造成他渴望控制別人，權力吸引卜卡薩。

我不知道瑪麗－法蘭斯是否繼承了那份對權威的渴望，我問她是否認為卜卡薩賦予她的不只是他的烙印。他是否將他的人格壓印在她身上，或者只有他的名字壓印在她的出生證明上？

她想了一下。「往好的方面看，我遺傳了他的寬宏大量、他的誠實可靠、他的快活天性和聰明才智。」

當我追問她明顯的後續問題：「那其他方面呢？」她停頓了良久，嗓音一變。

「我……也遺傳了他的脾氣……他獨裁的人格還有嚴重的情緒擺盪。」她嘆著氣說道。

瑪麗—法蘭斯目前在巴黎市外的前卜卡薩皇宮附近經營一家茶館。手持酒杯的她看起來可愛且迷人。但我們不可能不考慮到一個令人不安的可能性。在合適的條件下，她會不會變成不是替人端茶，而是讓人侍候喝茶的人？

在瑪麗—法蘭斯回到阿德里庫爾之前，她告訴我，她相信卜卡薩家的人應該再度統治中非共和國。我問瑪麗—法蘭斯那位卜卡薩會不會是她，在面對這個問題時，她做出每個有抱負的政治人物都會做的事。她微笑著回答，說她無法排除這個可能性。

在某種程度上，我對瑪麗—法蘭斯並不公平。我們不是我們的父母親，基因不是我們的宿命。但我們體內的化學雞尾酒確實形塑了我們的行為。因此問題是，基因在尋求權力的人身上發揮了多少影響力——還有剩下多少是取決於我們自己。

在明尼蘇達州大學所做的研究中（稱作明尼蘇達雙胞胎研究，不要跟美國職棒明尼蘇達州雙子隊搞混了），研究人員比對了同卵雙胞胎和異卵雙胞胎。同卵雙胞胎一開始是同一顆受精卵一分為二，這表示兩個雙胞胎的遺傳密碼百分之百完全相同。

異卵雙胞胎則只是同時出現在母親子宮裡的兄弟姊妹。藉由比對在相同環境中成長的同卵雙胞胎和異卵雙胞胎，我們可以單獨鎖定基因到底發揮多大的影響。這就是明尼蘇達大學的科學家所做的事。他們測繪出數百對雙胞胎的基因組，然後要每個人列出他們曾在公司或社群組織裡擔任過的領導職位。他們的發現非常驚人：說到預測領導力，在個人之間，百分之三十的差異可藉由基因來解釋。百分之三十聽起來或許不大，但考慮到驅使著人類行為的數千個複雜因素，這是個令人吃驚的數字。

這項發現也提升了一個有趣的可能性：某些DNA片段是否可能決定我們天生是領導者或追隨者？揚—伊曼紐爾・德內夫（Jan-Emmanuel De Neve，當時任職倫敦大學學院，目前在牛津大學）決心找出答案。他帶領研究團隊試圖找出與人類掌權有關的遺傳密碼片段。他們將四千人的基因組排序，繪製出我們DNA藍圖中每一個小小的化學物質。他們將每個研究對象的人生故事製成圖表，辨識出哪些人曾擔任領導職和不曾擔任領導職。在二〇一三年，德內夫的團隊宣布他們發現所謂的「領導力基因」。他辨識出rs4950遺傳密碼片段與日後變得位高權重有著密切的關聯。用術語來說，該研究估計在那部分的遺傳密碼中，擁有一個額外的A對偶基因比起擁有G對偶基因，提高擔任領導者的機率約達百分之二十五。

我們的DNA中約有兩萬一千個基因被辨識出來。如果德內夫和他的團隊是對的，並且準確找出領導力基因，那麼我們是否能藉由植入這一小段額外的基因碼而製造出領導者？我們是否只需花一點點錢，就能擁有經過專門設計的嬰兒，雄心萬丈一路直接爬向頂樓的邊間辦公室？

事情沒有這麼快。所有這些發現都是被誇大和誤導。如果你試圖找出基因與目前的領導者，好比與美國領導者之間的統計相關性，當中兩個明顯的遺傳因素會是具備一個Y染色體（身為男性）和身為白人。並非白人男性是比較好的領導者（我們很快就會說明白），而是白人男性目前比其他類型的人更常取得權力。這與誰尋求權力是不同的謎。

當然，德內夫的研究團隊調整了資料，以便將種族、年齡和性別等人口統計學特徵納入考量。他們依舊發現 rs4950 片段與擔任領導者有關聯。但這可能有種種原因，或許涉及讓你在現代社會中更善於取得權力的特質，例如野心勃勃或自信、或和藹可親、個性外向，或者高個子。所有這些特質都有遺傳的根源，但不必然表示這些特質讓你更加渴望權力。此外，並非所有通往權力之路都是平等的。或許對權力的極端渴望——卜卡薩皇帝具備的特質，經由遺傳傳遞給後代，但對於保險公司中階經理的子女來說，情況不見得如此。我們不知道，我們只得從頭開始。

即便我們找出與目前的領導者有關的基因，但當中仍存在著令人困惑的因素。我們極難分辨出驅使某人行為的是他們的基因或者環境，例如擁有提供支持的父母、過去的經驗、財富或甚至是隨機性。或許你天生是獨裁者，但你的環境沒有助長這件事。你生長在一個民主國家，當你打算要報復你的童年敵人時，你的父母親並沒有給你足夠的鼓勵。倘若你出生於烏茲別克某個虐待你的家庭，你不可能成功住進豪宅。這是運氣不佳。

儘管有這些提醒，但我們有充分的理由相信，基因對於人類的支配性扮演重要角色：證據來自動物界。畢竟我們是動物，而基因在決定其他物種的領導力上具有一定的影響力。舉例來說，斑點鬣狗似乎遺傳了母親在鬣狗群中的階級地位。如果某隻母鬣狗是領頭狗（好吧，嚴格說來鬣狗不是犬科成員，而有自己專屬的鬣狗科），那麼牠生的小鬣狗差不多確定也能晉升為狗群的領導者。此外，研究人員利用選擇性的育種讓順從的老鼠與其他順從的老鼠交配，而具有支配性的老鼠與其他具有支配性的老鼠交配。當然，這樣的行為會隨著每一代而變得更顯著。選擇性育種的老鼠的孫子輩會極其順從或極具支配性。在老鼠研究中，某項改變基因的研究除去了老鼠身上一個稱作 SLC6A4 的重要基因。那些被除去這個基因的老鼠變得溫順，無論牠們的父母是強勢或順從的老鼠。對斑馬魚——原產於南美洲的一種有斑紋的小魚，常見於家中的水族箱——所進行的一系列實驗證明，社會優勢確實遺傳自父代的社會地位。但那似乎部分因為基因是由父親傳給兒子；部分因為父親教導他的後代如何在水族箱的階級制度中取得地位。這個世界是複雜的，基因顯然重要，但不是唯一重要的事。（由於顧及被稱作倫理的麻煩事，我們無法對人類進行類似的實驗。）

因此，以下是我們所知道的事：基因顯然影響獲得權力的人，因為某些特質使你更擅長取得凌駕於人的權威（下一章會有更多相關的討論）。但我們仍然不確定基因如何影響，或者是否影響想要獲得權力的人。我們確實知道的是，有些人根本不想要權力。在美國近來的公司調查中，只有百分之三十四的受訪者說他們渴望擔任公司的領導職。只有百分之七的人想要爬到最高的領導位置。似乎並非人人都渴望權力。此外，這百分之七的人各有不同的動機。有人想要服務他們的社區或公司，有人渴望得到認可或威望。還有人渴望藉由支配或虐待別人來獲得滿足感。你如何分辨這些不同的動機？

這個問題比基因體的研究古老許多。古希臘人曾談到 thymos，這個字有許多可能的意義，但常翻譯成對於認可的需求。如此的認可通常藉由成為領導者來獲得，無論是在戰場上、辯論或政治中。向前快轉幾千年，哈佛大學心理學家大衛・麥克利蘭（David McClelland）發展出一種稱作 nPow 的測量法，代表「對權力的需求」（need for power）。這種方法與想要控制別人和藉此取得認可的欲望有關。其他人提出不同的方法，例如社會優勢取向（Social Dominance Orientation，SDO），用來測量個人想要支配別人的傾向——以及我們對於將某些人置於其他人之上的階級制度的喜好程度。可靠的 SDO 測量法甚至可以用在兒童身上。（大多數人都想要擁有足夠的權力，好讓自己感覺彷彿能控制自己的生活——但也頂多如此。）

然而，我們無法回答所有的問題。顯然人類存在於某種光譜上，有些人沉溺於權力，有些人則避之唯恐不及。但其間的差異更多是先天的天性或後天的教養所驅使，多少仍是有待解答的問題。我們並不知道答案。

但讓我們暫且拋開這些遺傳方面的不確定性，先去思考另一個問題：我們是否或多或少能讓好人更可能尋求權力？我們能否改變一下人才招募政策，或者應該由什麼樣的人掌權的看法，以確保更和善、更仁慈的人開始自我選擇和宣布參選。

從毛利青少年到M113裝甲運兵車

二〇二〇年春天發生駭人的喬治・佛洛依德（George Floyd）謀殺案之後，美國和世界各地的警察改革成為備受關注的焦點。問題是為改革所做的大多數努力都犯了相同的分析錯誤，就像第二次世界大戰時的那些將軍在亞伯拉罕・沃爾德改正錯誤之前的作為。相關部門思考了太多關於如何改變已經有偏差行為的警察，卻太少顧及那些看不見的、想成為警察的人。為了整頓警察，我們必須將較少的注意力放在已經穿上警察制服的人身上，而更加注意那些從未考慮穿上警察制服的人。

多拉維爾（Doraville）是美國喬治亞州西北部的一個小鎮，人口只有一萬多人。鎮上最具吸引力的地方是布福德高速公路農夫市集（Buford Highway Farmers

Market，人氣略勝於 Treat Your Feet 足部按摩店）。多拉維爾位於喬治亞州首府亞特蘭大東北方大約二十英里處，它的犯罪率稍微高過美國的許多小鎮，但絕非是戰區。大多數年頭裡沒有發生過謀殺案

儘管如此，多拉維爾警方擁有一輛M113裝甲運兵車，一種用於接戰越共、伊拉克費盧傑（Fallujah）叛亂分子和阿富汗恐怖分子的近戰車輛。一旦當地的家得寶[5]有商品降價，警方就會做好準備。幾年前，任何考慮戴上多拉維爾警察局徽章的人會在該部門的網站看到一支招募影片。螢幕中一個具有威脅性的骷髏頭標誌，在黑色背景中閃現長達十五秒，這個骷髏頭參考了漫畫書《制裁者》（*Punisher*）中一個維持治安的人物，他利用謀殺、綁架和嚴刑拷打來懲罰罪犯。接下來車身上寫著「特警隊：多拉維爾警察局」的裝甲運兵車疾馳現身，它的履帶揚起塵土。艙門打開，一個朦朧的人影投出煙霧彈。六名像士兵裝束的男人從車中出現。他們身穿迷彩服，準備融入環境中，在萬一需要部署到 Shaking Crawfish 餐廳旁的水泥叢林，或者得在馬歇爾（Marshalls）百貨公司實施戒嚴時。制裁者標誌再次閃現，接下來是一頭老鷹一爪握著閃電、一爪握著槍的圖像——特警隊員的標誌。完成任務後，特警隊員回到戰鬥裝甲車，M113揚長離去。整個場面用 Dope 樂團的歌曲〈去死吧混帳東西〉（Die Motherf**er Die）當作配樂。

大多數人在看到這個小鎮警察局所發布的影片時會認為「真是太誇張了」，但

其他看到這部影片的人心裡卻在想，「錄取我吧！」無論你屬於前者或後者，事情都不是偶然。看完影片後，被畫面中像是進行佔領的士兵所吸引的人，比較可能成為申請者。然而想要成為社區支援警察，幫助年長居民穿越馬路的人則大概不會去應徵。至於這支招募影片中沒有被描述的女性和少數族裔，可想而知，他們會納悶自己是否是多拉維爾警察局的招募對象。當你在招募人們進入掌握權力的職位時，重要的不只是誰能獲得這份工作，誰不會獲得這份工作也同樣重要。而這件事首先關係到應徵者是什麼人。

一九九七年，美國政府制定了一〇三三計畫來處理過剩的軍事裝備。他們認為與其丟進廢品堆積場，不如將它們送給警察局。這是一個雙贏的局面，至少看起來如此。二十年間，價值超過七十億美元的軍事裝備——直升機、軍用等級的彈藥、刺刀、地雷探測器、防地雷載具等應有盡有，被移交給大大小小的警察局。密西根州塞特福德鎮（Thetford Township，人口六千八百人）的一個兩人警局獲得價值兩百萬美元的軍隊裝備，包括地雷探測器和悍馬車。印第安納州布恩郡（Boone County，人口六萬七千人）的警長辦公室擁有一艘重裝甲兩棲攻擊艇，絲毫沒有考慮到全郡中最大的水體是一間孤立農舍附近的一座小池塘。田納西州黎巴嫩

5 譯註：Home Depot，類似台灣特力屋的家居飾品和建材零售商。

（Lebanon，人口三萬六千人）的一所警局擁有一輛坦克車。

為什麼要擁有你無法使用的玩具？或者就像某句格言說的，當你擁有鐵槌時，一切看起來都像是釘子。當警察擁有一輛坦克車，就連沃爾瑪百貨（Walmart）看起來都像是戰場，而且這改變了想要穿上警察制服的人。

讓我們打開天窗說亮話：許多警察具備想要服務社區、值得讚揚的動機，但有些警察並非如此。「如果你是個惡霸、偏執狂或性侵者，當警察確實是一個吸引人的職業選項。」在倫敦警察隊（Metropolitan Police）擔任助理局長的海倫．金恩（Helen King）說。她說得沒錯。有相當多的證據顯示，舉例來說，警察自身的家庭虐待問題值得注意。有些人認為這種虐待與極度高壓的工作有關。但其他極度高壓的工作似乎沒有造成類似程度的家庭虐待。更有說服力的解釋是，或許某些具有施虐傾向的人會被掌握權力的職業給吸引，例如當警察，在這種情況下，他們更容易虐待別人而不受責罰。如果對你施虐的人是警察，你要如何報警？「在招募過程中淘汰掉這些人是我們的體制所面臨的挑戰。」金恩告訴我。

為了讓合適的人穿上制服，警察部門的形象至關重要。坦克車和攻擊載具的存在扭曲了那些被制服吸引的人，以及他們一旦穿上制服時的行為舉止。為了從一〇三三計畫中取得攻擊載具，地方警局必須填寫包含這個提示的表格：「為所要求的裝甲車輛，提供評估中的用途／任務需求。」當地方警局視他們的工作為軍事任務時，他們就會雇用更多士兵來完成這些工作。

這正是事情的走向。根據馬歇爾計畫（Marshall Project）的統計，百分之六的美國人曾在軍隊服役，但卻有百分之十九的美國警察是退役士兵。政府計畫，以及許多資金獎勵——鼓勵退役士兵轉任警察。某些政府補助金只給予雇用退伍軍人的警察局。在適當的程度下這會是個好主意，因為能勝任特警隊員的人格特質，的確與勝任海軍陸戰隊員的特質高度重疊。有軍人氣質的人往往遵守紀律，他們時常被吸引去服役。就像警察一樣，他們願意做出最大的犧牲。但維持波士頓或堪薩斯城的治安不同於巡邏巴格達或喀布爾。然而喀布爾和巴格達往往是如今轉任警察的士兵習慣的地方。士兵和巡警的工作不應該是相同的，過度將這兩種截然不同的技巧合併在一起可能會造成災難。如果昔日的士兵在坐上警用悍馬車而非軍用悍馬車時，回復到他們先前習慣使用致命手段的訓練，我們應該感到驚訝嗎？

但以下是令人訝異的事：這種影響在當警察感覺像當兵的部門裡最為顯著。即使控制住讓人混淆的變數後，例如犯罪率或人口數多寡，研究人員發現，取得最多剩餘軍事裝備的警察局殺死最多的平民，而且在這些軍事裝備送達之後的那年，他們殺死的平民數量明顯增加。新增的軍事裝備使他們更加致命。儘管如此，在美國關於警察改革的辯論，有許多仍集中在改變警察的執法戰術：降低衝突的訓練、密錄器、禁止鎖喉和更周全地部署警力。這些全都是有價值的改革措施，但它們只針對改變警察的作為，太少關注到更基本的成因：這些警察是什麼樣的人。怎麼做才會更有成效，是花費無數金錢設法重新訓練一小群過度具有攻擊性的人，他們視自己為士兵，將維護治安的工作看成一場戰爭，或者首先去吸引那些比較沒有攻擊性的人來當警察？美國的警政首長需要一個現代的沃爾德來告訴他們，需要多加考慮那些不是他們一分子的人。

紐西蘭正好在做這件事。

一名穿著警察背心的亞洲女性往山坡上衝去，在追逐一個看不見的嫌疑犯。她轉頭面向攝影機，說：「新的紐西蘭警察正在招募能夠真正造成改變的新成員！」鏡頭快速切換到一位拚命在追捕同一個嫌疑犯的毛利原住民警察，他說：「那些關心別人和自己社區的人！」這位毛利警察從一位扶著助步器緩緩穿越斑馬線的年長男士身旁快速跑過去。他回頭過來幫助他安全地過馬路。這場追逐持續進行兩分多鐘，最後一名女性警察追上嫌疑犯。「放下來！」她對著嫌疑犯大喊。一條狗發出吠叫聲，透露牠就是犯罪的狗。牠張開嘴，交出牠咬住的手提包。整場激烈的追捕行動鎖定一隻毛茸茸的邊境牧羊犬。「你關心別人到足以當警察的程度嗎？」這句話在螢幕上閃現。

上述場景出自紐西蘭警方在二〇一七年發布的警察招募影片。這種近乎滑稽的宣傳方式，與美國喬治亞州多拉維爾的警察招募影片形成強烈對比。影片裡沒有展示武器，當中所陳述的當警察的目的，與幫助社區民眾直接產生關聯。一連串有趣的插科打諢讓這部影片像野火般傳遍社群媒體（在人口四百八十萬的紐西蘭被點閱一百七十萬次）。「我們認真看待的是當警察這件事，而不是我們自己。」紐西蘭警署副首長凱．萊恩（Kaye Ryan）說。

在名為「飢餓男孩」（Hungry Boy）的另一部影片中，該警察部門進行了一項實驗。他們派了一個看起來嚴重營養不良的男孩，在市中心的垃圾箱翻找食物。隱藏的攝影機拍攝下路人遇見男孩時的反應。有些人從他身旁走過，有些人停下腳步，問他是否肚子餓了，試著伸出援手。這些具有同情心的人在招募廣告中被突顯出來。「他們足夠關心別人。」螢幕上浮出字幕，「那麼你呢？」廣告的最後出現「你關心別人到足以當警察的程度嗎？」標語。這句話暗示，那些願意停下來幫助一個孩子的人應該穿上警察制服，其他一走了之的人就不必來申請了。如果你同情弱者，紐西蘭警察要你加入他們的行列。

紐西蘭警方想要的不是制裁者而是幫助者。影片中看不到迷彩戰鬥裝備和〈去死吧混帳東西〉配樂。那些認為警察應該表現得像佔領軍的紐西蘭人，在看完這部幫助營養不良的小孩或追逐一隻淘氣小狗的影片後，他們不太可能想申請當紐西蘭警察。可是這重要嗎？紐西蘭警方的招募策略是否真的改變了已經成為警察的人？

最近幾年來，紐西蘭警方招募到一千八百名新進員警。這幾部招募影片刻意突顯女性和少數族裔，尤其是毛利警察、亞洲人和太平洋諸島的居民。「並不是我們不要白人。」萊恩告訴我，「只是他們無論如何都會進來。」

無論是誰來提出申請——從年紀較大的白人男性到毛利青少女，都必須花四十個小時跟著一名警察一起巡邏以進行評估，此後才會展開真正的審核過程。「如果他們在和社區民眾交涉時採取軍人風格或對抗的態度，他們便過不了關。」萊恩解釋。「我們自家的警察會說，『等一等，他們找錯了理由進來這裡。』」紐西蘭警方沒有將他們的社區警察裝備成像士兵，也不著重從軍隊招募成員，他們保證如果你在威靈頓街道上表現得像士兵，你一開始就不可能有機會穿上警察制服。他們招募和甄選的方法是設法吸引那些天生不想當警察的人。

這個方法奏效了。申請者的總人數增加多達百分之二十四。這是一件了不起的事，因為我們不久就會知道，競爭變得更激烈是讓更好的人掌握權力的關鍵。女性申請者的人數上升到百分之二十九，而毛利申請者高達百分之三十二。目前在紐西蘭大約有四分之一的警察是女性，相較之下，美國只略高於十分之一。紐西蘭的警力也差不多能代表該國的種族分布比例。相較於美國，那裡數以百計的大型警局，平均而言白人警察的比例比他們所巡邏的社區的白人比例高出百分之三十。（二〇一四年，在一名沒有武器的黑人被警察殺死後，密蘇里州的佛格森〔Ferguson〕發生暴動，當地社區居民有三分之二是黑人，而超過八成的警察是白人。）在警察配置上可覺察的種族偏見不僅產生了明顯的問題，此外也造成一種惡性循環。如果人們相信警察在虐待少數族裔，那麼想要虐待少數族裔的人就更有可能想要報名當警察。這是警察改革的難題之一。為了整頓警察，你需要招募更好的人——而為了招募到更好的人，你需要整頓警察。

紐西蘭人迎面處理這個問題。他們將注意力放在相當於在德國的隱形飛機上。結果紐西蘭擁有世界上最有效能和最不濫權的警力。一九九〇至二〇一五年期間，只有二十一個紐西蘭人死於警察之手，平均每年造成零點八人死亡。如果你按這個比例換算到人口數多出許多的美國，可以預期美國警察每年大約殺死五十個人。然而光是在二〇一五年，美國警察就殺死了一千一百四十六個平民。或許美國可以從紐西蘭那裡學到一些教訓。

警察所做的事情是重要的，但由誰來當警察甚至可能更重要。如果沒有妥善制定好招募政策，最終吸引來的全都是撲向權力之火的錯誤飛蛾。

有時問題可能更嚴重。從多拉維爾到威靈頓，通常都有許多人想要當警察。然而當一個掌握權力的職位並不特別吸引人時，會發生什麼事？在沒有競爭的情況下，自我選擇是唯一重要的事。如果只有一個人來申請一份掌握權力的工作，那麼任何一個渴望權力的笨蛋都能順利取得權力。那就像是為最糟糕的控制狂鋪設紅地毯，而他們往往正是管理我們街坊的人。

亞利桑那的獨裁者

羅傑．托利斯（Roger Torres，並非他的本名）是一位戰士，不只是比喻意義上的戰士，而是實際上曾經參加過混合武術競賽的人。他的格鬥紀錄成績斐然：十二勝——他告訴我，包括四次擊倒，此事有官方網站的連結可證實。「我的綽號是『加農砲』，因為我的攻擊力強大。」托利斯自誇。然而當羅傑和他的太太在亞利桑那一個陽光充足的社區買下房產時，他並不明白他正走進一個讓他好幾年無法脫身的競技場，參加他的最後一役。

在一九七〇年，大約只有一百萬美國人住在由屋主協會（HOA）所管理的社區，目前約有四千萬人。包括共有公寓委員會在內，另有三千萬人。這些區域性的準政府組織每年總共大約徵收九百億美元的會員費，以支付設置公用設施和修理，以及社區維護的開銷。這筆金額大約是佛羅里達州總歲入的兩倍。

屋主協會通常也會制定詳細的規定。用於修繕或改善設施的應急基金，部分收入是來自違規的罰款。規定執行得越嚴格，應急基金也跟著變越多。但與政府收稅人不同的是，屋主協會執法者不是遠在天邊的官僚，他們是你的鄰居。

問題來了：當住在街尾的蘇珊把她家的垃圾桶放離路緣兩英尺的地方，而非規定的少於一英尺的地方時，誰想要當這個巡邏鄰里和開出高額罰款的人？這不完全是一件會得到認可的光榮事。

在羅傑居住的亞利桑那小社區裡，管理屋主協會的差事沒有什麼人來競爭。「這種冷漠非常嚴重，」他說，「根本沒有人在意。管委會裡往往人數不足，因為沒有人想做這份工作。」任職者是被勸說進來的，因為總得有某人做這件事。也就是說，直到馬丁．麥克伐夫（Martin McFife，也不是真名）出現為止。對他來說屋主協會的工作不是一種負擔，而是一項天職。

由於屋主協會基本上是求人擔起責任，因此當麥克伐夫自告奮勇時，管委會立刻就答應了。他參加了一場沒有對手的競選。可是在他當選後發生了一個問題：「他是一個極難相處的人。」托利斯說，「沒有人想跟他一起工作。」托利斯懷疑這並非意外，相反的，麥克伐夫似乎故意惹惱管委會的人，好讓他們認為這份工作再也不值得做。事情正是這麼發生：當那些不想待在管委會的現任者面臨改選時，他們選擇退出。麥克伐夫精心安排替代他們的人，如此一來倖存的飛機全是他的飛機。他以獨裁者的效率鞏固他的權力。

麥克伐夫也如同獨裁者般統治著一個小社區。某個星期天，托利斯走出他的房子。隔天是倒垃圾日，但屋主協會制定嚴格的規定：星期天正午之後才能把垃圾桶放在街上。托利斯在匆忙間瞥了一眼時鐘，那是早上十一點五十五分。他放下垃圾桶。五分鐘後，正午一到，一位屋主協會的執法者開車過來。托利斯被開了罰單。

每當托利斯為一張罰單而爭執，他就會收更多罰單以懲罰他膽敢挑戰麥克伐夫的陰謀集團。托利斯的棕櫚樹似乎突然間被認定違反了規定。開罰。有一支棕櫚葉好像會枯死。開罰。「他要樹木每年都被狠狠地修剪，好讓它們看起來永遠像一根胡蘿蔔，這是他偏好的樣子。」托利斯解釋。

托利斯終於再也無法忍受而展開反擊。他正式控訴這些規定的援用過於武斷。在提出控訴不久之後，托利斯收到一封信，裡面是全新的規定手冊。其中某些指導原則難以置信地具有特定性。「礫石必須是亞利桑那本地出產。」托利斯回想。「我們甚至有只針對我們而設置的規定，讓我深感榮幸。」托利斯安裝了攝影機監視他們的住家，因為有青少年會在他們的院子附近吸毒。新的規定手冊禁止安裝監視攝影機。「我們有一些麥克伐夫不喜歡的裝飾用石頭。」羅傑說，「所以這本規定手冊現在具體說明，比壘球大的裝飾用石頭必須有多達三分之一的高度埋進土裡。」當這項變更後的規定沒有促使托利斯家移走違規的石頭時，它們開始失蹤。

為了表示抗議，托利斯家做出一件他們知道會激怒那位屋主協會暴君的事：他們在院子裡擺了一隻火鶴鳥作為反抗的象徵。很快地，他們的鄰居也如法炮製。粉紅色的火鶴鳥到處出現。麥克伐夫氣壞了。雖然他無法確定，但對於是否有別州的礫石逃過了他的整肅而感到焦慮不安。

該是採取決定性行動的時候了。在特地準備的「屋主重要訊息更新」中，該區所有居民都收到一份猛烈抨擊托利斯家的文件。「他們仍然拒絕修剪枯死的棕櫚樹葉，現在還加了一群火鶴鳥……托利斯一家人果真是你的『好朋友』和體貼、有益的鄰居？」這些指名道姓、針對托利斯家的通訊刊物——發出了好幾份，裡面有醒目的大寫字母和諸如此類的句子：「這感覺像是『誣陷』。我們以前見過這種把戲，最終的結果是整個街坊的衰敗！」其中一篇的結論是「風險非常高……時間至關重要。」不過我們對麥克伐夫應該公平點，他數出了有七顆燈泡需要更換。社區的命運懸而未決。是時候了，該從家得寶重新部署M113裝甲運兵車和叫來兩棲攻擊艇！（在事態嚴重時，屋主協會的會議變得吵鬧不休，管委會只得雇用一名警察來出席會議。）

後來，托利斯家做了一件讓麥克伐夫意想不到的事：他們利用他的規則手冊來對付他。他們援引一條少為人知的地方法來強制舉行一場罷免選舉。結果管委會被消滅。「麥克伐夫被開除後就失去了理智。」托利斯解釋。「他開始每天在街頭巷尾巡邏，拍攝下他不喜歡的一切事物。」我見過他隨後製作的通訊刊物，裡面全是據稱格格不入的仙人掌，以及最近沒有按照他的喜好澆足水的歐洲夾竹桃照片。全都是有點古怪的東西。等到下一次選舉，麥克伐夫有了東山再起的機會，如浴火鳳凰般從灰燼中重生。他得到三票。

羅傑賣掉他的房子，發誓再也不要住進由屋主協會管理的房產。「根據我和舊鄰居們聊天蒐集到的消息，」托利斯說，「買了我們房子的人也沒有按照麥克伐夫的喜好去修剪那些棕櫚樹。我確定他會非常失望。」

像這樣的故事繁不勝數，甚至有致力於證明屋主協會濫權事件（許多也涉及盜用公款）的組織和網路次文化團體。這些經驗給我們一個寶貴的教訓：自我選擇偏差總是會伴隨著權力而出現。無論是樂於扣下扳機的警察，或者屋主協會中渴望權力的暴君，權力傾向於吸引那些為了權力而想要控制別人的人。

幸好一旦你辨識出權力的這個傾向，你就能加以抵制。如同紐西蘭警方所明白的道理，你可以試著吸引不同的蛾撲向火焰。企業可以進行審查以確保他們招募人才、留住員工和晉升的機制能引進不是為了尋求權力，而是能有效行使權力的人。政黨可以在社區中主動接觸那些可能成為好的領導者的人，而不是坐等著人們自己上門。如果屋主協會想要避免被鄰里中的暴君把持，他們應該考慮創造出動機（包括提供還不錯的薪水），去招募為了更好的理由而想從事這份工作的人，而不是那些騷擾街坊鄰居的人。最後，重要的不光是吸引不同種類的蛾，還要設法吸引更多的蛾。有越多的蛾圍繞著權力振翅飛翔時，你越容易在汰除掉容易墮落者後，還留下不易腐化者。在沒有競爭的情況下，最早碰觸到火焰者先控制住別人——那麼你越可能無法擺脫一個渴望權力、執迷於棕櫚樹葉和對火鶴鳥十分介意的暴君。

Chapter

4

權力錯覺

為何我們的石器時代大腦讓我們把權力交給不對的人

打著領帶的白人

米契．莫克斯利（Mitch Moxley）不是後備舞者，但他曾在音樂影片中跳舞。他不是模特兒，但曾出現在中文版《柯夢波丹》（*Cosmopolitan*）雜誌的情人節期號，成為「中國百大最性感單身漢」之一。在十三億人口的中國，有無數的單身漢可以挑選。編輯群選中了莫克斯利，但在他入選前，他們從沒見過莫克斯利的照片，可是這並不要緊。

這些編輯很幸運，莫克斯利適合上雜誌。他的髮型看起來像是經過熟練的理髮師用昂貴的美髮產品精心打理。置身於高檔飯店酒吧的莫克斯利不會顯得格格不入，他手握一杯威士忌，同時用他在蒙古和北韓旅行的奇聞異事讓你大飽耳福。但這些都不是讓他與眾不同的原因，他之所以鶴立雞群只有一個理由：他是住在中國的白人。

莫克斯利在北京當自由記者勉強謀生，某天一位東營的朋友打電話過來，要提供他一份工作。東營是中國東北部一個不起眼的海岸城市，據稱是孫子的出生地，這是它唯一的名聲。孫子曾明智地提出建議，說採取秘密軍事行動是「此兵之要，三軍之所恃而動也」。莫克斯利即將參與一項秘密作戰，但不是在戰場上，而是在工廠裡。

「我對這件事知道得不多，只知道他們要一群外國人來參加某種典禮。」莫克斯利告訴我。工作一週的出場費是一千美元。「我朋友問我想不想去，我就說，『好啊，當然要。』」他們隱約談到關於品管的事。莫克斯利認為他應該老實地和盤托出。「你也知道的，」他告訴他的朋友，「我對於品管啊或者舉凡有關商業的事情沒有經驗。」莫克斯利的朋友回答，「安啦，沒問題的。記得帶上西裝。」

隔週的星期四早上七點四十五分，莫克斯利連同其他兩個美國人、兩個加拿大人和一個澳洲人一同搭飛機前往東營。他們對於被雇用去做的工作一無所知，唯一清楚的是，他們在某家新工廠裡必須看起來像商務人士。莫克斯利頂著剛理過的頭髮、穿著一雙閃亮的新鞋和一套不合身的廉價西裝，準備好好扮演他的角色。

到達東營後，六人去工廠報到，開始他們第一天的工作。他們受到熱情的接待並且被帶到他們的辦公室，每個人都有一張辦公桌。「每張桌子上放著一頂印著公司標誌的安全頭盔和一件有著超大型拉鍊的背心，上面寫著 D&G—DOLOE & GOB8ANA 字樣。」莫克斯利後來在他的《向我的審查員賠罪》（*Apologies to My Censor*）書中回想。然而這些背心不是唯一的贗品。莫克斯利和他的白人男性同夥全都是假冒者，被派來假裝他們來自一個實際上不存在的加州母公司，參與該工廠期盼已久的開工典禮。如果他們看起來像中國人，沒有人會留意他們。但如果是從加州來到東營的大人物呢？那便能引人注目。

「我們坐在辦公室裡讀雜誌和聊天。」莫克斯利說。「那時我們每天得巡視工廠一次。我們要假裝做筆記和查看東西。」他們巡視完工廠後，又回去翻閱雜誌，這就是他們的工作。他的一位朋友稱之為租用「打著領帶的白人」。

在他們假扮了幾天有興趣的投資者和商人後，終於來到舉行盛大開工典禮的時候。市長也到場，穿著禮服的女人微笑地站在紅地毯上。莫克斯利的一位名叫厄尼（Ernie）的假同事起身唸一篇事先交給他的講稿。「他們挑選他的原因是他看起來最老。」莫克斯利解釋。他穿著那件時髦的 DOLOE & GOB8ANA 安全背心，看著在眼前發生的超現實事件。演講結束後，接著施放煙火。典禮進行期間，揚聲器大聲播放中國流行音樂。「那間工廠只完工了一半。」莫克斯利記得，「所以我到現在還是不明白那個剪綵典禮的意義是什麼。」

莫克斯利的經驗稱不上獨一無二。的確，那只是中國產業利用外國人作為道具，為某項活動增添可信度的古怪現象之一。有時白人會被雇用去為新酒吧增加性吸引力。舉個例子來說，一位名叫大衛·伯倫斯坦（David Borenstein）的電影導演曾被雇用到成都鄉下登台表演。他和他的冒牌樂團在被介紹給觀眾時，成了「美國頂尖的鄉村音樂樂團，名叫旅人」。他們不盡然適合這個角色。伯倫斯坦演奏豎笛，但似乎沒人知道豎笛並非鄉村音樂的主要樂器，所以也就不重要了。主唱歌手是「一位不會說英語的西班牙女人，而且歌唱得不怎麼樣」。

這些故事聽起來異乎尋常，但只是反映出關於人類社會的一個基本事實：我們往往更執迷於某件事物或某人看起來的樣子，而不在意他們真正的身分和能做什麼事。關於權力也沒什麼不同。如果你看起來像領導者，你便更容易成為領導者。無論是在東營或美國丹佛，我們都會正好因錯誤的理由而將權力交給各式各樣的人。在東營的那家中國工廠，莫克斯利因為是白人而產生可信度。但在西方社會裡，情況有多麼不同嗎？為什麼我們似乎將如此多的控制權交給如此少的一小群人？

在美國的五百大公司中，有四百六十八家是由男性所經營，只剩下百分之六是女性當家做主。同樣的五百家公司中，有四百六十一家由白人領導，只剩下百分之八是非白人執行長當領導者，即使非白人佔美國人口的百分之四十。

在美國，白人男性大約佔總人口數的百分之三十。然而在財星五百大執行長中，有四百三十一個是白人男性，佔總數的百分之八十六。事實上，財星五百大執行長中名叫約翰或瓊恩的白人男性數量（二十七個），等於亞洲裔執行長（十六個）和拉丁美洲裔執行長（十一個）的總和。這份名單上只有四名黑人執行長。拉丁美洲裔和黑人執行長中沒有任何一位女性。從下一頁的表格，你可以看出財星五百大執行長所代表的現實與美國人口各別統計之間的差異。

這些數字比其他地方好不到哪去。在美國，以二〇二〇年夏季為例，百大頂尖公司（倫敦金融時報一百指數）中，只有五家是由女性領導。名單上名為史蒂夫的執行長數量多過女性執行長。

這種扭曲顯現在公眾識別度或缺乏公眾識別度中。請你試著說出一個科技業的男性領導者名字。如果你和大多數人一樣，你馬上會想到的名字是史蒂夫・賈伯斯、馬克・祖克伯、伊隆・馬斯克和比爾・蓋茲。現在，請試著說出一個科技業女性領導者的名字。最近針對美國人所做的調查也問了相同的問題，結果百分之九十二的受訪者承認，他們說不出任何一個科技業女性領導者的名字。百分之八的人說他們可以。但當這些人被逼著說出確切的名字時，大多數人講不出來。其中有人確實說出了名字，猜猜當中最常見的回答是什麼？Alexa 和 Siri。

這些差異除了反映社會上的種族歧視和性別歧視外，之所以重要是因為它們可

人口統計	佔美國人口 約略的百分比	財星五百大 執行長的百分比
男性	50	94
白人男性＋女性	60	92
白人男性	30	86
白人女性	30	6
黑人男性	6.5	0.8
黑人女性	6.5	0
拉丁美洲裔男性	9	2
拉丁美洲裔女性	9	0
亞裔男性	3	3
亞裔女性	3	0.4

能使極有才能的女性和少數族裔斷了念頭，不敢加入由白人男性主導的大型企業。曾經從政的崔佛・菲利普斯（Trevor Phillips）大量處理過英國企業的權力不平等問題，他指稱高階管理層中人口分布不平衡的現象為「積雪峰頂」（Snowy Peaks）和「香草男孩」（Vanilla Boys）問題。當少數族裔和女性期盼爬上公司的最高位階時，放眼望去只看見積雪的峰頂或者香草男孩，菲利普斯說，有些人會轉而尋找擁有比較多樣化的資深領導團隊的公司。如此一來可能讓大型公司的這個問題更加惡化，他表示，因為有才能的女性和少數族裔會流向規模較小的新創公司，在那裡他們有更大的機會可以快速晉升。「他們認為他們不會有所進展，或者只是裝飾門面的擺設。」菲利普斯告訴 BBC 新聞。

這不是企業獨有的現象。舉例來說在二〇二〇年，聯合國一百九十三個會員國之中，只有十六個國家由女性擔任領導人——略高於百分之八。而且只有五十八個國家（佔總數的百分之三十）曾經有過女性領導者。美國當然是站在錯誤的一邊。

現在我們雖說有進步，但進步得太慢。二〇〇〇年，當選國會議員的公職人員中大約七分之一是女性。如今，這個比例上升到四分之一，儘管有進步，但依舊糟透了。如果你留意到那些理應在性別平等之類的議題上，作為世界表率的已開發、富裕民主國家，你會發現他們並沒有實踐他們冠冕堂皇的理想。一九九〇年時，女性在日本國會中所佔的比例不及百分之二，現在也僅有百分之十。在美國，這個比例已經變成三倍，從一九九〇年的百分之七到目前的百分之二十三。但請你想想看：一說到女性握有政治權力的比例，美國依舊低於約莫為百分之二十五的世界平均值。

即便看似成功的故事，實際上往往更糟糕。中非小國盧安達由女性擔任國會議員的比例領先全球，高達百分之六十一。但那是因為該國的男性獨裁者保羅．卡加梅（Paul Kagame）狡猾地讓國會裡充滿作為他的橡皮圖章的女性議員，以便讓他從西方捐贈者那裡吸引更多的外援，因為他主要利用沒有實權的女性而非男性橡皮圖章，來替他的暴虐統治背書。他時常將女性當成象徵性的道具而不是領導者，這多麼地令人沮喪？

讓我們面對現實，我們最終也出現許多殘忍、無能的人在掌權。乍看之下這有點令人困惑，因為權力具有相關性。換言之，個人無法單獨地握有權力。要變得有權力，你需要有人讓你控制。因此權力是被賦予而非奪取來的。或者，如同靈長類動物專家法蘭斯．德瓦爾所說的，「如果沒有追隨者，你無法當領導者。」所以這向我們提出一個明顯的問題：為什麼我們讓糟糕、無能甚至兇殘的人控制我們？還有為什麼有這麼多打著領帶的白人？

部分答案是因為我們大腦有缺陷的演化，事情可追溯到史前時代。想要看看這一切如何發生，我們得更仔細地檢視信號和地位象徵。

誠實的跳羚，不誠實的螃蟹

假使你是一頭跳羚，你生活中主要的憂慮是擔心變為別人的午餐。具體來說，你擔心成為獅子、印度豹或一群豺犬的美味菜單上的珍饈。所以，如果你看見附近有一頭獅子、印度豹或一群豺犬望著你流口水，你該怎麼辦？

當然你的本能不會是高高躍起，確保讓掠食者看見你。然而跳羚正是這麼做，牠們像彈簧般拚命地往上跳，四條腿儘可能保持僵直不動，彷彿在奧運會上讓無情的俄國裁判替牠們的風格打分數。當牠們猛然著地時，牠們有把握掠食者已經看見牠們，任務完成。但牠們為何要這麼做？曾在肚子餓時去雜貨店買過東西的人都知道，讓一隻餓壞了的動物看一眼美味的食物，並不是好主意。

這種儀式稱作四腳彈跳，演化生物學家假設其目的是為了讓掠食者知道，跳羚在當下覺得自己多麼靈活敏捷。假使印度豹正在找尋容易到手的午餐，牠應該到別處找尋，因為做出四腳彈跳動作的跳羚明白表示，牠們不是好捕捉的獵物。

這類行為普遍存在於動物界。它們是「信號理論」的實例，該理論主張物種已經演化成快速傳達能讓大家省下許多麻煩的資訊。如果沒有四腳彈跳，印度豹想要發現跳羚像尤塞恩．博爾特一樣，唯一的辦法是去追逐牠們。這對印度豹和跳羚來說都是不好的事，因為兩者最終會在無意義的追逐中浪費寶貴的能量。跳羚演化成會四腳彈跳，而印度豹則學會避免去追捕那些即使最嚴苛的奧運會裁判都會給予滿分的個體。因為四腳彈跳的能力準確傳達出跳羚的敏捷和速度，所以它被稱作誠實的信號。誠實的信號處處可見。想像一下體色鮮艷的青蛙，如果你忽視這個信號而吃下牠，你會被牠的毒液給毒死。這時你只能怪自己，因為牠已經設法警告你。

但並非所有的動物都這麼正直。某些蛇類擁有暗示牠們有毒的體色，但事實上完全無害。此外還有招潮蟹，牠們長著一支大得滑稽的螯，用來警告那些試圖爭奪配偶的公蟹不要靠近。這支巨螯看起來像是棒球場販售的「我們是第一名！」超大泡沫塑膠手指的動物界版，只不過它的用意是威嚇別人。當招潮蟹輸掉戰鬥時，牠那支令人生畏的巨螯往往也會脫落。它會再長回來，但新長出來的螯比原本的螯弱小，所以幾乎保證這隻招潮蟹會輸掉往後任何一場攤牌的決戰。幸好其他招潮蟹分不清新螯和舊螯的差別，因此牠們仍然會避免前來挑釁。這支用來賣弄炫耀但無實際用途的新螯能發揮作用，就像人類罪犯揮舞著模樣逼真的玩具槍去搶銀行。這被稱作不誠實的信號。

信號理論還有另一個重要層面：展示信號的代價是否高昂。發出信號有沒有不利之處？如果有的話，那便是它必須付出高昂的代價。雄孔雀提供了很好的例子來說明誠實信號的代價，牠們的羽毛的確準確傳達出牠們的交配有利條件，但也降低了牠們的速度，使牠們更容易被掠食者捕捉。（四腳跳躍也需付出適度的代價，因為跳羚必須消耗寶貴的能量往上跳。）相較之下，某些信號完全不必付出代價。長著紅色條紋的青蛙不費事地傳達牠們的信號，因為條紋一直都在。

在談到權力時，這些層面（誠實 vs. 不誠實、代價高昂 vs. 無代價）也有助於分析人類行為。關於我們是強勢、有權力或弱勢、順從的，我們不停地在展現誠實與不誠實的信號。有時我們甚至不知道自己在做這件事。有時那是刻意為之，例如當你看見某人開著和房子一樣貴的閃亮汽車從旁駛過。但信號理論提出了一個有趣的假設：有權力的人是否只是更善於表現得有權力？

為了找尋答案，我在某個晴朗的一月下午會晤了加州大學柏克萊分校的達娜．卡尼（Dana Carney）教授。她是心理學家，也是柏克萊商學院的教授，研究一切有關權力的事。二〇一〇年，卡尼的作品變得舉世聞名。她與艾美．柯迪（Amy Cuddy）和安迪．葉普（Andy Yap）合寫了一份顯示出驚人發現的研究報告。他們發現藉由採取他們所稱的權力姿勢——佔據更多空間和投射出力量與自信氛圍的身體姿勢，人們立刻感覺且表現出比實際上更有權力的樣子。他們也發現以那種方式站立，會引發荷爾蒙激增，有助於讓你感覺更能掌控局面。僅憑這項簡單的技巧，他們認為每個人都能「馬上變得更有權力」，並聲稱這是一項具備「真實、可行的暗示」的發現。卡尼的共同作者艾美．柯迪在ＴＥＤ演說中談到他們的作品。直到現在，它依然是有史以來下載率第二高的ＴＥＤ演說，觀看人次有六千萬次。

只不過有個問題：當其他研究人員試著複製這些結果時，卻發現他們辦不到。其他人利用相同的姿勢進行相同的實驗，似乎沒有產生任何效果。卡尼正直地回應，後來她公開疏遠這項研究，並表示她「不相信『權力姿勢』真的有效果」。（柯迪繼續堅稱這是一項可信服的研究，儘管出現越來越多的反證。這個爭議促成所謂心理學的複製危機，導致了研究的產生、審查和發表方式的改變。）

即便權力姿勢不太會改變你的感覺，但我們呈現自我的方式絕對會影響別人對我們的看法。（穿得過分簡樸去參加正式活動的人，就明白我在說什麼。）卡尼的其他研究包含了我們如何快速打量別人，設法決定要如何對待某人的例子。這是轉瞬之間的事，因為我們的大腦非常擅長從看似細微、不重要的線索，總和出一個完整的圖像和判斷，以便對某人進行綜合評估：高地位、低地位或介於兩者之間。

我們有時會有意識地察覺如何發出地位信號。大房子、勞力士手錶和名牌服飾（以及昂貴的物品）都是刻意展示過剩財富的例子。然而，並非所有的富人都想要炫耀。「富裕世家」與「新富」之分往往能切中這種區別。比如說相較於甘迺迪家族或者英國女王，你更容易看見一個暴富的二十五歲億萬富翁開著鑲滿鑽石的黃色法拉利。財富過剩的信號特別可能出現在那些出身貧困環境的人身上。這是他們告訴全世界他們已經出人頭地，晉升到新地位的一種機制。這種信號表現在無聊的舉動時最有效，因為它顯示你有錢到願意燒鈔票，不顧任何實質好處。（這可能解釋了出身貧苦的毒品販子，為何用華麗昂貴的輪轂蓋來裝點他們的車子。）在加拿大西北部和美國的原住民社會，高地位的個人或家族甚至會在「誇富」儀式中毀壞財物，以顯示他們能捨棄多少東西。如果有人最終因為代價太大而收手，這人不但丟了臉面，往往還會因此失去在社區中的權力和地位。

以如此賣弄的方式展示財富，作為取得權力的機制，被十九世紀後期的經濟學家托斯丹·范伯倫（Thorstein Veblen）視為「炫耀性消費」[6]。法國社會學家皮耶·布迪厄（Pierre Bourdieu）後來有不同的主張，他認為這種展示是完全理性的，因為它們只不過代表將金錢轉變成社會資本。舉例來說，慈善家藉由花大錢行善，最終常被視為社會的領導者。比爾·蓋茲似乎比傑夫·貝索斯更明白箇中門道。

研究人員甚至已經證實，人類會本能地利用展示財富，試圖傳達地位信號。對此我們甚至不經思索，就像四腳彈跳的跳羚可能無意識地決定向上跳躍，向印度豹展現牠們的健康活力。某項實驗要求男性受試者捐款給慈善機構。誰願意捐款以及願意捐多少，其間相去甚遠——取決於他們的富有和慷慨程度等等，你能料想到的種種因素。但後來研究人員又進行了一項稍有變化的實驗，引進一名有魅力的女性

6 范伯倫畢業於明尼蘇達州諾斯菲爾的小型文科學院卡爾頓學院（Carleton College），諾斯菲爾這座城鎮的格言是「牛群、大學和知足」。卡爾頓學院也是我的母校，因此我不得不向各位報告這件完全不必要的事。

成員。在研究人員當著具有適度吸引力的女人面前，要求男性受試者捐獻時，他們會捐出更多錢。當研究人員在極具吸引力的女人面前，要求男性受試者捐獻時，他們甚至可能掏空自己的口袋。男性顯然認為，在具有吸引力的女性面前亮出鈔票，是有效傳達地位信號的方式——無論有意識或潛意識地。（有趣的是，即使面對有魅力的男人，女性也不會改變她們的捐獻模式。）

傳達信號是展示地位的重要捷徑，因為我們不會隨身攜帶銀行帳戶，或者在額頭上貼著我們的工作頭銜。你往往能看出某人窮困潦倒，但光靠觀察很難辨識出富人和有權勢的人，就連億萬富翁也會穿牛仔褲。而且有許多人像動物那樣，試著利用不誠實的信號來謀取自己的利益。在人行道上販賣廉價勞力士或雷朋太陽眼鏡仿冒品的攤子，幫助你接通你內心中的招潮蟹。這就是為什麼最有效的地位信號所費不貲。如果它們不昂貴，便不再具有效果。

舉例來說，在十七世紀的法國，蕾絲是一種地位象徵，因為蕾絲的生產成本極高。當時的菁英階層仕女會投注大量資源，以確保她們的蕾絲最精美細緻。等到機器能織出蕾絲，一般大眾也買得起時，蕾絲幾乎一夜之間變得沒有意義。

地位象徵甚至能顛倒過來。以往曬出古銅色皮膚是低地位的明確指標。這表示你得在烈日下辛苦地在田間幹活，無力負擔室內的悠閒生活。然而到了一九三〇年代，這個信號徹底翻轉。古銅色皮膚意味著你足夠富有，享受得起遠離辦公室或工廠陰暗角落的陽光假期。更深的膚色變成展示財富和權力的東西。後來，日曬床讓你只需到不遠處那家墨西哥餐館旁的沙龍，看起來就好像去過了墨西哥。曬出古銅色皮膚一旦變得比較不花錢時，它的效用也就逐漸消失。（如今使用日曬床傳達出不同的信號：你樂意罹患皮膚癌。）

身為一個物種，我們執迷於這些武斷的信號。我們之所以這麼做，是因為我們了解外表確實能幫助我們在人生的階梯上晉升——或降級，外表至關重要。但這些傳達信號的形式無助於我們了解米契・莫克斯利曾經歷過的「打著領帶的白人」問題。畢竟，出身少數族裔、有抱負的女性領導者也買得起勞力士手錶和雷朋太陽眼鏡，開得起昂貴的名車。在現代領導階層的萬神殿中，代表名額不足的社群可以不停地展示人類版的四腳彈跳，但權力的差距依舊存在。那麼我們為什麼在選擇掌權者時，一貫地做出如此嚴重偏差的決定？同樣的，我們需要回到過去來了解人類這個物種的起源。

石器時代的錯配

下一次當你嘗試繼續節食但失敗時，不要責怪自己。你該責怪你的石器時代先祖。經過幾百萬年後，我們的大腦不停地成長，尺寸變成我們黑猩猩表親的三倍大。

但大約在最近二十萬年來，我們的大腦維持相同的大小。這導致演化心理學家——專門研究人類心理如何在大時間尺度下改變的人，得出結論，也就是「我們的現代頭蓋骨裡容納了石器時代的心智」。舉例來說，以往為了求生存，我們的心智天生對於糖有強烈的正面反應。二十萬年前，糖來自於有益營養的食物，例如山藥或水果。但以往的水果不會過甜，因為沒有經過選擇性的育種。根據演化生物學家丹尼爾・利伯曼（Daniel Lieberman）的說法，我們的狩獵採集者祖先所食用的石器時代水果甜度大多等同於胡蘿蔔。我們的大腦被設定成喜歡甜度適中的水果，而非甜滋滋的麥片圈。同樣的，我們演化成會馬上吞下到手的任何一小塊脂肪，因為脂肪曾是我們飲食中非常稀缺的食物。現在我們用以往不可能辦到的速度，將經過加工處理的糖和脂肪直接送進我們的血液中。相應而生的現代人高糖尿病和肥胖比例是「演化錯配」的例子，當中我們的身體和大腦因應不復存在的生活方式而演化。（同樣的，演化心理學家表示，我們依舊本能地害怕蛇和蜘蛛也是一種錯配，即便牠們對於地球上絕大多數的人類實際上不構成威脅。但牠們曾經是狩獵採集者的主要致死原因之一。）

這些錯配之所以發生，是因為人類社會的突然改變。以往，順從大腦對糖和脂肪的渴望的人更有機會生存下來。如今，順從我們石器時代本能的人更容易變肥胖或者得糖尿病，或甚至死亡。同樣的，我們現在應該害怕的是汽車而不是蜘蛛。然而我們的大腦還來不及跟上和適應我們生活方式種種突然的重大改變。

因此，如果我們的石器時代心智已經創造出與我們的飲食和恐懼的錯配，那麼懷疑我們在選擇領導者時是否也有相應的錯配，可說是一件合乎邏輯的事。我們是否天生偏好石器時代祖先最中意的領導者特質？舉例來說，我們似乎可以合理地懷疑，使某人擅長擊退劍齒虎或者獵捕瞪羚的特質，正是使某人擅長於中階管理的特質，例如管理一家供應紙品的公司。

有大量的證據顯示我們利用外表作為挑選領導者的捷徑。這不算新鮮事。柏拉圖曾在《理想國》中論及此事，他描述了由一位無能但身材較高、較強壯的船長所領導的一整船笨蛋。柏拉圖說得有道理。

科學似乎告訴我們，當我們在挑選領導者時，我們的石器時代大腦和物種演化史，造成我們偏好男性而非女性、高個子而非矮個子，以及看起來與我們最相像的人。

最近幾十年來，阿姆斯特丹自由大學（Vrije Universiteit）的演化心理學家馬克・范伍格特研究了這些扭曲的偏好，以及造就這些偏好的錯配。在他的《被選中的人：為何有些人當領導者，有些人當追隨者以及這為什麼重要》（*Selected: Why Some People Lead, Why Others Follow, and Why It Matters*）書中，他表示儘管這些偏好在某些情況比其他情況下更具影響力，但它們一直存在。然而，只因為這些認知偏見存在，不代表它們是不可避免、可接受或者「自然的」——這是關鍵點。無視於這些愚蠢的衝動是有可能的（而且必要的）。但我們無法修理這種故障的石器時代思維，除非我們承認它們存在於許多人身上。

如同我們在第二章所見，狩獵採集者社會比起現代社會更平等。但狩獵採集者社會仍然有非正式的領導者，比方說他們會組織某次狩獵遠征，或者在團體決策中發揮多一點的影響力。這種非正式的領導者地位適合某一類人。如同范伍格特的解釋，「古代人類的領導者地位往往關係到具體的活動，例如狩獵或戰爭。領導者必須以身作則且身先士卒，因此中選的條件與健康、體力和壯碩的體格有關。」

這不只是因為人們偏好更壯碩、更強壯的個人。他們是在演化過程中被積極挑選出來。范伍格特表示，選擇了孱弱的領導者的人類幫群，在狩獵或交戰時更可能會喪命，導致那些做出錯誤決定的人從人類基因庫中被汰除。選擇了體格強壯的領導者的人類幫群，在面對生死關頭時有更大的生存機會，因而強化了這個選擇。

我們不妨這麼想：近二十萬年以來，人類大約延續了八千個世代。當然，約莫七千九百八十個世代生活在以體型與力氣作為主要生存有利條件的社會。這段時間佔了人類存在歷史的百分之九十九點八。對此事的理解促成了所謂的演化領導理論。我們的社會已經改變，但我們的大腦沒有跟著改變。人類學會用來挑選領導者的理由，不再能反映現代社會的現實。是時候了，我們該忘卻這些過時的本能。

性別與巨人

大約十年前，在著名大學任職的一群科學家被要求替申請擔任實驗室管理者的學生評分。他們收到一堆履歷表，在進行評比時，他們必須替申請者評分，並根據這人的資格和經歷提出起薪的建議。「表面上的說法是我們有意創造一個新的指導計畫來幫助大學生開拓科學生涯。」斯基德莫爾學院（Skidmore College）的科琳娜．莫斯—拉庫津（Corinne Moss-Racusin）教授告訴我。「我們只要求教職員對於每份應徵實驗室管理者的申請，給予誠實的意見回饋。」

這些教職員不知道的是，履歷表是假的。申請者的資格各異——有些人比其他人更有資格，但關鍵的安排在於頁頂。每份假造的履歷都隨機分派到一個名字，來自女性或男性名字的名單。內容一模一樣的履歷看起來出自某個莎拉或亞歷山大；大衛或安；詹姆士或凱爾西。名字是這些履歷唯一的不同之處。除此之外，申請者的資格是平等的。在一個公平的世界，名字應當不會造成評價上的差異。可是我們不是活在公平的世界。

教職員的評估一貫地給男性申請者比較高的評分，並且給他們更高的起薪。無論進行評估的教職員是男性或女性，他們全都表現出對女性的偏見。我們的社會正慢慢開始了解存在如此長久的性別歧視問題。但有一個關鍵的問題依舊無解：這種偏見是從文化上習得，或者我們的厭女症是否也根植於我們的史前過往？

在有紀錄的人類歷史中，女性向來被排除在外。劍橋大學教授瑪麗．比爾德（Mary Beard）在她的《女性與權力》（*Women & Power*）一書中，展示了從古至今無數的性別偏見實例。女性不只在古代世界得不到權力，就連賦予女性權力的概念往往被視為荒謬的想法。如同比爾德的說明，在西元前第四世紀，「阿里斯多芬尼斯曾用一整部喜劇來奚落女性能夠治理國家的『可笑』幻想。劇中部分的笑料是女性在公開場合說不出得體的話。」正如比爾德所強調的，當女性被擢升到掌權的位置，往往要面臨三件事中的其中一件。第一，她們被說成男人婆，暗示只有儘可能在模仿男人的女人才會嚮往權力。第二，她們在說話時被描述成「吠叫」或「狂吠」的動物──全然缺乏男性運用人類語言的天分。第三，當她們努力設法取得權力時，會被描述成濫用權力、耍陰謀手段的篡位者。

讓我們快速推進大約兩千年，這些性別歧視的比喻依舊存在。情況如此嚴重，以至於在一九一五年時，女性主義作家夏洛特．柏金斯．吉爾曼（Charlotte Perkins Gilman）感覺不得不寫一部名為《她鄉》（*Herland*）的小說。故事背景設定在一個女性只生出女孩的幻想世界。男性根本不存在，因此由女性來統治世界。吉爾曼想像中的烏托邦免於戰爭和受其他人的支配。

提醒你《她鄉》似乎有點極端，但大量的證據顯示提拔更多女性擔任領導者不僅公平，而且也是明智之舉。我們要避免成為性別本質主義者（認為男人和女人基本上相對立地擅長某些事和拙於某些事——這種看法被用來維持對女性的壓迫長達許多世紀）。然而許多研究已經證明，平均而言，女性比男性更不傾向於專制統治，而且更渴望接受民主方式的統治。此外，關於你所能想像得到的每種領導方式，女性表現得跟男性一樣好或甚至更好。（諷刺的是，由於女性實在太難在由男性主導的現代社會爬上最高的統治地位，從而產生一個造成混淆的效果。由於女性在晉升的過程中會面臨更多障礙，因此成功爬升到最高位的女性，比起設法在失敗後越爬越高的一般男性更屬於例外。達到最高位的難度差異可能使資料產生偏差，因為少數例外的女性被拿來與至少算是平常的男性做比較。）

最重要的是，在行使權力時，男性顯然不具備性別優勢。然而我們的社會卻表現得彷彿有這回事。說到政治領導者，請你花點時間仔細想想性別政治有多麼怪異。俄國總統普丁定期發布他赤裸著上身騎馬、練習柔道或者做其他展現體力的戰士表演照片。這些信號會有效，因為我們的石器時代大腦仍然將對領導力的某些看法連結到體型大小。但這是荒謬的。想像一下如果你準備接受手術，而你的外科醫師自動地做了二十下伏地挺身，好讓你知道他非凡的體力。你大概會去找別的外科醫師動刀，或許還會打電話向醫療證照委員會投訴。但一說到政治領導者，現代社會往往獎賞那些展示力氣的男性。由於演化的錯配，這類信號現在根本無關宏旨。畢竟梅克爾和阿爾登[7]是我們最近印象中最具績效的兩位政治人物。我們應該要在意她們多麼會做仰臥推舉嗎？

如果你對於領導力性別歧視與我們的石器時代大腦有關表示懷疑，那麼你想要忽視另一組研究結果會比較困難——這是可理解的事，就像演化心理學理論也遭受質疑[8]。現代電腦成像技術讓研究人員得以非常精準地操控臉部圖像。只要按一下滑鼠鍵，一張臉就會顯現出或多或少的典型男子氣概。有些科學家想知道，如果你拍了張某人的照片，但略微加強它可察覺的男子氣概，這會如何改變我們對這張臉的感覺？當中的關聯可能不像你以為的那麼直接。如你所預期，在領導力實驗中，男性的臉比女性的臉更常入選。在進行領導者選擇實驗時，當參與者被要求選擇一位能對抗安全威脅的領導者時（面對衝突或戰爭持續存在的風險），有趣的事情發生了。在這些實驗中，男子氣概的效用被放大。實驗顯示在危機時期，我們下意識地更可能偏好看起來比較有男子氣概的領導者。這雖然荒謬，但資料顯示其效果是真實的。

我們傾向於挑選與石器時代的優秀戰士或獵人有相同身體特徵的男性作為現代領導者——范伍格特稱這種概念為稀樹大草原假說。他解釋，「演化已經在我們的大腦烙印了一套挑選領導者的樣版，而這些樣版在我們遭遇需要協調合作的問題時被啟動（例如戰爭期間）。」這是獨裁者式的強人（這個用語並非意外）激發恐懼或挑起衝突，藉以鞏固權力的原因之一。他們刻意活化我們在察覺到威脅時，會求助於看似強壯的人的狩獵採集者本能。我們可以假裝這些偏頗的性別歧視領導力樣版不存在於我們身上（或者至少是我們當中的許多人），也可以承認它們確實存在，並努力加以克服。即便如此，那也只是打贏了部分的戰役。我們還得克服我們經學習而得來並且內化，或者因為我們的性別歧視文化而變得更嚴重的厭女情結。

稀樹大草原假說不只關乎偏好男性領導者的偏見。如果這個假說是正確的，那麼我們不只被男性吸引，而且更容易被體型高大、氣勢逼人的男性所吸引。情況正是如此。在想要取得權力時，長得高大是有利的條件——長久以來一直是這樣。

兩千多年前，亞歷山大大帝允許被俘的波斯皇后西緒甘碧絲（Sisygambis）來覲見他。亞歷山大身旁有他最好的朋友赫費斯提翁（Hephaestion）陪同，他長得比亞歷山大高大。西緒甘碧絲誤以為個子較高的侍從是國王，隨即跪在赫費斯提翁面前，請求他饒命。這是一個嚴重的侮辱，雖然可以理解。（無論如何，亞歷山大饒過了

7 譯註：Jacinda Ardern，現任紐西蘭總理。

8 對演化心理學的主要批評之一是我們不可能測試或驗證它的核心主張。我們不可能回到過去，對活在二十萬年前的人類進行實驗。因此，我們有很好的理由對任何過於籠統的結論謹慎以對。

她。）然而這個喻意是顯而易見的，身高在當時被認為是地位的可靠指標。

數千年後，在一六七五年，普魯士軍隊創造出一支稱作「波茨坦巨人」（Potsdam Giants）的步兵單位。這個軍團唯一可辨識的特徵是士兵身材高大。想要加入這個菁英部隊，你的身高至少要有六英尺二英寸，在當時非比尋常。普魯士國王腓特烈・威廉一世顯然迥異於一般君王，他會叫這些高個子士兵走在他前面，而他則待在病榻上好讓自己高興起來。當他向來訪的法國大使展示波茨坦巨人時，他說，「這世界上最美麗的女孩或婦人對我來說都無關緊要，但是高大的士兵是我的心頭好。」他的執迷越演越烈，據聞他開始綁架歐洲各地的高個子男性，讓他們變成士兵——曾為了在倫敦街道上捕捉一名愛爾蘭大個兒，甚至耗費了一千英鎊的行動酬勞（當時是一筆鉅款）。等到這些綁架陰謀變得太花錢，他試著培育出高個子，強迫高個子男人和高個子女人結婚，並在長得高的嬰兒身上用紅圍巾做記號，作為未來的徵募對象。當腓特烈・威廉在搭乘馬車時，據說他會命令高個子士兵走在兩側，越過馬車頂握手，藉以炫耀他們的手臂長度。

拋開這位普魯士國王的古怪癖好不看，所有這些身高情結都是無意義的。等到腓特烈・威廉一世統治普魯士時，身高實際上已不再是現代作戰中的一個區別因素。一把槍和一根渴望扣扳機的手指，便是你所需要的一切。為了用只有歷史才能撰寫的詩來證明這一點，在耶拿—奧爾施泰會戰（Battle of Jena-Auerstedt）中，當人高馬大的普魯士人被不怎麼高大的拿破崙擊敗時，波茨坦巨人被解散。

這些高大的普魯士人是否如普魯士國王認為的那般出色，此事是可爭辯的。但他們無疑出色地說明了演化錯配。腓特烈．威廉基於一個不再具有重大優勢的特質而挑選他們。波茨坦神槍手會是更好的選擇，但他卻執迷於身高，顯得古怪和不理性。然而當我們更仔細地檢視現代人所做的選擇時，你很容易發現我們與這位執迷於身高的十八世紀普魯士國王似乎有許多共通之處。

美國總統的身高一直以來都高於同時代的一般男性。即使在解釋了其他種種因素後，進行過大量計算的研究人員發現，長得較高的候選人通常比較矮的對手贏得更多選票。長得較高的總統也有較高的連任機會。唯恐你認為這只是歷史的偶然，研究人員在實驗中讓受試者看完全相同的照片，當中的背景經過數位化處理，使照片中的人看起來比一般人更高或更矮。接下來受試者隨機被分配照片，他們會看見高個子男人和高個子女人，或者矮個子男人和矮個子女人。個子較高的男人被認為更像領導者。這具有重大的影響。但對女性而言，身高對於塑造領導者感覺的作用小得多。這正好證實了石器時代大腦假說，因為身高對於男性獵人或戰士來說更加重要。（然而，在積極的澳洲政治人物哈伊納爾．班〔Hajnal Ban〕身上，這個微妙的差別顯然不存在，她在二〇〇二年進行了斷骨增高手術，因此在參選之前長高三英寸。她贏得選舉。）

不光是政治人物如此。從十八世紀的德國到現代的美國和英國的研究顯示，高個子終其職涯能賺到更多錢。研究發現身高多出幾英寸，平均而言，終生大約可多出二十萬美元的收入。此事並無合理的理由，但是它繼續存在，成為一個現代的錯配。

因此，我們更常將權力交給男性而非女性；交給高個子男性而非矮個子男性。我們之所以這麼做，部分的原因根植於我們過時的心智。但這只是一部分的謎？關於種族又如何呢？

娃娃臉與盲從

在日常生活中你可能遇見好幾十個陌生人，即便不是成千上百。就算是你經常去的地方，例如雜貨店或者你上班的辦公大樓，你也會與完全不認識的人擦身而過。如果你是飛行常客或者住在大都會裡，遇見說著不同語言、穿著不同服飾或者來自不同文化的人是司空見慣的事。

但對於我們的狩獵採集者祖先來說，這類遭遇極其稀罕。由於領域性的緣故，冒險進入未知的地方無異於玩俄羅斯輪盤。生物學家暨作家賈德．戴蒙在他的《昨日世界》（*The World Until Yesterday*）中表示，狩獵採集者將每個人分成三大類：朋友、敵人和陌生人。朋友是構成你的幫群的那數十名家人，或者出自於與你交好的幫群。敵人是你認識的人，但出自於和你生活在同一區域的敵對幫群。第三個陣營——陌生人，是罕見的。但為了安全起見，你必須自動假定他們是潛在的敵人。在史前的過往時代，狩獵採集者絕對不會碰見半個世界之外的人，這意味著遭遇來自不同種族的人機率近乎於零。因此，種族歧視不可能因為數十萬年以來的心理演化而被深化，如同身高和性別偏見那樣。除此之外，考慮到我們這個物種的起源，大多石器時代的狩獵採集者看起來與歐洲人或美國人並無一絲相似之門。那麼，所有文化上的種族主義是否是經學習而來？

不幸的是，我們石器時代大腦對於長相不同的人會產生嚴重的偏見。為了生存，我們這個群居的物種演化成能快速利用線索，來辨識某人是否與我們相似，因此他們是朋友，或者與我們不相似，所以是潛在的敵人。這種衝動產生了社會科學家所稱的「內團體」和「外團體」之分。屬於內團體的人會被接納，而屬於外團體的人會被迴避、驅逐或甚至殺害。最重要的是，來自外團體的人更可能被我們視為潛在的威脅——我們隨時再回來談談這一點。

如今許多人仍然依賴這種晦澀難解、帶有偏見的機制作為識別的捷徑，即便它毫無理性可言。英國研究人員招募了足球迷進行一個心理學實驗。但凡不是曼徹斯特聯（Manchester United）球迷的人都從參與者庫中被篩除，然而實驗參與者並不知道他們為什麼入選。接下來參與者必須完成兩件不相干的任務。他們被告知第二件任務會在附近的某棟建築物中進行。當參與者從第一棟建築向第二棟建築移動時，真正的實驗開始。每個人都會碰上一位看起來明顯受了傷且需要幫助的人（研究團隊的秘密成員）。除了一項隨機的差異外，每一場碰面的情況都完全相同。假扮的受傷者有三分之一的機率穿著曼徹斯特聯球衣；三分之一的機率穿著曼徹斯特聯的競爭對手利物浦隊（Liverpool）的球衣；三分之一的機率穿著中立的襯衫。實驗參與者停下來幫助穿著曼徹斯特聯球衣的受傷者的機率高達百分之九十二，相較於穿著中立襯衫者的百分之三十五以及穿著敵隊球衣的百分之三十。只因為一個標誌，伸出援手的比例變成三倍。

在另一項實驗中，接受測試的大學生參加一個以團隊為基礎的遊戲，當中合作與信任是成功的關鍵。在獲得選擇領導者的機會時，他們有兩個選項。他們可以挑選有失敗紀錄但正好與他們出自同一大學的人，或者有勝利紀錄但來自不同大學的人。這些學生一致挑選了比較差的領導者，也就是出自他們自己學校的人。我們為何會這麼做？我們用判定內團體和外團體的史前樣版改變我們的行為，即使這麼做不理性，而且有損我們的最佳利益。我們信任我們認同的人，但懷疑那些似乎不是「我們當中一分子」的人。

在現代世界中，這些得自我們祖先大腦的樣版，加上許多世紀以來我們從文化上學習而來的顯性和隱性的種族歧視，使我們對出身不同種族的人，尤其是少數族群，產生帶有強烈偏見的評估。某個令人感到沮喪的研究證明了上述的情況，該研究顯示西方世界的白種人有時表現得彷彿黑人是帶著潛在威脅的「陌生人」——這種現象進一步使系統化的制度性種族主義惡化，禍害現代世界。

所有人類的臉都可藉由它們看起來有多麼像嬰兒的臉來加以評分（術語是「娃娃臉」〔babyfaceness〕）。無數的實驗證實，當我們在評估別人時，我們本能地會關注這項特質，並依據這項特質來評斷別人。在刑事司法系統中，有證據顯示法官和陪審團對待長得娃娃臉的被告，相較於沒那麼娃娃臉的被告，會給予較低的量刑，即使兩者年齡相仿。我們似乎自動地相信娃娃臉代表天真無邪。因此，長得比較娃娃臉的人往往被認為比擁有更多成人臉部特徵的人更不具威脅性。

但事情存在著令人灰心的轉折。

研究發現娃娃臉是幫助或者妨礙你獲得權力，其實取決於種族。以下的研究似乎顯示：黑人更可能被白人視為威脅。部分原因在於我們石器時代大腦中的「陌生人」樣版，部分是因為我們長久以來所習得和內化的種族偏見。情況不令人意外。即使白人更容易視黑人為威脅，但根據實驗，他們比較不會認為有娃娃臉的黑人是威脅。進一步的研究顯示，在由白人主導的社會中，長得娃娃臉的黑人因此比不那麼娃娃臉的黑人更容易獲得權力。白人視長得比較成人臉的黑人為威脅，導致他們在事業上較少得到擢升。根據該項研究，這種關聯在白人身上正好相反。在類似的研究中，長得娃娃臉的白人執行長被視為軟弱而非具有威脅性。在由白人主導的社會中，如果你是黑人，似乎擁有一張娃娃臉會幫助你，而如果你是白人，結果正好相反。這實在太瘋狂了。兩種情況合起來，似乎使早已存在於社會中的種族偏見變得更嚴重。

重點是：依據感受威脅的古老本能而對臉部長相進行不理性的評估，似乎依舊在確立現代世界中的不平等。這可能部分解釋了（但絕不能作為開脫的理由）為何出身少數族裔的優秀人才往往與領導職位擦身而過，而這些職位偏好交由比較不合格的白人來擔任。但事情不只跟臉蛋有關。當研究人員寄出假冒的履歷表去應徵職缺時，他們發現使用艾蜜莉（Emily）或葛列格（Greg）這類名字，比起使用拉吉莎（Lakisha）或賈邁爾（Jamal）的相同履歷表得到多出許多的回應。聽起來像黑人的名字，使相關的客觀資格遭到歧視。

然而我們有一些好消息。內團體和外團體的關係不必然是由種族所定義。如同曼徹斯特聯研究所顯示，我們會因為種種理由而認同其他人。雖然種族主義無法藉由應急之道或足球衣加以克服，但打造出形式更寬廣的共同身分，是確保由最好、最聰明的人（而不光是有最白膚色的西方人）擔任領導者的關鍵第一步。

那麼，我們該怎麼做？首先，任何有階級制度的團體應該都會產生關於領導層的人口組成的資料。上述的財星五百大執行長名單之所以如此顯眼的原因之一是因為這些資料容易取得。種族主義和性別主義的弊端一望即知。然而對大多數組織而言，因種族或性別而造成的嚴重偏差，並不容易由在公司中任職的人予以量化。為了解決這個問題，我們必須正視它的存在。

第二，儘管以盲選方式進行招募和拔擢無法解決一切問題，但我們應該儘可能這麼做。在許多的實例中，這種做法不見得可行。畢竟在小型企業中，你能夠輕易辨識出芭芭拉或德安德烈的履歷，不管他們的名字是否列於頂端，而且你不可能對總統候選人進行盲評。但在比較大型的組織或首次的招募中，將應徵者匿名化會產生比較公平的決定。

第三，聘雇和招募人才的評判小組成員應該儘量多樣化。有鑑於人類似乎天生偏愛看起來與我們最相似的人，消除這種近視的眼光後，將可獲得更妥善的決定。

第四，也是最後一點，這類的介入必須從幼年時及早展開。這聽起來或許愚蠢，但儘可能將學校作業和考試匿名化，將有助於降低因老師的偏見而在童年期出現的嚴重不平等待遇。（在我執教的英國倫敦大學學院，由我評分的論文都被匿名化，從而產生比較公平的制度。）所有這些措施都無法摧毀根植於我們的心理、文化，以及種族主義和性別主義歷史中的系統性不平等，但它們每一個都會敲出有意義的凹痕。這些凹痕最終將刺穿我們經學習而來、對於看起來和我們不一樣的人的古老偏見。

我們已經知道人類為何有階級制度，還有容易墮落的人為什麼更有可能試圖爬升到最高位。現在我們也知道為什麼我們的石器時代大腦促使我們將權力交給某些類型的人。但我們還有另一個問題要處理：為什麼腐敗或容易墮落的人能如此有效地操控通往權力之路？說得直白點，為什麼社會上有這麼多領導者似乎是自戀的心理病態者？

Chapter 5 —— 小暴君與心理病態者

多愁善感是失敗一方的化學錯亂。

——夏洛克．福爾摩斯

斯克內塔迪的維修工

一說到為他的教室提供暖氣，利奇．阿涅洛（Rich Agnello）並沒有特別不尋常的偏好。他有太多其他事情要操心，因為他在紐約州斯克內塔迪（Schenectady）從事教殊教育。直到二〇〇五年的某個冬天，他的教室裡凍到不行。鑄鐵製的暖房裝置摸起來冷冰冰，在那裡上課不安全。「我去找一位教科學的朋友，借了一支小溫度計黏在牆上，以便向我的工會報告這裡的工作環境。」阿涅洛告訴我。他再三投訴，但暖氣問題從未獲得改善。最後，他把事情攬在自己手上，從家裡帶來兩部電暖器。

隔天，當阿涅洛打開教室的門鎖，他覺得有人偷偷跟在他後頭。「所以我轉過身，發現史蒂夫．勞奇（Steve Raucci）在看著我，彷彿我犯下了危害人類罪。」阿涅洛回想。「他開始對著我大聲嚷嚷，並指著電暖器說，『那是違法的，這裡不能有那些東西。』」十年前，阿涅洛接受《美國生活》（*This American Life*）頻道節目的記者莎拉．科尼格（Sarah Koenig）的採訪，他描述勞奇當下憤怒的模樣，「眼睛凸出，額頭青筋暴起」。阿涅洛說到他只是保持冷靜並解釋情況。他指著溫度計，藉此為他那不照規定的電暖器辯解。勞奇沒有被說服，他氣沖沖地離開。

勞奇是斯克內塔迪學區的學校維修人員。他從學區上司那裡獲得明確的任務：降低該學區的電費。勞奇得到非常清楚明白的指示。節省電費和暖房開銷是確保上司開心的辦法。如果上司開心了，說不定他就能等著升職。

「我認識的老師們，」阿涅洛告訴我，「如果讓電腦整夜開著，或者房間裡有高度違法、為上帝所不容的咖啡機或其他東西，他就會帶領拿著剪刀的物品保管人員過來，剪斷任何一個違法電器的電線。」阿涅洛的電暖器沒有被剪斷電線，但是它們卻消失了。

「隔天我去上班，正在爬樓梯時，看見一個男人腋下挾著我那兩台小型電暖器走下樓梯，我認出那是我們學區的電工。」阿涅洛說。當他提出抗議時，這位電工說，「去找我們的中央維修室說吧。」然後就坐進他的廂型車，快速駛離。「我笑了出來，嘴裡說著，『到底發生了什麼事？』」在想起他和勞奇之間的小摩擦時，阿涅洛還能笑得出來。但別人可沒這麼幸運。

勞奇絕非學區裡地位最高的人。他一年賺四萬二千美元，就學校維修工而言算是不錯的收入，但稱不上特別。後來，他發現了迅速晉升之道。他的一位同事盧・西米昂（Lou Semione）剛當上學區的省電大王。伴隨這個職位而來的是大幅加薪和被拔擢到更高職位的管道。勞奇自己想要得到這份工作，因此他一如往常策劃著一場陰謀。沒有人會給他權力，所以他得自己爭取。

勞奇想出一個摧毀對手的詭計。為了幫助西米昂，他的上司花了許多錢購置一套能追蹤用電量的新軟體系統。該系統能精確指出浪費之處，並集中控制電燈的開啟和關閉。但新軟體似乎令西米昂卻步，所以勞奇自告奮勇接手管理。他告訴西米昂要定期更新，並承諾一切運作順利。但當西米昂不在時，勞奇便開始偷偷操控這個軟體。如果勞奇能讓電費增加，也許西米昂就會被開除，而學區得物色新的省電大王。某次在哥倫布日那天，勞奇趁著大家整天都不在校園裡，設法讓足球場的燈一直開著，那是學區裡最耗電的設備之一。其他時候，他會在週末期間點亮整棟大樓的燈。這個辦法奏效了，西米昂果然丟掉工作。勞奇說服上司給他一次機會。縱使這只是個小王國，但勞奇讓自己變成國王。

「嘿，盧。」勞奇在最後一次遇見西米昂時說道，「我想要告訴你，我們一直在搞你。」由於有這麼多在尋求權力的人，所以勞奇不能只是打敗對手，他也必須羞辱他們。但毫無疑問的，勞奇得到他想要的東西。坐上了替學區省電的職位後，他的薪水上升到六位數。一輪到他負責節約用電時，他馬上變成學區裡的省電史古基[9]。阿涅洛的電暖器是無法忍受的事——即便聖誕假期快到了也不行。

但勞奇不像史古基，他的道德沒有覺醒。相反的，他的行為越來越惡劣，還性騷擾他的下屬。任何挑戰勞奇的人都會被他威脅。有一回他的秘書在茶水間和人說笑時，隨口說出勞奇不是「她的菜」，結果勞奇就把她調去比較差的辦公室。後來在他的年度聖誕節演說中，勞奇警告大家別違逆他，以免他不得不「解決掉」他們——在這種場合，上司通常會向所有的員工敬酒和報告好消息。「只有我是調停者。」勞奇嘶聲說道。假使有現代的小提姆[10]，勞奇很可能會在小提姆的電動輪椅充電時剪斷電線。

隨著在工作上變得更有權力，勞奇尋求征服一個新王國：學區的工會。但當他展開涉足工會政治的活動時，有人決定阻止他。這人寫了一封匿名信，細數勞奇擔任維修單位主管的濫權事跡。信中聲稱他不適合領導工會。

勞奇氣壞了，有人出賣他。勞奇認為他知道是誰：哈爾和黛博拉．格雷（Hal and Deborah Gray）。哈爾是勞奇在維修辦公室的下屬，而黛博拉替工會工作。二○○五年五月一日，格雷兄妹一早起來，準備搭乘飛機到拉斯維加斯度假。哈爾走出家門，看見到處都是紅色噴漆，他們的房子被寫滿「卑鄙小人」。為了儘可能增加修復費用，每塊牆面上都被噴漆。格雷兄妹嚇呆了，就算他們在拉斯維加斯贏了錢，可能也不夠支付這筆整修費。

當搞破壞的消息傳開來，勞奇替他的下屬安排了一場朝聖活動，讓他們去欣賞那位「不知名」的肇事者的手筆。他們坐上學區的車輛（在上班時間），開了二十分鐘去增長見識。每位職員都不得不向勞奇表示他們樂見格雷兄妹遭到報應。

二〇〇六年，學區雇員蓋瑞・迪諾拉（Gary DiNola）向學區督察投訴勞奇的行為。勞奇發現此事。某天當迪諾拉出門走向他的汽車時，發現車胎已經被割破。其中一根雨刷夾著一個未引爆的爆炸裝置。這是難以忽視的訊息。

進行破壞和放置爆裂物很快就被勞奇用來威脅那些膽敢反對他的人。先前曾被勞奇騷擾過的榮恩・克里斯（Ron Kriss），在公然說出反對勞奇的話之後，便發現他的卡車遭到嚴重破壞。勞奇向其他人吹噓這件事。「榮恩・克里斯是被我從這裡趕走的傢伙。」勞奇自誇。「他以前會把他的卡車，一輛新的小卡車，停在家得寶

9 譯註：Scrooge，狄更斯小說《小氣財神》中的守財奴。

10 譯註：Tiny Tim，狄更斯小說《小氣財神》中的人物。

旁邊。車子停在停車場正中央，以確保平安無事。」如果你覺得勞奇說話的口氣像黑手黨老大，那並非意外。勞奇在他的辦公室裡掛了一幅出自電影《教父》（*The Godfather*）的柯里昂閣下（Don Corleone）照片。「五年多來，我們生活在恐懼中。」克里斯告訴我。

儘管勞奇的手下遭受脅迫，但他的上司卻極為高興，因為他那種幹勁十足的省電方式替學區省下了好幾百萬美元。勞奇辦到了。為了鞏固他所掌握的權力，勞奇試著建立一個聯盟帝國，以隔絕底下的吹哨者。在某位教育委員陷入財務困境時，勞奇借錢給他。這位維修工變成了用裝現金的信封袋助人的教父。

但每個人都會犯錯，即便是勞奇這樣小心翼翼安排計畫的人。某次勞奇試圖用爆裂物威脅一位潛在的競爭者，但他留下了他打算用來當作引信的香菸。香菸上含有微量的ＤＮＡ。調查小組早就懷疑勞奇涉案，而這正好是證明他犯罪的機會。某天早上，勞奇在他特別喜歡的Peter Pause吃早餐，那是位於斯克內塔迪的一家純美式小餐館，供應成堆的薄煎餅和特大號煎蛋捲。警方等到勞奇用完餐。接著在他離開時蒐集他使用過的叉子並送到實驗室。比對的結果顯示與勞奇在香菸上所留下的ＤＮＡ完全相同。

但這還不足以證明勞奇涉入其他罪行。因此警方徵募勞奇的一個朋友——變成毒蟲的前警察，戴著竊聽器錄下勞奇所說的話。從錄音中你會聽到一個精神錯亂和妄想的人。或者如同克里斯對我說的，這些錄音顯示勞奇是一個有「病態人格」的「自戀型說謊者」。

在其中一段錄音，勞奇展現非典型學校維修工的誇大妄想。「當我死掉的時候，他們會一直談起史蒂夫做的事和我能做到的事。」勞奇吹噓，在同一個句子裡在第三人稱和第一人稱之間漂移。勞奇感嘆他是「瀕絕的品種」，還有「我是大家的英雄……大家很幸運，因為他們有史蒂夫。」為了強調他的謙遜，勞奇最終說到但願他的母親生下雙胞胎，那麼「我就有一個史蒂夫可以求助」。

在另一次錄音中，勞奇拿出一個自製的爆炸裝置給那位臥底的告密者看。展示完這個爆裂物後，勞奇小心地將它藏在一株植物的後方不被看見。地點是勞奇的辦公室，位於一所中學內。一聽完這段錄音，調查人員迅速展開行動，因為孩子們正處於爆炸的風險中。他們給勞奇戴上手銬。除了這個爆裂物，警方也找到夜視鏡——擦亮高中體育館地板用不著的設備，但可以用在深夜裡破壞別人的房子。二〇一〇年，勞奇獲判在監獄服二十三年的徒刑。

勞奇是一個極端的例子，但在職場中，濫用權力的上司就跟飲水機一樣常見。他們的存在像光譜一樣，從相對無害的過度自信者、妄自尊大的吹牛專家到陰險邪惡的傢伙。在本章中，我們要看看為那些腐敗和容易墮落的人，為何能如此有效地一路爬升到高位。他們是怎麼辦到的？我們也要處理一個惱人的問題：心理病態者是否是更好的領導者？

讓我們先來看看像勞奇這樣的異常者——心理病態和自戀的陰謀家。他們非常罕見。你的老闆或教練，或者把你的車攔到路邊的警察，他們是真正的心理病態者的機率相當低。但由於這些人一旦位居要職，可能產生極大的破壞力，所以我們需要特別留意。等到弄清楚是什麼原因讓勞奇這類的人能得逞，接著我們要看看更普通的壞老闆，並試著探討為何過度自信和傲慢是掌握權力的人常見的特質。

史蒂夫・勞奇展現出「暗黑三聯徵」（dark triad）典型徵象。如其名稱所示，暗黑三聯徵有三個組成部分：馬基維利主義、自戀和心理病態。馬基維利主義一詞源自於對義大利政治哲學家馬基維利的某個單一概念的簡化描述——目的合理化手段。因此馬基維利主義指的是以習慣耍陰謀、操縱人際關係，以及對別人道德冷漠為其特色的人格特質。自戀是按照希臘神話中的納西瑟斯（Narcissus，他因為全然愛上自己而遭毀滅）而命名，指的是往往明顯傲慢、自我關注、誇大和需要別人認同的人格特質。而心理病態——暗黑三聯徵中最暗黑的特質，時常展現出某人缺乏同理的能力，而且衝動魯莽、喜歡操縱別人和具有侵略性。這三種特質都是漸進式的存在。你甚至可能同時擁有少量的這三種暗黑特質，它們正悄悄地滲出你的血管。（而且正在讀這句話的一小部分的你，是尚未被診斷出來的自戀的馬基維利主義心理病態者。）不過對我們大多數人而言，這些特質的劑量小到沒有害處。當這三種特質在你一個人身上達到極端的程度時，那麼你就有麻煩了，你身旁的人也會跟著遭殃。

暗黑三聯徵的測量，就像所有的心理學和精神病學側寫，多少帶有主觀的成分。以往的標準診斷方式是利用冗長的問卷進行評估。後來在二〇一〇年時，研究人員明白他們只需用十二個問題，就能有效達成相同的結果。這些問題被稱作「骯髒的一打」（Dirty Dozen）——快速粗略地檢測某人心中是否存在暗黑三聯徵。這些問題包含例如以下的項目：「我傾向於操控別人以便為所欲為」或者「我傾向於尋求聲望和地位」。許多人會對當中的某些問題回答「是」，但在十二個項目都得到高分的人更可能擁有高度的暗黑三聯徵特質。

當然，善於玩弄權術的心理病態者，未必總是會在自我報告式的問卷上坦白供認他們不完美的行為。為了找出造假者，必須有更健全的檢測方式。舉例來說，在進行臨床心理病態診斷時，受測對象要接受感覺起來更像是審訊的冗長詢問。在診斷暴力犯罪者時，我們會利用目擊者的供述和案件檔案，來證實那人在訊問中所說的話是否屬實，藉以確保他沒有說謊。然而許多具備暗黑三聯徵特質的心理病態者非常擅長愚弄別人，讓人誤以為他們仁慈且富有同情心，所以應該讓他們掌握權力。在監獄之外並無目擊者供詞和案件檔案，我們得靠自己設法辨識身旁像勞奇這樣的人。那麼我們要如何看穿他們，以及確保他們不會成為我們的領導者？

螞蟻、蜘蛛和穿西裝的蛇

在非洲中東部的維多利亞湖（Lake Victoria）附近，棲息著一種名為 Myrmarachne melanotarsa 的蛛形綱動物黑足蟻蛛。其他蜘蛛長著圓滾滾的身體，但黑足蟻蛛的身體瘦長，專門設計成看起來彷彿有三個體節——頭、胸、腹，非常像螞蟻。黑足蟻蛛不像其他蛛形綱動物用八隻腳走路，而只使用後三對腳，好讓第一對腳可以高高舉起，模擬螞蟻的觸角。牠們的行動方式也像螞蟻。近來的研究發現黑足蟻蛛住在共有的「蛛絲公寓」中，彷彿這些蜘蛛形成了自己的蟻群波坦金村莊[11]。就像研究人員所說的，「配得上奧斯卡金像獎的表演」。

這種複雜的偽裝行為有其存在的理由，或者更準確地說，有兩個理由。第一，黑足蟻蛛因此不會被掠食者吃掉，因為牠們所模擬的螞蟻是可怕的獵物。第二，這些偽裝成螞蟻的蜘蛛更容易盡情享用蜘蛛蛋。蜘蛛通常不在意螞蟻，因為如果牠們試圖吃蜘蛛蛋，牠們會被困在蛛網上。看起來像螞蟻的黑足蟻蛛會讓其他蜘蛛降低戒心，讓牠們得以偷偷進入蛛網中而不被覺察，並在蛛絲上暢行無阻和大啖蜘蛛蛋。如同《國家地理》（*National Geographic*）雜誌的艾德．永（Ed Yong）所言，「本質上那是一種為了避免被其他蜘蛛吃掉而看起來像螞蟻的蜘蛛，這麼一來牠本身又能吃到蜘蛛蛋。」這是致命騙術的大師課。

心理病態者與黑足蟻蛛有許多共通之處。他們雖然不住在蛛絲公寓裡，不吃蜘蛛蛋也不會高舉著如觸角般的雙臂，但他們時常設法模擬別人：那些大腦功能正常者。而且他們一旦偽裝起來，往往會掠奪正常人。

約莫兩百年前，一位名叫菲利普．皮內爾（Philippe Pinel）的法國醫師驚駭地看著一個男人將一條狗踢到傷重致死。他有條不紊地進行這件事，而且沒有悔意，彷彿在完成一件平凡無奇的任務，就像用鐵鎚敲釘子或者拿垃圾出去倒。皮內爾為這種行為發展出一個新的類型學，稱作 manie sans delire，有時翻譯成「道德上的精神錯亂」，不過更直接的翻譯是「非妄想下的瘋狂」。

如果你讓一個正常人觀看一連串殘暴的影像——無助的動物或兒童表現出極大的痛苦，那麼與情緒有關的腦區會像放煙火一樣發光。雖然神經科學家還在試著了解同理心的生物學，不過同理心似乎透過兩個系統運作，一個「由下而上」，另一個「由上而下」。由上而下的系統源自於稱作心智理論或心智化的事物。這是我們試著了解其他人的感覺以及他們可能的意圖的所在。由下而上的系統據信與鏡像神經元系統有關，當中我們的大腦活動反映出我們目擊的某人的大腦活動。舉例來說，

11 譯註：Potemkin village，騙人的假村莊，指用來製造假象的建設。

腦部掃描結果顯示如果你看見某人做出厭惡的表情——彷彿他剛聞到可怕的氣味，你大腦的相同部位也會活化起來，彷彿你剛才也聞到可怕的氣味。神經科學家提議說這是「情緒感染」的一種可能機制，例如當你看見別人快樂時，你會感覺到更快樂，而當你看見別人悲傷時，你會更悲傷。對大多數的人來說，看見別人處於極度的痛苦或憂傷中，是一件讓人非常不愉快的事。

但並不是所有的人都相同。在看見別人受苦時，有些人的反應比其他人更激烈。利用功能性核磁共振造影機，科學家可以從我們看見別人受苦時的反應的基線，量化出腦部活動的變化。雖然同理心是極為複雜的事物，但這個方法讓科學家擁有可以測量同理心的粗略替代品。

維樂莉亞・加佐拉（Valeria Gazzola）和克里斯提昂・克瑟爾（Christian Keysers）利用這份理解來測量心理病態者的同理心。在他們的研究中，二十一名經過臨床診斷的暴力型心理病態者被送到他們的實驗室進行腦部掃描。進到掃描機後，這些心理病態者觀看著被別人傷害的人。一如研究人員的預期，他們的神經元煙火不像我們其他人那樣綻放。在通常和情緒有關的腦區，這些心理病態者表現得不活躍和冷淡，別人的痛苦並不會使他們感到不安。

但仍然有一個謎。如果你翻開任何一本關於心理病態者的書，第一頁很可能出現膚淺的魅力這句話。心理病態者能言善道，他們往往非常討人喜歡，儘管是以油嘴滑舌的方式。和他們相處似乎也很有意思。操縱別人是他們成功的關鍵，但要這麼做必須讓人放下戒心。這些無法將心比心的人何以讓我們如此喜歡？為了找出答案，加佐拉和克瑟爾決定重新掃描暴力型心理病態者。但這一次，加佐拉有個主意。她明白告訴他們要試著對別人感同身受——在看見別人受苦時同理他們。在這個實驗中，結果完全不同。這些心理病態者顯示出與正常人的同理心極相似的神經信號。這讓加佐拉和克瑟爾做出驚人的結論：心理病態者能對別人感同身受。只不過這不是自然發生的事，他們的由上而下和由下而上的調節進程不同於我們其他人。

如果心理病態者能夠被訓練成與正常人相似，那麼我們能不能讓正常的大腦像心理病態者的大腦那樣進行思考？多少可以。「如果人們知道他們必須射殺某人，他們會調降他們的同理心，以便完成必須做的事。」加佐拉解釋。「如果我們想要成為迷人的約會對象，我們會調高我們的同理心，並且全力關注對方最細微的情緒跡象。」「正常的」大腦傾向於擁有更常預設為開啟狀態的同理心，而心理病態者的大腦似乎預設為關閉同理心。

我們也可以利用科技，包括大腦的磁刺激，部分關閉我們的同理心。研究人員利用「非侵入性腦刺激」，已經能讓正常人暫時比較沒有同理心。透過施加在正確腦部位的刺激，你幾乎不會像平常那樣受到可怕影像的影響。藉此我們能在短時間內體會冷酷無情的心理病態者的心態。心理病態者似乎不需要藉助任何技術來操控他們的天然狀態和「開啟」同理心，他們可以在必要時打開那個心理開關。或許他們將情緒當作對準特定目標的武器來部署，但只有合適時才使用。

然而，只因心理病態者天生無法將心比心，並不代表他們沒有情緒。事實上，有一種情緒對於心理病態者而言極為自然：憤怒。如果他們的大腦傾向於是同情心的沙漠，那麼他們有一座侵略性的雨林。所以問題在於，這些異常的大腦是否能賦予心理病態者優勢，使他們更善於控制別人。

當我們想到心理病態者時，會連帶想起一些惡名昭彰的名字：連續殺人犯，例如泰德・邦迪（Ted Bundy）。邦迪利用典型的心理病態者特質——膚淺的魅力，來引誘他的受害者。但當你跟研究心理病態者的專家談話，他們都會提出相同的論點：最終進入監獄的心理病態者是不成功的心理病態者。舉例說來，史蒂夫・勞奇並不擅長隱藏他的心理病態特質。當他恐嚇別人或朝著別人的房子噴漆時，他會忍不住拿來吹噓一番。他無法克制他的怒氣。還有他那懷恨在心的聖誕節演說正好引起別人的注意。勞奇無法像黑足蟻蛛那樣融入環境。當他需要舉起兩隻前腿，假裝擁有觸角時，他卻放置炸藥。勞奇不具備冒充者所需要的紀律。

但許多心理病態者能融入環境。成功的心理病態者待在會議室裡。他們簽署著法規，他們負責管理避險基金。他們借用了出自心理病態專家羅伯特・海爾（Robert Hare）的用語「穿西裝的蛇」。當這些蛇試圖滑向坐擁權力的職位時，這個暗黑的三合一組合有時能幫助他們如願以償。

請你想一想我們如何聘雇和拔擢別人。成功仰賴的是魅力、氣質和討喜的特質。工作面試是一場表演。縱使你準備好了履歷表、好的附函和別人的大力推薦。然而一旦你走進面試的房間，最重要的是讓裡面的人喜歡你——同時營造你勝任這份工作的感覺。如果你顯得緊張不安、膽小或害羞，便比較不可能被錄取。然而如果你顯得自信和優雅，不管面對什麼問題都說得出一個答案，那麼你會更容易入選。對於自戀、不擇手段的心理病態者來說，標準的工作面試是完美的形式。他們喜歡談論自己，他們會制定策略來獲得他們想要的東西。目的合理化手段——即使這意味編造和自己有關的謊言或捏造假證件。而且他們天生便擅長展現膚淺的魅力和領袖氣質。我們比例失衡的錄取方式根本是在獎勵暗黑三聯徵。

科學家藉由評估工作面試的表現和「印象管理」來追蹤這個問題。每當你儘可能用最好的方式向別人展現自己，你就是在做印象管理。這樣做沒什麼不對，我們大家都會這樣做，這是正常的事。但就像擁有無用的超大蟹螯的招潮蟹，我們有時會在進行印象管理時發出不誠實的信號。有些人甚至會說謊，以確保自己看起來比別人更好。然而，當心理病態者和玩弄權術者在工作面試中接受評估時，他們會以要詭計的方式脫穎而出。如同你可能預料的，詭計多端的人更容易在工作面談中杜撰事實、自我膨脹和說謊。但心理病態者還會根據他們所接受的面試來杜撰事實、自我膨脹和說謊。某些不誠實的人可能會稍微虛報履歷來幫自己一把，但心理病態者在工作面談的過程中就像變色龍一樣，可以完全改變自己來符合他們認為面試官想在新成員身上看到的表現。心理病態者並非是在所有的履歷中替自己的大學平均分數添加一點分數，而是可能在銀行業面試中捏造一個假的經濟學學位，然後在接受法律事務所的盤問時，杜撰法律業務實習經驗。有些心理病態者還樂於徹底虛構假的角色。如果他們是高智商的心理病態者（許多都是如此），他們會成功逃過制裁。

在另一項研究中，研究人員評估將近一千名公司員工的暗黑三聯徵特質。他們發現自戀者的收入更高，而玩弄權術者更善於爬升到高位。另一方面，心理病態之所以破壞在心理病態評估中獲得高分的員工的職業前途，有可能是無法融入環境的「不成功」或無紀律的心理病態者所造成的偏差結果。確實有證據顯示無法管理其衝動、具有攻擊性甚至暴力行為的心理病態者會面對工作上的後果。對著你的老闆大吼大叫，或者用力捶打飲水機，絕非保證讓你一路高升的管道。當然，某些心理病態者就是不太聰明。但暗黑三聯徵特質往往不會單獨存在。當它們和諧地一起發揮作用時，心理病態某些最具破壞力的要素不僅可能被弱化，甚至轉變為優勢。身居董事長會議室的心理病態者是聰明的心理病態者，在尋求控制別人時，他們先找到控制自己的辦法。

保羅・巴比亞（Paul Babiak）、克雷格・紐曼（Craig Neumann）和羅伯特・海

爾（研究職場心理病態的三位世界頂尖專家）因此想知道，暗黑三聯徵是否或多或少表現在公司的最高階層。他們研究了來自七家公司的兩百多位專業人士。這些研究對象的共通點是，他們全都是公司挑選出來重點培養的管理人才——為了訓練他們邁向公司管理階層的更高位階。

這些研究者所發現的部分結果並不讓人訝異：絕大多數的研究對象在總分四十分的心理病態量評上獲得零分、一分或兩分（泰德．邦迪得到三十九分）。藉由這些量表，研究人員擁有心理病態研究經常使用的兩個門檻。如果得分約為二十二分或更高，研究人員會視你為「可能的」或「潛在的」心理病態者。如果得分超過三十分，那麼你肯定是心理病態者。

這兩百多位要爬往最上層的經理人當中，有十二位或大約百分之六，達到第一個門檻。但研究參與者當中竟有多達八人——百分之四，得分超過三十分。其中一位得到三十二分，還有一位三十四分。你可知道監獄中男性犯罪者的平均分數？二十二分。

無可否認，針對兩百人的單一研究所獲得的粗略了解，不盡然能代表全部的公司（而且所有的研究對象全是美國人，這會引進文化偏差因素）。但作為對私營企業領導階層的一瞥，這樣的結果令人感到不安。當我們以整個社會作為心理病態取樣的樣本時，大約每五百人中有一個人高於三十分的心理病態門檻。在對積極進取的公司經理人所做的研究中，這個比例是二十五分之一。這些結果可能是例外，但研究顯示在公司領導階層中，心理病態者的比例約是一般大眾中的二十倍。（其他的研究所顯示的比例為百分之一，這表示在公司領導階層中，心理病態者的比例為一般人的四倍。）最有意思的是，得分超過二十五分的九個研究對象中，「兩個是副總裁、兩個是董事、兩個是經理或主管，還有一個位居其他管理職位。」該樣本中的心理病態者不只是試圖爬升到最高位，他們已經辦到了。

這可能不只是巧合。暗黑三聯徵特質或許具備雙重效果：它們使如此容易墮落的人渴望權力，而且也可能使他們更有效地獲得權力。歸根究底這可能關乎鐵石心腸，只關注個人利益的能力。

在某項研究中，日本研究人員安排了一個稱作「最後通牒」的簡單任務。規則相當簡單。有一百日圓供大家搶奪。其中一個玩家隨機被指派為提議者，另一個是回應者。提議者提議分掉這一百元。如果遊戲參與者講求公平，那麼這個提議會是每人分得五十元。如果玩家是自私的，他們可能提議八十／二十或者九十／十拆帳。但這當中有個隱藏的問題。如果回應者拒絕接受提議，所有的玩家什麼都得不到。這個遊戲被設計用來激起人類天生對公平的要求與經濟上自私自利的對抗。舉例來說，如果你那自私的夥伴提議九十九／五拆帳，你可能會想要呼他一巴掌，但接受這個提議在客觀上符合你的經濟利益。你會得到原本不會擁有的五塊錢。可是我們本能地想要懲罰自私行為的欲望，時常壓過這份自私自利。在實驗進行時，人們往往在七十／三十拆帳達到他們的極限。一旦不公平的情況超過這個極限，提議者和回應者通常會空手而歸。

研究人員想知道，如果玩這個遊戲的人接受心理病態特質的評估會發生什麼事？心理病態者是否比較理性和不受不公平的影響——只要符合他們自己的利益？他們是否擁有冷酷、精於算計的蜥蜴腦，能使他們不受是與非、正義與不正義、公平與不公平問題的影響？這正是他們發現的結果。心理病態越嚴重的人，越願意接受仍然對他們有利的不公平提議。為了強化論點，研究人員也測量了「皮膚傳導反應」。奇怪的是，當我們處於「情緒激發」狀態時，我們的皮膚會變成更良好的導電體。科學家因此能藉由測量皮膚導電程度，作為情緒反應的約略替代物。在日本的研究中，那些沒有心理病態特質的人在獲得公平的提議時不會有太大的情緒變化。然而，如果他們從想要佔便宜的卑劣夥伴那裡獲得不公平的提議，他們的情緒會過度激動。對於有較多心理病態特質的人來說，公平或不公平的提議並不會造成他們皮膚導電程度的差異，他們似乎不太受到影響。

另一個研究也進行相同的最後通牒遊戲，但同時使用磁共振造影機掃描參與者的大腦。在該研究中，心理病態程度較低和較高的玩家之間，結果並無太大的不同——他們都拒絕類似比例的不公平拆帳提議。但當他們做出決定時，發光的部分是不同的腦區。就正常人而言，當他們做出接受或拒絕不公平提議的決定時，與做決策有關，何謂是非對錯——的腦區最為活躍。這個決定是涉及道德的決定，是關係到這世界應然的運作方式的情緒線索。但對於那些在心理病態量表上得到較高分數的人來說，這些大腦部位保持相對的黑暗。相反的，心理病態者更活躍的腦區——與憤怒有關的腦區，在面對八十／二十拆帳的提議時被活化。他們並非因為這不是世界應然的運作方式而生氣，而是將他們沒有獲得自認應得的結果，視為對他們個人的公然冒犯。這看似是細微的差別，但其實是重大的差異。不成功的心理病態者，例如勞奇，無法控制他們的怒氣而且可能訴諸暴力。如果有人對他提出八十／二十拆帳，他大概會拒絕這個提議並且燒掉那人的房子。但成功的心理病態者能處理這份怒氣，同時不被同情心左右。許多心理病態者利用這種組合爬升到高位。為了取得領先，他們會不假思索地出賣犧牲同事。冷酷無情的爬蟲類大腦幫助他們變成穿西裝的蛇。

由於這些特質，暗黑三聯徵產生某種職業分類效果。渴望權力、自戀、不擇手段的心理病態者通常對慈善工作興趣缺缺（除非這可以讓他們藏身於易受傷害的人之間，就像黑足蟻蛛那樣）。根據牛津大學心理學家暨《心理病態者的智慧》（*The Wisdom of Psychopaths*）作者凱文・達頓（Kevin Dutton）的說法，大多數心理病態者的十大職業是執行長、律師、電視／廣播界名人、銷售員、外科醫師、新聞記者、警察、神職人員、主廚和公務員。另一項研究發現，具備暗黑三聯徵特質的人強烈受到能讓他們有機會支配別人的職位吸引——涉及控制別人的領導地位，在金融、銷售和法律領域尤其如此。雖然達頓在他的名單上沒有提及政治人物（可能因為樣本相當小），但有一項研究發現華盛頓特區是全美心理病態者人均數最高的地區[12]。暗黑三聯徵比例最高的地區有許多是具影響力的地區。少數具有破壞性的人能產生重大的影響。

以下是浮現中的寫照：心理病態者相當罕見，但他們更加受到權力的吸引且更擅長獲取權力。因此，他們不成比例地位居要職。那麼他們利用這份權力來做什麼事？如果他們在晉升的過程中對別人漠不關心，一旦他們掌握更多權力，是否更容易傷害別人？

任何在大學修過哲學入門課程的人，都曾思考過以下的情境：你村子裡的每個人正在躲避游擊隊的極端分子。這些游擊隊要來殺死他們所找到的每個男人、女人和小孩。正當大家或許不會被發現，每個人都有一絲希望能活下來時，一個孤身無

12 緬因州因為某個原因而名列第二，而北卡羅來納州和田納西州的比例最低，但當中可能存在著一些統計雜訊。

依的嬰兒哭了起來。儘管試過了各種方法來安撫他，結果都無效。如果嬰兒不停止哭鬧，全村的人都會被殺光。這時你會不會悶死這個嬰兒來救大家？

這個令人痛苦的選擇再度挑起我們的理性與內心深處的道德本能的對抗。如果你不悶死這個嬰兒，他依然會死——只不過是死在游擊隊手裡。如果你殺死這個嬰兒，其他每個人都能活下來，但你是做出結束嬰兒生命這個選擇的人。這個教人苦惱的情境區分出我們。有人會悶死這個嬰兒，有人無法想像這麼邪惡的事。但心理病態者比較不會左右為難。研究顯示他們傾向於不帶情感和功利主義，選擇邪惡但有利於自己的行動。一說到做出可怕的事情來自救，心理病態者比較不會猶豫。

這個發現暗示一個令人不安的結論。在現代社會中，對道德反省免疫或許是有利的事。有人對於執行長、總統或首相們不關心道德的前景感到駭然。有人則認為，那些得不斷面對難以忍受的道德抉擇的人，能夠不理會同情心並專注在務實的成本和利益問題上，讓人感到放心。（問題在於心理病態的領導者是否只考慮到他們自己的成本和利益，或者也顧及其他人。）幸好我們可以測試這些問題。冷酷、精於計算的大腦是否會有更好的表現？從同理心的桎梏中解放出來，是否是一項贈禮？

如同英屬哥倫比亞大學（University of British Columbia）的琳妮・譚・布林克（Leanne ten Brinke）教授告訴我的，證據顯示出不同的情況：「心理病態者似乎具有魅力和領袖氣質，所以他們能爬升到高位。但是相較於心理病態特質較少的人，他們往往比較缺乏效能。」

布林克研究當選的官員，她的發現引人注意。那些位於暗黑三聯徵光譜遠端的人，比起大腦比較正常的同儕更擅於再度當選，但比較拙於通過立法。他們說服人們給予他們權力，但未能有效行使權力。因此對社會而言，暗黑三聯徵似乎促成兩種最壞結果的組合：它幫助貪腐者登上高位，卻使他們在上位後表現不佳。

布林克還帶領另一項研究，以一百零一名避險基金經理人作為研究對象。這個職業的專業績效可藉由收益的多寡輕易地量測出來。為了確保該研究不只是記錄了某次經濟成長期中的幸運者，他們研究了從二〇〇五至二〇一五年、為期超過十年的基金操作表現。研究人員發現隨著心理病態的程度增加，他們的表現更好。有一個解釋相信這與具備暗黑三聯徵特質的人更加衝動和不計後果地冒險有關。心理病態者自認為比別人聰明。他們對冒險的看法和我們一樣，但認為他們能更勝一籌。他們認為後果是留給傻瓜承擔的東西。因此，有心理病態的避險基金經理人不顧風險。他們冒險行事，有時會輸得很慘。

布林克告訴我，心理病態者是有計畫地忽視風險，我不禁要想：這說明了關於獨裁者的許多事。過去十年來，我研究和訪談過幾位前暴君。他們各有一些不同之處。有些人富有魅力，有些人古怪且冷淡。他們全都有強大的自我，但也面臨著共通的風險。當獨裁者是件危險的事。海珊、格達費和希奧塞古（Nicolae

Ceau escu）為發現此事付出了慘痛的代價。在美國、日本或法國，失去權力的領導者最終會踏上打書之旅。他們變成年長的政治家，安享晚年，富有且受敬重。但獨裁者就不是這麼回事了。大多數的獨裁者會以三種方式離任：在深夜裡拿著單程機票離開國門；戴上手銬；或者被裝在骨灰盒裡。我進行了統計，發現超過一半失去權力的非洲暴君最終被放逐，或者坐穿牢底，或者被處決。跟拋錢幣的正反機率差不多。在海地的機率更大，每三個總統就有兩個面臨如此殘酷的命運。（在某段嗜殺的期間，海地總統相繼「被放逐、放逐、轟炸和炸死、囚禁、放逐、處決、放逐以及尤其可怖的，『被憤怒的暴民從法國公使館拖出來，釘在公使館附近的鐵柵欄上撕成碎片。』」）

所以問題是：是誰看著這份工作，心想「我想要試試看！」？可惜答案是那些有具備暗黑三聯徵特質的人。他們相信自己是特別的，所以前任者的風險不適用於他們。「他們被撕成碎片是因為他們是笨蛋，但這種事不會發生在我身上。」此外，對於處在暗黑三聯徵峰頂的人來說，當獨裁者是夢寐以求的工作。他們不擇手段地謀劃，直到取得完全的掌控權。他們內在的心理病態者會虐待，甚至折磨被他們選中的任何一個人。當他們在做獨裁者時，人人都會讚美他們，成為滿足其自戀層面的額外獎賞。「老大，你今天剪了腳趾甲後，狀態看起來特別好。」他們的手下可能奉承地說。

幸好，我們不必被獨裁者虐待。然而驅使獨裁者追求權力的暗黑三聯徵，可能也幫助了我們在日常生活中所遭遇的一些人。或許某些職業需要某種程度的馬基維利主義或心理病態或自戀。那是達頓在《心理病態者的智慧》中的主張。他認為高劑量的暗黑三聯徵固然會使人變成功能失常的怪物，但許多「功能正常的心理病態者」已經想出如何利用他們大腦的異常為自己帶來好處。這不是新的概念。早在一九八〇年代，社會學家約翰．雷（John Ray）就曾表示低度和高度的心理病態對我們有壞處，但受到控制的適度心理病態能幫助我們在壓力下表現得更好，以及避免因為不理性的情緒而做出壞的決定。

達頓和雷可能說得有理。在某些工作中，保持冷酷和不受壓力或情緒影響是非常有用的。達頓強調了一些職業，例如外科醫師或特種部隊士兵。兩者都是在讓情緒變得遲鈍時有最好的表現。功能正常的心理病態者也可能成為絕佳的炸彈處理人員，因為他們不會在壓力下崩潰。先前的研究發現，菁英部隊士兵和炸彈處理人員在強大的壓力下不會經歷心率的大幅增加。事實上，他們有些人在高壓的情況下反而更放鬆。心理病態的異常讓他們不會因為執行高強度任務而吃不消。或許這是設法利用暗黑三聯徵來讓社會變得更明亮的方法。

但當中有個疑難處：你要如何分辨某個心埋病態者是否功能正常？擅於操縱的膚淺魅力是他們天生擁有的東西。他們往往是詐騙專家。如果你搞錯了該怎麼辦？

你會希望特種部隊單位中有一個偽裝成功能正常的心理病態者？篩選測試和心理評估固然有用，但並非萬無一失。即便我們能夠正確分辨某人是「功能正常的」心理病態者，但當你知道他馬上要將你開膛剖肚時，你願意動這個手術嗎？

幸好大多數老闆的暗黑三聯徵程度不會高得嚇人。除非你運氣不好，否則你的上司多半不是充分發展的心理病態者。從某方面來說這讓人感到欣慰，另一方面卻令人不安。如果絕大部分身居要職的人不是心理病態者，那麼該如何解釋這世界上為何有這麼多神經正常的小暴君？讓我們換個說法，所有的心理病態者都過度自信，但許多過度自信的人並非心理病態者，而且他們就在我們身旁。如果我們因為運氣夠好而沒碰上有暗黑三聯徵的操縱者，那麼為何我們經常運氣這麼差，得任由過度自信的笨蛋來控制我們的許多生活層面？

果斷的狐獴

狐獴也許能讓我們深刻了解，為何你的老闆過度自信之謎。狐獴是鬆散地成群移動的覓食者。牠們在喀拉哈里沙漠裡遊蕩，找尋牠們的下一餐。但牠們如何決定要往哪裡去？科學家發現狐獴能發出「移動呼喚」。當牠們發出這種叫聲時，所傳達的訊息很明確：現在該走了。有時移動呼喚會被忽略，有時會被遵從。是什麼造成這種差異？經過一系列的實驗，科學家發現一件怪事：是誰發出呼喚聲並不重要。此事無關社會等級，重要的是發出移動呼喚的個體有多大的把握。自信不只攸關工作面試，對狐獴來說也是重要的。

非洲豺犬沒有移動呼喚，不過當犬群中的某個成員想要狩獵時，牠會打噴嚏。不同於狐獴，打噴嚏者的地位是重要的。如果當家的豺犬打噴嚏，犬群便會跟著去狩獵，即便只有其他一兩隻豺犬打噴嚏應和。但如果一隻下級的豺犬想要去狩獵，必須約有十隻豺犬一起打噴嚏應和牠。

人類實際上是兩者的混合體。等級是重要的，但自信也同樣重要。我們追隨那些階級在我們之上的人，但我們更傾向於追隨那些確信我們應該走哪條路的人——即便過度自信。在面對不確定性時，只要讓我們看見確定性，我們就會被說服。

頂尖科學期刊《自然》最近刊登一篇報告，表示過度自信之所以存在，是為了幫助人類存活下來。在遙遠的過去，生存是一件需要每天奮鬥的事，而好運偏袒大膽的人。這項發現的背後有複雜的數學原理，不過在個人層次上，過度自信使你更可能獲得稀缺的資源，例如食物。舉例來說，在你與對手攤牌的時刻，如果你展現出一副趾高氣揚的樣子，甚至惡狠狠的過度自信，有時能讓你獲得原本得不到的一餐，因為你的虛張聲勢奏效了。你的對手——即便比你強大，可能被這種適當展現的過度自信和恫嚇給嚇跑。當然，你總會冒著被對手看穿的風險，結果換來一頓痛打，甚至被殺死。但在另一種選擇就是挨餓的時代，賭上這麼一把是合理的。

同樣的，在社會的層次上，滿足和謹慎也可能意味著挨餓。因此，在生存之戰中你最好得嘗試做些什麼事，即便沒什麼希望。所以群體學會了追隨展現出一點過度自信的領導者。「在廣袤的稀樹大草原上存在著一個水坑，理論上是可能的事，但我不確定。」比起「那裡絕對有一個水坑。儘管跟著我走！」是比較缺乏說服力的人類版狐獴移動呼喚。如果你已經快要渴死，無所作為至少跟追隨一個有虛假確定感的人一樣糟。

如今，大多數人都不必冒著死亡的危險，因為他們不用設法去捕獲下一餐或者找尋綠洲，所以追隨那些時常出錯但絕不會顯得猶豫不決的人，雖說有風險但不必付出太大的代價。且讓我們將這件事當作演化錯配的另一個例子：以往適合的行為——過度自信，現在變得「不適合」，因為我們的世界已經改變。然而過度自信繼續發揚光大。在卡麥蓉・安德森（Cameron Anderson）和賽巴斯汀・布里翁（Sebastien Brion）教授所做的一系列研究中，他們發現實驗組裡沒有能力但過度自信的人會迅速取得社會地位。即使當能力很容易被檢測出來，而大家也看得一清二楚，表現得過度自信依舊會讓別人認為你比實際上更有能力。就此而言，我們很像狐獴。

同樣的，在審視二〇一九年向比爾暨梅琳達・蓋茲基金會（Bill & Melinda Gates

Foundation）提出研究補助的申請時，發現使用更廣泛籠統的語言來描述研究提案的潛在影響的申請書，比使用比較精密的技術性語言的申請書獲得更多的資助。然而在提案被執行後，那些吹噓種種主張的研究和提出比較技術性主張的研究，兩者的研究品質是一樣的。此處有令人沮喪的轉折：巨大的性別偏差同樣存在。女性通常使用明確謹慎的語言，寫出她們有能力支持的提案。男性則往往寫得天花亂墜，答應給你天上的月亮。由於我們的過度自信傾向，男性會得到更多資助。雖然經常出紕漏但永遠一副老神在在的樣子，依舊是這世界上屢見不鮮的求勝策略。

從順利步步高升的心理病態工友，到妨礙更有能力的同事晉升的過度自信的傻瓜，許多人待在他們不應該待的權威職位上。但到目前為止，我們著重於探討尋求和獲取權力且容易墮落的個人。某些人，例如勞奇或亞利桑那屋主協會的麥克伐夫，或者中非共和國的卜卡薩，他們比我們其他人更加受到權力的吸引。在這些渴望權力的人當中，有些是過度自信的心理病態者、自戀者，或者擅長透過操縱和恫嚇提升地位的權謀者。

然而我們需要擔心的不光是容易墮落的個人。

身為社會科學家，我研究人與系統之間的互動。我們無法自外於我們所處的體制。勞奇在斯克內塔迪具有破壞性，他最糟糕的衝動能否被限制在一個受到更妥善監督的學區？文化是否重要？假使他是南京而非紐約的一名維修工，那麼他的破壞性會更大或更小？為了回答這些問題，我們需要思考一下關於稻米的事、探索腳踏車的出現如何促使人類犯下最可怕的暴行、跟著某位繼承獨裁者權力的男人上滑雪課，以及探索蜂巢的結構。

Chapter
6

壞的制度或者壞人？

給我十二個健康的嬰兒，以及我指定的養育環境，隨你任意挑選，我保證將他訓練成我所選定的任何專業人士——醫生、律師、藝術家、大商人，還有沒錯，甚至是乞丐和小偷，無論他的天賦、嗜好、傾向、能力、稟性和祖先的種族為何。

——行為主義創始者約翰．華生，寫於一九二五年

從農作物到卡布奇諾咖啡

藉由觀察人們在星巴克如何啜飲咖啡，你能學到什麼？相當多，事實會證明。

研究人員在六座中國城市，觀察了大約九千名在不同地區的星巴克喝咖啡的人。他們假裝成在早上喝咖啡的人，為兩項研究記錄資料。在第一項研究中，他們測量有多少人單獨坐著，以及有多少人有別人陪伴。而在第二項研究中，他們進行了一個稱之為「椅子測試」的實驗。研究人員將一把通常會塞進桌子下方的椅子搬到走

道上。它看起來被放在不適當的位置，但更重要的是，它擋到了在星巴克裡面走動的人的路。研究人員接下來坐著觀察，看看會有多少人將這把椅子放回原處，以及有多少人接受椅子就放在那裡的事實，乾脆繞行過去？

以下是他們的發現：在這六座中國城市，其中兩座有更多人是單獨坐著，而其他四座城市的星巴克顧客，絕大多數至少有一個人陪伴。那麼為何某些地方的星巴克比其他地方的星巴克有更多獨自喝咖啡的人？當研究人員進一步分析資料時，出現了另一個謎。在有更多人獨自喝咖啡的那兩座城市，有更高比例的人挪開了擋路的椅子。行為上的巨大差異說明它們不可能歸因於隨機的巧合。研究人員有某種預感，所以他們在日本和美國的星巴克複製這個椅子測試。比例多達兩倍的美國人會將擋路的椅子移開。同樣的，這不可能只是因為資料的隨機性。到底是怎麼回事？

如果你在地圖上標示出這六座中國城市的位置，你會看出一種模式。單獨喝咖啡且移動椅子的人住在北方。和朋友一起喝咖啡且繞過椅子的人住在南方。地理因素能否解釋人們在當地星巴克裡的行為？

這些研究設計用來測試所謂的稻米理論。好幾千年來，中國南方的大部分地區向來種植稻米，一種需要合作栽培的農作物。光憑一家人不可能創造出成功收穫稻米所需要的灌溉設施。此外，鄰里之間必須相互依賴。如果某一家人提早引水淹沒自家的稻田，可能會毀掉其他家庭的收成。如果你不跟別人合作，更有可能挨餓。

相反的，在長江以北的地區，許多中國社區長久以來仰賴小麥。小麥的種植不同於稻米，幾乎不需要協調與合作。在田裡播種小麥後，你就可以放任它們不管。家家戶戶可以獨自作業，而不會影響別人的收成。科學家開始納悶：經過數百代之後，農作物的選擇是否對文化產生了影響？稻米理論因此出現。芝加哥大學的湯瑪斯・塔爾赫姆（Thomas Talhelm）支持這個理論。它的核心假設相當簡單：數千年來仰賴稻米的地區變得更具集體意識，而以小麥為主的地區比較傾向個人主義。

廣泛的研究已經證明，我們的行為在潛意識上受到我們生長或居住地區文化的影響。在講求個人主義的文化中，人們樂於單獨行動。他們行事更加獨立自主，當環境不適合他們時，也比較會主動去改變環境。相反的，生活在集體文化中的人們比較不會獨自外出，也比較不可能以個人的方式採取主動來改變環境。他們傾向於接受原封不動的外在環境，並讓自己去適應環境。

那正是研究星巴克的人員所發現的區別：獨自喝咖啡且挪動椅子的人，來自主要種植小麥的地區，他們的行為比較像講求個人主義的美國人。和別人一起喝咖啡且繞過椅子的人，來自主要生產稻米的地區，他們的行為比較像食用稻米、傾向於集體行動的日本人。在星巴克咖啡店裡觀察到的這些顧客，幾乎沒有人與農業生產有任何關聯。然而他們的祖先養活自己的方式，似乎依舊對他們產生影響，即便只是像在星巴克喝咖啡那麼平常的事。（我是經常獨自在星巴克喝咖啡的人——這讓人覺得遺憾，因為當我告訴店員，我的名字是「有 i 的布萊恩（Brian）」，結果拿到上面寫著 Briani 的杯子時，從來沒有人能與我分享這個趣事。）

我們的文化所影響的不只是我們的行為。我們因此也會有不同的思考方式。請你想一想以下這三個單字：火車、公車、卡車。現在，停下來挑出兩個屬於相同範疇的單字。

如果你挑選火車和公車，那麼你偏向是「分析型」的思考者。它們配在一起是因為兩者都是運輸方式。如果你選擇火車和卡車，那麼你更可能是「全面型」的思考者。它們歸為一類是因為兩者互相關聯，火車需要卡車。一般而言，日本人偏向是全面型的思考者。美國人一般而言屬於分析型的思考者。而在中國——一個通常比較集體化的社會，稻米和小麥的區分依然顯現出來。相較於來自稻米產區的中國人，來自小麥產區的中國人更常將火車與公車歸為一類。

下次當你獨自坐在星巴克喝咖啡或挪動椅子，或在腦中歸類任何東西時，你大概得納悶一下。如果你是吃更多的稻米長大，你是否有相同的表現方式？如此無所不包的宏大理論總是會被過度簡化和誇大。不管任何花稍的統計分析如何暗示，我們的命運並非寫在我們的祖先數千年前耕種過的田地裡。但稻米理論至少提供了部分的解答。如果如此隱微且遙遠的事物，例如我們的祖先曾經種植過的農作物，都能影響我們的行為和思想，即便只是有限度的，那麼請你想像一下，那些掌握權力的人，依其工作文化的不同、來自上司的壓力或者從身旁的壞蛋身上學到的惡劣舉止，他們的行為會如何受到制約。

這是一個明白的教訓：制度很重要。

問題在於制度到底有多重要。我們全都遇過濫用權力或非常糟糕的掌權者；將下屬當成彷彿是薪資單上某個號碼的老闆；喜歡在青少年運動員傳球漏接時羞辱他們的高中教練；在汽車部門櫃檯後面混日子的職員，只因為你沒有馬上弄清楚**PS2067A** 和 **PS2067B** 表格之間的差別，就把你當成白痴對待。我們見過許多糟糕的人登上高位的例子。這些看起來很可惡的傢伙，有時其實並不可惡。我們要如何分辨某個濫用權力的人是壞人，或者只是壞制度的副產物？

如果我們想要改善世界，這是至關重要的問題。當那些握有權力的人表現得像是濫權的怪物時，我們往往將他們的行為解讀成完全是個人選擇或個性缺陷使然。如我們所見，有時那麼想是全然正確的。心理病態者和小暴君們鮮少值得我們為他們辯解。但有時當權力被誤用或濫用時，並不是因為掌握權力的人是「壞」人。

身為人類的我們非常拙於分辨糟糕的人和糟糕的制度的差別。我們時常將不幸的處境誤認為惡意的意圖，原因是「基本歸因謬誤」。請你想想看上一次有人佔用了雜貨店前的最後一個停車位、在街上撞到你，或者在你開車時擋到你的路，那時你的第一反應是什麼——認定他們是不可救藥的混蛋，或者仔細思考這是否是意外，或者他們之所以會這麼做，可能因為他們的母親剛剛過世？當別人做錯事或者我們感覺自己是受害者時，我們會系統化將具有同理心的解釋給打折扣。而當我們做出不良行為時，結果正好相反。下一次當你在電梯裡撞上別人，或者將咖啡灑在別人身上，或者在出口坡道前的最後一秒變換車道時，想一想你是否看見自己是個糟糕傢伙的證據。除非你熱中於自我憎惡，否則更有可能的結果是，你會用外在因素替自己的行為辯解：電梯裡太擁擠、只不過是一次笨手笨腳的意外，或者你之所以開車分心，是因為你正在思考，比方說第一個聽見鸚鵡說話的人類會感到多麼震驚，因此是完全可以被諒解的事。

同樣的行為發生在別人身上會被我們判定為有罪，但是發生在我們身上時卻是無罪。這種基本歸因謬誤有系統地在奧地利被測試，結果十分清楚：當別人開車漫不經心時，我們會將它理解為惡意的行為，但如果是自己開車漫不經心，則合理化成不可避免或情有可原的事。當別人表現出惡劣行為時，我們很快便認定這反映出差勁的性格。當我們表現出惡劣行為時，我們知道事實完全不是如此。

但有一個問題存在：如果你置身於一個比較惡劣的處境或體制中，你極有可能受引誘而做出惡劣行為——甚至規避規定或傷害別人。你甚至可能變成你所厭惡的腐敗者。你不相信？我會證明給你看。

違規停車罰單、銀行員和蜜蜂

當我們說「法律至上」時，這不是真的，因為有些人凌駕於法律之上。在紐約市，舉例來說，派駐聯合國的外交使節及其家屬擁有外交豁免權，他們的大多數罪行都不得被起訴。幸好這種保護通常不會導致大使們變成暗中潛伏的連續殺人犯。但一說到連續違規停車，故事就有點不同了。

對於快要遲到的紐約人來說，違規停車得付出代價。如果你超時停車，你得跟六十美元說再見。在消防栓附近停車，要罰款一百一十五美元。但對於外交官來說，他們阻擋住消防栓的成本／效益分析，以往向來是毫無成本可言。罰單依舊會被開出來，但沒有人必須繳納。外交車牌曾是違規停車的終極出獄許可證。它也提供了誘惑。從一九九七到二〇〇二年的五年間，聯合國被列舉出十五萬張未繳納的違規停車罰單——每天超過八十張。它們累積起來的未清帳款超過一千八百萬美元。（幸好我確信沒有人在意此事，因為紐約人以其對亂停車的混蛋保持冷靜和具同理心的反應，而受到國際的推崇。）

二〇〇二年，紐約市市長麥克・彭博（Mike Bloomberg）決定結束這種事。彭博的行政團隊開始實施「三振出局」規定，任何外交使節的車輛只要超過三次未繳納違規停車罰單，就會被吊銷外交汽車牌照。二〇〇二年十月，外交人員在街上違規停車的曼哈頓蠻荒西部現象終於告一段落。為了明白表示城裡來了新警長，紐約市在一個月內拆光三十個國家的特殊汽車牌照。

這是社會科學家所稱的自然實驗，稱作「自然」是因為它在沒有研究團隊介入的情況下發生。雖然自然實驗不在實驗室裡發生，但它們依舊遵循相同的邏輯。就像藥物實驗涉及治療組和控制組，這個自然實驗也具備一個控制組（執法期之前的外交人員）和一個治療組（執法期之後的外交人員）。其他的一切多半相同。能解釋任何行為改變的主要差異是，外交人員是否認為他們可以違規停車而不受處罰。

波士頓大學的雷．菲什曼（Ray Fisman）和加州大學柏克萊分校的愛德華．米格爾（Edward Miguel）這兩位經濟學家分析資料，想看看能發現什麼模式。如果你試著猜想他們的發現，你大概會落入兩個陣營的其中一個。第一個陣營相信那些違規停車的人可能就是不顧他人的違法者。你要嘛是違規停車者，要嘛不是，同樣的，你要嘛是自戀者，要嘛不是。第二個陣營不責怪個人，而是將個人行為視為文化或環境的產物。或許這些違規停車者來自於官員被教導成規定不適用於他們身上的社會。或者人們是根據他們得承擔後果的機率，來決定是否要違法。

那麼，菲什曼和米格爾發現了什麼？

他們的證據明確支持文化與環境的解釋。執法期之前的違規停車，其間存在著明顯的差異。來自瑞典、挪威和日本等地的外交人員，在五年期間沒有任何一張未繳納的罰單。即便他們可以拒繳而不被罰，但他們遵守規定。在天平的另一端，來自科威特的外交人員每人平均有兩百四十九張違規停車罰單。前十名國家的其他九名全都是貪腐的大本營：埃及、查德、蘇丹、保加利亞、莫三比克、阿爾巴尼亞、安哥拉、塞內加爾和巴基斯坦。顯然貪腐文化對於個人產生劇烈的影響。

但執法——制度，也是重要的。對於來自貪腐國家、違規停車的外交人員來說，執法行動彷彿一場奧運會，一夜之間就洗淨他們的行為。得到金牌的科威特外交人員從每人平均將近兩百五十張未繳納的罰單，降到平均零點一五張。銀牌得主埃及從一百四十一張減少到零點三三張。而獲得銅牌的查德從一百二十六張減少到零張。幾天之內，查德外交人員的表現就跟挪威外交人員一樣，至少在停車方面。

一開始直覺地認為人格和性格最重要的讀者——第一陣營，可能會提出異議。代表貪腐政體的個人更有可能是貪腐的人！比方說，通往在聯合國代表委內瑞拉的途徑迥異於代表挪威的途徑！情況確實如此。讓委內瑞拉外交人員得到拔擢的行為，會使挪威外交人員被開除。不過，菲什曼和米格爾的分析回答了這個異議。在執法之前的時期，來自乾淨溜溜的國家的外交人員在紐約待得越久，越傾向於更常違規停車。隨著他們習慣了法規未被執行，他們也逐漸受到引誘而模仿起貪腐國家外交人員的行為。文化很重要，但後果也同樣重要。

這不只關乎停車問題。類似的影響也見於義大利，在那裡有明顯的貪腐區域界線。義大利南部——黑手黨的誕生地，比起義大利北部發生更多貪腐事件。研究人員安德里亞・伊奇諾（Andrea Ichino）和喬瓦尼・馬基（Giovanni Maggi）想知道文化印記影響行為的程度，即便當人們已經搬離他們成長的地方。為了找出答案，他們利用另一種聰明的自然實驗。他們研究了一家在義大利各地設有分行的國家銀行。他們辨識出從某區轉調到另一區的銀行員，也就是出生在義大利南部而被調到北部的職員，或者出生在義大利北部而被調到南部的職員。他們的發現類似於停車研究的發現：文化很重要，但人們工作所在地的制度也非常重要。大多數被調到北部的職員開始有比較好的行為表現，而大多數被調到南部的職員開始變壞。

我們甚至會依據我們相信制度如何運作，而非它實際的運作方式，而有不同的行為表現。南美的健全民主國家智利的低貪腐程度與台灣、西班牙、法國和美國不相上下。然而，紐約大學的安德里斯・利伯曼（Andres Liberman）注意到，智利人經常在讀到關於外國人的故事時感到莞爾——往往是美國人，美國人假定國界以南的一切都是無可救藥的腐敗。在被智利警察攔檢時，有些美國觀光客會試圖賄賂他們，這是犯罪行為。在家鄉的加州或康乃迪克州，他們做夢也不會想到要賄賂警察。但是在智利，他們實在太想試一試，結果事與願違。有些人被控行賄未遂而坐牢，全是因為對制度的運作方式有錯誤的想法。壞的行為顯然不完全是由壞的人格所引發。

這些洞見對於了解權力是否使人變得更壞至關重要。如果要歸咎於制度，那麼我們應該將改革的目標鎖定在清理環境背景。然而如果要歸咎於做出不良選擇的個人，那麼我們應該將改革的目標鎖定在讓更好的人掌權——或者至少試著讓壞人有更好的表現。

有一個方法可以用來測試制度是否比個人重要，那便是除去選擇變數——至少就我們所知是如此。這對人類來說是極不可能辦到的事，因為我們不停地在心中做選擇。所以我們必須求助於動物界。在不像我們那樣懂得反省的物種身上，是什麼驅使著看似自私的「貪腐」行為？

大概沒有人會說蜜蜂和胡蜂能做出個人的選擇。就連我們的語言也清楚說明這點，當我們談到「雄蜂」群體或「蜂巢意識」時。然而，制度與後果也能徹底重塑動物界中的行為。信不信由你，某些種類的胡蜂或蜜蜂存在著或多或少的腐敗行為，甚至有表現得像昆蟲警察的專職工蜂。但蜂群是否行為不良，較少取決於個體，而較多取決於牠們的規則和結構。

蜜蜂和胡蜂，如同英國人和丹麥人，是受女王統治。就像人類一樣，蜂群在一個時期中只能有一位君主。擔任蜂后是件愜意的工作，整個蜂巢都為你效命，而你得盡情放縱複製你的遺傳物質。蜂后獨得了演化的樂透獎金。牠的基因傳遞給巢中的每隻蜜蜂或胡蜂。但工蜂有隱藏的本能：牠們也想要傳遞牠們的基因。在這裡我們無法深入探討複雜的數學問題，不過激烈的演化競爭在蜂巢中上演。這些競爭挑起個體最佳利益與群體最佳利益之間的對抗。

只要獲得正確的飲食，所有的雌性幼蟲都能成為蜂后。給予牠們合適的嬰兒食品，牠們就能直接進到蜂巢版的白金漢宮。因此，對於每一隻幼蟲來說，成為蜂后是理想的演化結果。但從蜂群的觀點而言，任何過剩的蜂后都是一種浪費。蜂后無法執行按慣例分配給工蜂的任務。情況有點像是我們無止境地複製伊莉莎白二世，但這麼做對於比方說提升英國鋼鐵工業的生產力，並無特別的幫助。然而對蜜蜂來說，結果甚至更嚴重。過多的蜂后會降低生產力，因為每產生一隻多餘的蜂后，牠就不能成為工蜂。

蜜蜂和胡蜂是複雜的社會性動物，因此牠們已經發展出一種監督機制來解決這個問題。工蜂成為蜂巢裡的警察，牠們展開搜尋與逮捕行動，以找出任何拚命往上爬，渴望加入皇室家族的蜜蜂。接下來牠們會執行瑪麗．安東妮[13]式的正義。「那些不幸的蜜蜂從牠們的蜂室裡一出來，就被工蜂斬首或撕碎。」社會性昆蟲行為專家法蘭西斯．拉特尼克斯（Francis Ratnieks）和湯姆．溫斯勒斯（Tom Wenseleers）教授解釋。但如同人類的情況，負責監督的胡蜂有時會為了自己的利益而濫用權力。拉特尼克斯告訴我，有些胡蜂的行為就像腐敗的警察：「有一些殺死蟲卵的工蜂也會產下牠們自己的卵。這不是真的為了整個蜂群好，而是為了自己的利益。」

因此，以下是一個有趣的問題：是什麼原因造成某些種類的蜜蜂或胡蜂，相較於其他種類，具備或多或少腐敗、投機的行為？在麥蜂（Melipona）中，舉例來說，高達百分之二十的雌幼蟲會開始發展成蜂后，參加幾乎總是以斬首收場的摸彩活動。而在蜜蜂中，只有百分之零點零一的雌幼蟲會開始發展成過剩的蜂后。這引發了一個有趣的問題：麥蜂是否比蜜蜂「貪婪」兩千倍？牠們是否是社會性昆蟲世界中自私的笨蛋？

答案在於體制而非個人身上。社會性昆蟲的蜂巢有不同的建構方式。有些蜂巢將卵密封起來，使之難以檢查。有些是開放的，讓警察蜂能進入（想必未經授權），以確保沒有發生發展上的不規矩行為。有些種類的蜂演化出專門、較大的蜂后蜂室，區分出供幼蟲發展成未來蜂后的位置。而其他種類的蜂，牠們的蜂室混雜在一起，未來的蜂后看起來跟未來的工蜂沒什麼兩樣。當蜂室易於檢查，而且蜂后的蜂室與工蜂的蜂室可輕易區分時，監督工作進行起來會更有效率。砍掉牠們的頭！當蜂室緊鄰在一起，而且未來的蜂后幼蟲與工蜂幼蟲相互混雜，監督工作就會變得沒效率。

就像人類一樣，缺乏效率的監督創造出新的誘惑。如果你有機會得逞且逃避處

13 譯註：Marie Antoinette，法國國王路易十六的妻子，法國大革命期間被斬首的法國王后。

罰，為何不試試看？在蜜蜂和胡蜂中，監督不周讓某些個體優先採取「自私的」行為，而不是優先考慮有利於群體的行為。「當監督機制更有效時，」拉特尼克斯說，「較少的工蜂會嘗試產卵。」麥蜂並非比蜜蜂「更壞」兩千倍，牠們只不過是擁有一個能讓牠們的自私行為不受處罰的制度，所以牠們發展變成更自私。就這方面來說，人類與牠們非常相似。

從星巴克到蜂巢到銀行，我們清楚發現制度引導著行為。但事情仍有一些不明之處。一個真正的壞人，不管環境如何，難道不是同樣都會做壞事嗎？還有，一個真正的好人，難道不能抗拒壞制度的誘惑而表現出受人尊敬的行為？為了找出答案，我們需要另一個自然實驗——一個理想的實驗，當中相同的人在同一時間掌管兩種制度，一種是好制度，另一種是壞制度。如果某人在某種制度中是暴君，而在另一種制度卻是有遠見的人，那麼我們就可以做出結論：我們不應該將問題完全鎖定在個人身上。或許在壞的制度中，權力最能使人腐化。讓我們看看事實是否如此。

建設者國王／劊子手國王

一八六五年，美國廢除了奴隸制度，這時利奧波德二世登上比利時國王寶座。這位三十歲的君主很有希望成為一位改革者。起初，他沒有令人失望。利奧波德採取了不負眾望的進步行動，包括免費的小學義務教育、普遍的男性選舉權以及更嚴格的禁用童工法律。週末也露出第一絲希望的曙光，因為星期日成為法定休假日。利奧波德也贏得了新封號：建設者國王。在他的統治下，他興建了華麗的公共建築和公園。他私下聚積了許多土地和各種鄉村莊園，建立皇家信託（Royal Trust），好讓後代的比利時人都能享受到他所享受的東西。

利奧波德二世接著提升比利時國內的勞動權、推廣教育和興建一系列令人印象深刻的公共建設。在他的王國內，他身為仁慈的改革者的名聲與日俱增。但對他來說，比利時絕非他的宏圖所在。「小國寡民」，他曾經輕蔑地表示。他夢想著更偉大的目標。

某天，利奧波德沉浸在一本名為《爪哇，又名如何管理一個殖民地》（*Java, or How to Manage a Colony*）的書中。這是某種實用的殖民指南，寫到關於爪哇島的事，這座島嶼是兩個世紀前出航的「巴達維亞號」遭遇船難的地方。利奧波德深深著迷，唯一的問題是大多數比利時人並不像他們的國王那樣著迷於這個新發現。開拓殖民地對於比利時這樣一個小國來說，似乎代價過於高昂。利奧波德認為他需要改變大眾的看法，使他的王國不要那麼目光短淺。「比利時沒有去開發這世界。」利奧波德感嘆，「這是我們必須讓它學習的一個體驗。」他像其他歐洲強權一樣胃口變大，開始跟他們一起瓜分非洲。「我不想要錯過讓我們分得一塊美味非洲大餅的機會。」

利奧波德控制了他所稱的剛果自由邦。這片新領土是比利時國土面積的七十六倍，非洲的一大塊。但這一塊領土不屬於比利時，而屬於利奧波德。他實際擁有它，剛果成為他的個人封地。不過，利奧波德不知道該如何管理殖民地，他很快便發現這件事過於高深，超乎他的理解。他的債務不停增加，可是他的指南沒有教他如何處理逼近的財務崩潰問題。然而在這個災禍降臨之前，利奧波德得救了，或許有些始料未及，拯救他的是一場科學意外和許多腳踏車。

在此幾十年前，橡膠狂熱席捲美國。從巴西樹木採集來的一種黏黏的樹液，可望做出各種令人興奮的新產品。投資者將大筆資金投注到橡膠的種植。但當人們了解到橡膠在受熱時會熔化成有臭味的膠水，而冷卻時會碎裂，這股熱潮消退下來。在夏季月分穿著橡膠雨衣，真的會從身上滴落下來。後來到了一八三九年，查爾斯．固特異（Charles Goodyear）意外將硫磺灑進熔化的橡膠中。固特異不慎混合硫磺的橡膠不同於一般橡膠，他稱之為「硫化橡膠」，具有神奇的特性。它不受氣候影響，但即便有這項突破，橡膠的需求量依舊不大（固特異去世時至少負債二十萬美元）。

後來開始出現對橡膠的需求。一八八〇年代後期，固特異死後幾十年，蘇格蘭獸醫約翰．登祿普（John Dunlop）發明了新的橡膠輪胎，幫助他那騎三輪車的兒子順利克服路上的顛簸。這項創新引發了「腳踏車潮」。一八九〇年，美國共生產出四千輛腳踏車。六年後，這個數字變成一百二十萬。突然間，人人都想要橡膠。歐洲人在殖民地種滿橡膠樹，夢想著從土地長出財富。但橡膠樹需要時間長大成熟。利奧波德明白他是僥倖坐擁了綠色金礦。在他的剛果殖民地自然生長的橡膠藤可以馬上開採來滿足全球的需求。他只需要工人去採集這些黏稠的黃金和運回歐洲。

當這些橡膠被送回比利時和其他地方時，十八歲的英國運務員莫瑞爾（E. D. Morel）注意到關於這批貨物的怪事。沒有回送去購買橡膠的錢。駛往非洲的貨船上反而裝滿槍枝和腳鐐手銬，這類多半已消失在現代世界的束縛用鎖鏈。莫瑞爾發現了利奧波德的秘密。發生在利奧波德私人殖民地的暴行，令人難忘地被記錄在一本得獎的書，亞當・霍西斯柴德（Adam Hochschild）的《利奧波德國王的鬼魂》（*King Leopold's Ghost*）。

在剛果自由邦，利奧波德的野蠻行徑主要由一個稱作公眾部隊（Force Publique）的武裝團體來執行，由比利時士兵和貪婪的雇佣兵混組而成。他們強迫村民開採橡膠，這是極為痛苦的過程，從橡膠藤流出的液態乳膠被厚厚地塗在大片皮膚上，等它逐漸硬化，然後剝下來。

反抗者會遭受嚴厲的處罰。利奧波德的軍隊會帶走他們能捉到的每個女人作為人質。村子裡的男人被告知，要等到村長供應比利時人規定數量的橡膠後，這些女人才會被釋放。如果男人不聽話，這些女人會被殺死。當男人們為了拯救心愛的人而進入叢林時，公眾部隊的士兵強暴他們認為最有姿色的女人。等到終於交足定額，這些女人以「每名兩隻山羊」的代價回賣給村民。如果村民繼續反抗，村子裡的每個人——男人、女人和小孩，會全部被屠殺，以此警告附近的村莊。為了確保士兵確實執行命令，比利時官員要求繳上證明，標準做法是帶回每具屍體的右手。有時，感到無聊的士兵甚至將剛果人當作練習靶。據說公眾部隊的某名成員用二十顆人頭裝飾他的花圃。

回到比利時，人們對於「有異國情調」的剛果深感興趣。如同霍西斯柴德的說明，利奧波德為了一八九七年的布魯塞爾世界博覽會，「進口」了一群供展覽的剛果人。國王展示了二百六十七名男女和兒童，以娛樂他的國民。這些剛果人被迫在新建的假村莊裡表演他們的生活，這些村莊是用來代表不同的「文明」程度。與會者發現給予這些被俘的「村民」從未嚐過的比利時糖果是件好玩的事。有些剛果人因為吃下太多糖而生病。為了制止此事，展覽者立下標語：「這些黑人是由有組織的委員會負責餵食。」「建設者國王」創設了一座人類動物園。

等到利奧波德去世時，已有介於兩百萬和一千兩百萬之間的剛果人被殺害。（在描述這麼多人遭屠殺時，非裔美籍調查記者喬治・華盛頓・威廉斯〔George Washington Williams〕創造了反人類罪這個用語。）這個死亡人數非常驚人，但收益也教人難以置信。根據《利奧波德國王的鬼魂》一書的保守估計，落入利奧波德個人口袋的金額相當於現今的十一億美元。部分的錢被用於興建比利時宏偉的紀念館，如今仍是遊客聚集之處，他們不知情地站在由史上最恐怖的罪行之一所資助的建築物陰影下。在利奧波德的葬禮舉行時還是嬰兒的人，有一些到現在還活著，以免我們誤以為利奧波德的暴行已是古代歷史。

一個人，兩種制度。在比利時，利奧波德面對應負的責任和監督。有價值的是生命。在剛果自由邦，這位國王是位暴君，他的暴行被隱藏。有價值的是橡膠。政治科學家布魯斯．德．梅斯奎塔（Bruce Bueno de Mesquita）曾說過，那是世界上最糟糕的自然實驗，顯示一位種族主義的惡人如何被一種制度給限制住，而被另一種制度釋放。

不過歷史有時是由相反的腳本寫成。如果一個正派的人被推上權力的寶座，並且掌管一個很壞的制度，情況又會如何？

佛蒙特總督

「公園長凳和滑雪教練之間的差別是什麼？」保羅問道。

我笑著搖搖頭。

「其中只有一個能養家活口。」輕盈的雪花正在飄落，新雪覆蓋住佛蒙特滿山遍野的綠色松枝。我來到三重綠嶺（Green Ridge Triple），坐著纜椅迅速升到山頂。

咚的一聲，纜椅嘎然停止。山上吹著微風，但纜椅幾乎沒有絲毫晃動。我們位於一座高塔的正下方，纜繩緊緊地固定在驅動著纜椅爬升到山頂小屋（Summit Lodge）的輪盤上。

「我總是告訴那些上我課的孩子，如果纜椅像這樣停在輪盤正下方，代表好運氣。」保羅告訴我。「你得閉上眼睛然後許個願——但別告訴我你的願望，否則就不會實現。」

我點點頭，尷尬地微笑。這是我們第一次一起搭纜椅，情況不盡然如同我預期的那樣。畢竟坐在我身旁的男人，穿著藍色雪褲和相稱的滑雪夾克制服，曾繼承一個獨裁體制。接連好幾個月，他的清晨四點三十分的鬧鐘是想要炸死他的迫擊砲聲響，那時他住在烏代・海珊[14]的住所，從那裡通勤到薩達姆・海珊的前皇宮。這根本不是來滑雪勝地應徵工作的人會寫在履歷表上的標準經歷。到白城堡（White Castle）速食店煎漢堡？當然沒問題。但在海珊的皇宮？雖然我沒有實際去查證這是否屬實，但我合理地確信，佛蒙特州沒有其他滑雪教練曾獲得賓拉登慷慨贈與的一萬公克黃金。

保羅・布雷默三世（L. Paul Bremer III），朋友管他叫傑瑞，現年八十歲，出生於珍珠港事件爆發前九個星期。他有一頭茂密的灰髮，但他的臉看起來比實際年齡年輕二十歲——他將之歸功於終生參加三鐵和馬拉松賽。當他的膝蓋再也無法承受在人行道上跑步的衝擊力，他跑步的日子告終，接著開始認真騎單車。冬天時，在膝蓋承受得了的範圍內，他儘量地滑雪。

布雷默是終身職外交官。他曾歷任在阿富汗、馬拉威、挪威和華盛頓的職位。雷根總統任命他為駐荷蘭大使，後來讓他擔任反恐主義大將。此後布雷默被指派為特別成立的單位處理恐怖主義國家委員會（National Commission on Terrorism）主席。二〇〇〇年六月七日，布雷默提出該委員會的報告，警告「造成巨大傷亡的攻擊威脅正在升高」。同年夏天赴國會作證時，布雷默提到發生另一次珍珠港事件的風險，這次的發動者不是日本，而是難以捉摸的恐怖分子網絡。十五個月後，在九月十一日早上八點四十六分，這個被忽視的警告變成悲慘的預言。當時布雷默的私人辦公室位於世貿中心的北塔，上方樓層是第一架飛機的撞擊點。幸運的是，那天早上他待在華盛頓特區。然而他的一些同事就沒這麼幸運了。

二〇〇三年春天，布雷默接到一通將永遠改變他的人生的電話。來電者是小布希總統的國防部長唐納・倫斯斐（Donald Rumsfeld）。倫斯斐告訴布雷默，他是幹「一件大事」的人選，事關最近的侵攻伊拉克。這項任務明顯有風險，但布雷默的妻子

14 譯註：Uday Hussein，伊拉克前總統薩達姆・海珊的長子。

弗蘭奇毫不猶豫地支持他：「如果你被要求做這件事，你就得去做。」當總統要求你做某件事時，她說，外交人員有服從的義務。二〇〇三年五月六日，布希總統任命布雷默為聯盟臨時管理當局（Coalition Provisional Authority）首長，該單位負責使伊拉克的獨裁政體順利轉變成民主政體。

過程並不順利。

布雷默於二〇〇三年五月中旬搭乘 C-130 運兵機抵達巴格達。儘管天氣無比炎熱，他穿著日後象徵他任職伊拉克總督的制服，現身在柏油路面上：乾淨俐落的黑西裝、打領帶，加上一雙棕褐色 Timberland 戰鬥靴。雖說是平民，卻是身處於戰區的平民。

在赴任的第一天，布雷默參加了一場讓人緊張不安的會議。巴格達的安全情勢岌岌可危。到處都有武裝打劫者，他們搶劫商店、政府部門、歷史遺址和私人住家。城中極度混亂。會議中，布雷默升高了美軍射殺打劫者的可能性，以便傳達他想要恢復秩序的訊息。有人將他的想法洩漏給新聞界。《紐約時報》刊登了一篇相關報導，立即招致負面的反應。倘若布雷默試著在美國發布相同的命令，他會因大規模謀殺平民未遂而遭起訴。畢竟，你不能因為某人偷了電視機而射殺他，許多美國人義憤填膺。

然而許多伊拉克人卻不這麼想，巴格達不是美國佛蒙特州的伯靈頓。幾十年來，海珊一直用武力強制執行命令，合法訴訟程序向來不是伊拉克體制的一部分。布雷默相信建立民主制度和法規的好處，但他也知道獨裁國家不會一夜之間變成民主國家。他感到左右為難，一邊是他所繼承的殘暴體制，那裡的人們期盼在槍林彈雨中建立秩序，另一邊是國內輿論，在奉行民主制度的祖國，命令應該經由法規產生。當時在巴格達販售汽水和香菸的岱亞．賈巴爾（Dia Jabar）告訴記者，他希望布雷默射殺打劫者的提議能夠被執行。如果沒有強力的手段，他警告，可能會發生「內戰，一場宗派之爭——遜尼派和什葉派彼此交戰」。不久之後，賈巴爾所擔心的事情成真。無數的人將在隨後的宗派暴力爭鬥中喪命。

「這是貝拉，」布雷默告訴我，他撫弄著他的馬爾他小型救援犬。他邀請我在上完滑雪課後去他家喝咖啡。自從妻子在二〇一九年過世後，布雷默就開始獨居，但他家有八個房間。「我們想要有足夠的空間讓所有的孩子都滿意。」他解釋。布雷默不再穿著他的藍色滑雪制服，而是換上高領毛衣。他的皮帶上有美國國旗圖案。他領著我進入他的書房，裡面裝飾著他一輩子從事公職所獲得的讚揚。掛在電腦螢幕上方的是他離開伊拉克時獲贈的一面伊拉克國旗，繡著題辭：「感謝你非凡的英雄氣概、願景、精力、領導力和無與倫比的奉獻。歷史會因為你重建一個國家而記得你。」我忍不住地想，這些頌揚他的功績的話語，感覺帶著點樂觀氣氛。

在我啜飲著濃縮咖啡時，貝拉蹲坐在我跟前，我問布雷默關於他那惡名昭彰的射殺令。布雷默的臉上閃過一絲痛苦。「任何一個政府的首要任務是維持公共安全。」他說，「那時我們有許多士兵，但沒有任何接戰守則告訴他們要如何阻止搶劫……我相信射殺打劫者能拯救性命。」我繼續追問，認為假使他是佛蒙特總督，他絕不會想像任何一丁點類似的事。「的確。」他說，「但是當時我們所做的每件事，跟現在我們在美國所做的事大不相同。」

布雷默惆悵地說起，當初他前往伊拉克時所抱持的希望。無論你對於伊拉克戰爭、戰後的不幸缺乏規劃，以及戰爭給這麼多伊拉克人帶來災難性後果有何看法，布雷默都絕非諷刺漫畫中描繪的那種壞蛋。他支持這場戰爭，導致有些人這麼看待他。批評他的人說他無能且天真到危險的程度。其他人指控他是帝國主義戰犯。但布雷默不像其他戰爭販子，他至少願意用行動支持他的理念，在世界上最危險的地方接下最危險的工作。他做這件事是出於真誠的信念——或許事後看來是被誤導的信念，他相信他能讓別人過著更好的生活。許多人在接受訪談時對我說謊，但我不懷疑布雷默真心誠意的意圖。他深信民主制度和自由，並認為他是在為兩者奮鬥。

但是在伊拉克，他的價值觀受到檢驗。當激進的穆克塔達．薩德爾（Muqtada al-Sadr）開始刊登以暴力對抗美國人的煽動性言論時，布雷默下令關閉他的報紙。士兵關閉薩德爾的報社，用鐵鍊封鎖建築物。批評者說此舉散發虛偽的味道。「我們不想要另一個海珊！」抗議者高喊，說的是布雷默。某位抗議者告訴美國公共電視新聞網，「現在發生的事就是以前海珊時代發生的事，沒有言論自由。」但布雷默有需要擔心的理由。薩德爾的救世軍（Mahdi Army）會繼續屠殺無數的美國人，當他召喚出對抗聯軍部隊的聖戰。（這些威脅並非不存在的幻想。當布雷默的車隊成為土製爆炸物的攻擊目標時，他差點喪命。）薩德爾鼓勵使用暴力的角色，將大力促成伊拉克最可怕的血腥內戰。布雷默是否應該給予鼓吹暴力的報紙發行的自由？

一位繼承了壞制度的正派人士，必須做出好制度下的人不必做的抉擇，在好的制度下，報紙發行者不會鼓吹血腥的暴動，而且出現打劫者不會是宗派戰爭的前兆。即便布雷默不能直接指揮軍隊，但是他所做的每一個決定顯然都攸關生死。

在他統管伊拉克的初期，這個態勢就已經相當明顯。那時布雷默走訪了一家醫院，由於沒有電力，那裡沒有燈光，沒有機器發出的嗶嗶聲。相較於戰前，伊拉克的輸電網只供應百分之十的電力。

「他們帶我到新生兒部門。」布雷默回想，「那裡只有一個女嬰，她的體重大約是六磅，將近六個月大。突然間我想起我有責任供電到這所醫院。附近沒有別人能做到這件事或讓這件事發生。」從那時候起，布雷默開始每天開晨會，檢視伊拉克全國電力供應圖，設法加速恢復供電。

當他告訴我這個故事時，他正坐在書房裡，身旁有他的狗陪伴，我回想起幾個小時前我們在山坡上的閒話家常。布雷默告訴我那個滑雪度假區打算重新安裝纜椅——他曾經負責恢復電力、確保安全、支付數以百萬計伊拉克公務人員的薪水，以及在一夕之間將伊拉克轉變成民主國家。

「這個計畫相當有野心。」他告訴我，像是一個對著不可能達成的宏大願景吹起口哨讚嘆的人。「他們說今年夏天要重新安置一切，我們等著看他們能不能做到。」

不同於利奧波德，布雷默想要做對的事情，但是他被約束。他的行動受制於具有攻擊性的監督。然而在一個不健全的野蠻體制中，他認為理想主義者會寸步難行。由於侵攻伊拉克之前缺乏規劃，布雷默被迫臨場發揮。他是最早承認某些隨機應變的做法造成了災難性後果的人。但那不表示這些做法是出於惡意，只不過伊拉克的體制限制了他的抉擇。另一個體制會讓他做出不同的選擇。倘若他當時是駐挪威大使，他必定不會主張射殺打劫者。

在和布雷默閒聊了幾個小時後，我起身離開。我從他的書架旁走過，那裡有一張布希總統的簽名照，上面寫著，「獻給傑瑞，幹得好！」旁邊是另外兩項珍貴的物品：布雷默的一級滑雪教練證書，以及他在他的第一個滑雪季後收到的禮物，帽沿上寫著「最佳菜鳥」。

人是複雜的。

極少人會繼承一個獨裁體制，但許多人生活在不健全的體制中。由於環境所強加的諸多限制，我們不具備絕對的自由意志。我們的行為無論好壞，都是由這些體制所塑造。

現在，請你回想上一章和本章的內容。在檢視像工友史蒂夫·勞奇這樣患有誇大狂的人物時，我們發現某些人顯然更擅長於操縱體制來獲得權力。但同樣清楚的是，壞的制度鼓勵濫權，而好的制度則防止濫權。如同我們將在往後幾章所見，解決之道是進行制度改革，減少它們所吸引來的腐敗者，然後阻止那些大權在握的人濫用權力。真是說的比做的容易。

然而在我們想出解決之道前，我們需要回答一直潛伏在背景中的一個關鍵問題：權力是否真的使人腐化？或者發生了別的事情？

Chapter 7 — 爲何權力似乎使人腐化

阿克頓勳爵與宗教裁決所

一個男人被剝光衣服，雙手反綁在背後，繩索深深陷入手腕。他的身體被一個簡單的滑輪組懸空吊起。繩結擦破他的皮膚。男人無助地大喊，乞求被釋放。「我真的不認識他們任何人。我什麼都不知道。我沒有借書給任何人——沒有，絕對沒有！我自己根本讀不懂那些書。」他大叫著。他的身體向下墜落，在觸地前的最後一秒，繩索繃緊。滑輪發出吱吱聲，他的雙腳離地還有幾英尺，肩膀霎時間脫臼。他再次發出尖叫聲，然後一瘸一拐地失去了知覺。

在西班牙宗教裁決所進行審訊期間，這些標準場景被一絲不苟地記錄下來。上述的拷問裝置稱作吊刑架，用來逼人招供。它能給予被指控者足夠的折磨，但在斷氣之前還有機會承認他們的異端邪說。許多被指控者遭到處決，有些被綁在可怕的肢刑架上，伸展四肢致死。有些被放進名副其實的碎頭器中，在旋緊螺桿時，壓著頭頂的頭盔和抵住下巴的托板一步步擠壓你的頭顱，直到兩者扣合在一起為止。這些行刑的過程讀起來令人生畏。

幾個世紀後，在一八〇〇年代後期，英國主教曼德爾．克瑞頓（Mandell Creighton）將這段時期編寫進一系列的歷史著作中。但他並沒有譴責基督教會的暴行，只是冷靜地做紀錄。克瑞頓認為說教並不是歷史的職責所在。他認為宗教歷史學家的角色類似於專業的辯護者：他們應該姑且相信那些掌握權力的教會人物，而非批評他們的濫權。

有一位讀者並不欣賞克瑞頓的編年史。約翰．愛默里克．愛德華．達爾伯格—阿克頓，第一代阿克頓男爵，第十三代格羅波里侯爵（John Emerich Edward Dalberg-Acton, 1st Baron Acton, 13th Marquess of Groppoli），時常簡稱為阿克頓勳爵（我無法想像為何它這麼常被簡稱），他開始批評克瑞頓主教對於拷打和處決無辜者的漠不關心。在阿克頓勳爵看來，克瑞頓「寧可大眾將歷史當成文學來理解……他沒有努力去證明某個論點，或者探索出某個結論，而是希望用一種平和的好奇心，一種分裂的判斷和一雙白手套，來交待充滿強烈爭議和激情的場景」。就好像當克瑞頓在描述那些確實將雙手弄得非常髒的教會人士時，同時想要保持他自己的雙手乾淨。阿克頓勳爵視克瑞頓的道德冷漠為放棄歷史學家的職責，不去追究在當權者免受責罰的世界中，大權在握的人對於濫權應負的責任。

在一八八七年寫給克瑞頓主教的信中，阿克頓勳爵表示，「我無法接受你的標準，認為我們不應該用評斷其他人的方式來評斷教宗和國王，而是要假定他們不會做錯事。如果需要有任何假定的話，我們對於掌握權力的人應該有相反的假定，並隨著權力的增加而加重。彌補法律責任的闕如是歷史應盡的責任。權力容易使人腐化，而絕對的權力絕對使人腐化。」史上最著名的引言之一於焉誕生。

阿克頓勳爵的引言是新鮮的，但他的概念不是。類似的引言在歷史中屢見不鮮。在一七七〇年，舉例來說，老威廉・皮特（William Pitt the Elder）曾對上議院說起一個類似的現象，他表示「不受限制的權力容易腐化擁有者的心智」。阿克頓勳爵只是想出一個固定下來的版本。（如今，「容易」兩字通常被省略。大多數人知道的這句引言是「權力使人腐化，絕對的權力絕對使人腐化」。）如今這句人盡皆知、廣為接受的格言變成老生常談，被那些在談論醜聞時想要表現機智的人給引用。但情況果真是這樣嗎？

我們時常透過扭曲的觀點來看待權力，誤以為權力不可避免的一些特點是權力本身所造成。如我們在下一章所見，權力會使人腐化。然而關於權力使人腐化到何等程度，我們過度悲觀的觀點是錯誤的。當我們在讚揚或譴責權威人物時，與之相關的四種現象太常被忽略。我稱這四種現象為骯髒的手；學會擅長使壞；機會上門；以及用顯微鏡觀看。每一種現象都給予我們扭曲的觀點，造成我們相信權力使人腐化超過它實際的程度，這不表示掌握權力的人行為合乎道德，而是顯示權力使人變壞這個普遍的看法，往往由於我們在評估當權者時的認知錯誤而被誇大。

曼谷的髒手

我從手機上查看時間。那時是早上八點七分，比我預定會晤前泰國首相艾比希．威差奇瓦（Abhisit Vejjajiva.）的時間晚了七分鐘。我在曼谷商業區豪華的素可泰飯店（Hotel Sukhothai）的咖啡廳。這棟高聳的建築坐落在一座仔細修剪的熱帶花園裡，一長排的棕櫚樹像盾牌一樣隔擋摩托計程車此起彼落的嗖嗖聲，以及街頭小販叫賣冰涼的泰式甜奶茶的嘈雜聲。

我一面啜飲定價過高的美式咖啡，一面掃視著咖啡廳。裡面只有另一名顧客，一個穿黃色T恤的泰國男人，他跟穿著深色西裝、打著領帶，匆忙進出飯店的男人形成刺眼的對比。我打開手機，發送一條簡訊。「我到了——在你到達之前，要不要我替你點些什麼？」片刻之後，我的手機唧唧作響。那是艾比希發來的簡訊。「我也到了。」我抬頭看，那位穿黃色T恤的男人微笑示意，我於是坐到他那桌。

「抱歉，我沒料到你會穿T恤。」我怯怯地說道。

「沒關係，我以為你的年紀會大一些。」

這是權力錯覺在作祟，我們對於權力和地位的假設打敗了我們。我們握了握手，這時我忍不住冒出一個揮之不去的擾人念頭：我在和被指控犯下濫殺罪的人握手。

艾比希說得一口漂亮的英國腔，這是他在超級菁英預備學校伊頓公學和後來就讀牛津大學時與鮑里斯．強森[15]一起逍遙度日的副產物。他解釋他之所以穿T恤是因為今天按例是他排定去捐血的日子。我打從心底納悶，那是否是他接受訪談時經常玩的伎倆，一張樂觀向上的同情牌。情況也可能相反，或許他是真的無私和充滿同情心。又或許他是善於操縱人的權謀家。在政治上，這兩個極端之間的界線往往很窄。

一開始我先問了一個容易回答的問題：他什麼時候發覺自己想要從政？有沒有某個時刻奠定下他的發展軌跡？

「一九七三年發生了學生抗議事件，那年我九歲。」他回答。「基本上他們要求民主，一部成文憲法。當時我顯然年紀太小，無法在精微或更深入的層次上了解發生了什麼事。但我得到的啟發是街頭上有年輕人試著為我們的國家帶來改變。」

三十七年後，艾比希將會被他的對手描述成屠殺街上群眾的人，在他們試圖替他所統治的國家帶來改變時。

15 譯註：Boris Johnson，前英國首相。

大多數西方人在想像泰國或曼谷時，他們想到的是原始海灘和紅燈區喧鬧的夜生活。然而這個國家也是世界上發生最多次政變的地方。在二〇〇六年的政變後，泰國選出新首相。但他隨後也被解除權力——我不是在捏造事實，他曾主持過四集稱作《品味，發牢騷》（*Tasting, Grumbling*）的電視烹飪節目，獲得三百五十美元的酬勞。這些錢被視為違反了政府官員在任期間不得追求商業利益的規定。由於據稱涉及貪污的一小盤泰式炒河粉，艾比希接著上台掌權。在將軍們和國王的挑選下，他被拱上未經人民選舉的首相職位。

「我下定決心要證明我可以進出政壇而不被污染。」艾比希告訴我，「所以我總是戒慎恐懼。我想要樹立一個儘可能誠實正直和堅守原則的典範。我希望我已經成功做到。」

但在二〇一〇年初，艾比希的對手開始動員起來反對他。約有十二萬名反對陣營的支持者湧向曼谷街道，他們要求艾比希辭職下台。起初，他們表現得平和。但到了四月時，抗議者進攻國會，想迫使政府人員逃離國會大樓。某天傍晚，政府試圖清空抗議區。結果士兵遭到一波子彈和手榴彈的攻擊，指揮官和四名士兵被手榴彈炸死。部隊展開還擊，對民兵開火，造成二十六人死亡，將近一千人受傷。

作為回應，火力強大的抗議者開始說到內戰的事，威脅要發起大規模的暴動，如果政府試圖將他們從街道上驅離。有些抗議者已經從泰國軍隊中叛變出來，因此血腥衝突是有可能發生的事。抗議者甚至趁著深夜，利用垃圾袋開始偷偷將重型武器運送進抗議區。到了中午，曼谷的情勢一觸即發。艾比希知道如果在曼谷開戰，戰火在數小時內就會遍及全國。

「大概接連兩個月時間，我每天頂多只睡三、四個小時。」艾比希啜飲著咖啡，一面回想。

當零星的砲火變成曼谷的部分配樂時，艾比希下令直升機空投傳單給下方的抗議者和民兵部隊。傳單中含有警告：政府正在建立一片「實彈」區，作為抗議者和政府軍之間的緩衝地帶。艾比希明白表示他已經准許士兵使用實彈對付任何進入禁區的人，即便是無武裝的平民。

儘管有這些警告，民兵部隊仍然開始進行有系統的縱火攻擊。有些抗議者冒死進入實彈區，許多人因此遭到政府軍狙擊手射殺。二〇一〇年五月十九日，泰國軍隊穿越抗議者設置的路障，他們的領導者投降。秩序逐漸恢復，粗暴的鎮壓行動達成目的。流血事件結束，但付出了什麼代價？

總共有八十七人喪命，包括兩名報導抗議活動的外國記者。此外還有數十位平民依舊下落不明，因此死亡人數可能更多。超過兩千人受傷，許多是和平的抗議者。

隔年舉行選舉，艾比希落選，只贏得百分之三十五的選票。艾比希一失去權力後便被指控濫殺。但當泰國軍方於二〇一四年的政變中再度取得控制，這項殺人指控被撤銷。

回到豪華咖啡廳，艾比希撥弄著咖啡杯，說話時目光朝下。「在我掌權時，我處在必須維持秩序和結束抗爭的巨大壓力下。」他靜靜地說，「然而與此同時，我設法盡力確保不造成傷亡。很顯然，我們後悔最終造成傷亡，但那是我公職生涯中最艱難的時期。」和我談過話的一些泰國將軍也有相同的感覺。「你見過在利比亞或敘利亞發生的事。我們不能讓那種事在泰國上演。」那是艾比希所面對的抉擇：藉由殺死一小批「恐怖分子」來恢復秩序，或者任由成千上萬無辜的泰國人在血腥的內戰中喪命。至少這是他們的看法，或者是他們想要營造的詮釋方式。

我們已經見識過那些具備暗黑三聯徵的人，在做出牴觸道德的決定時如何傾向於比較沒有顧忌。如此的道德難題——例如為了拯救全村的人而悶死一個嬰兒，往往在大學哲學課堂上被用作思想實驗，但在不健全的制度中，那是政治人物經常得實際面對的決定。如果你像艾比希那樣，統治一個有七千萬人口、貧窮動盪的國家，大多數的決定，就連預算分配——都是真正的攸關生死。一旦刪減心理衛生預算來提升教師的薪水，就會有人因此死亡。疫情期間太晚停止經濟活動一個星期，就會有人因此死亡。任由配備火箭推進榴彈的抗議者燒毀城市或射殺士兵，就會有人因此死亡。還有，如果城市暴動擴散轉移成內戰，更會造成許許多多的人死亡。

當我坐在咖啡廳和艾比希談話時，我忍不住一直在想，他的選擇至少造成七十八個人死亡。這使我感到驚駭，但沒人知道倘若他做出不同的決定，將會有多少人喪命。數量有可能少上許多，或者多出許多倍，我們無法得知。

現在，請你站在他的立場。讓我們想像我們能夠知道，假使他做出不同選擇會發生什麼事。這是社會科學家所稱的反事實。讓我們想像這個反事實是清楚明白的：如果艾比希允許抗議活動擴大，它們將成功動員出一場內戰，造成導致二萬五千人喪命的衝突。要說出艾比希是殘暴的兇手是件容易的事，比較困難的是說出你會採取什麼行動，假使你手握權力而且數以千計的性命成為你肩頭上的責任。

世界各地許多像艾比希這樣的人，隨時都在進行這些令人感覺不安、在道德上使人厭惡的政治算計。做出這些決定的某些人嗜好暴力，他們受到只傾向於個人利益的羅盤所引導。某些人之所以做出可怕的事，只因為他們相信這是傷害最小的選擇。在與艾比希見了六、七次面後，我希望他屬於後面那種領導者。但我從來無法確認。

在沙特（Jean-Paul Sartre）的戲劇《骯髒的手》（*Dirty Hands*）中，虛構的共產黨領導者賀德雷（Hoederer）談到如此難以處理的難題：「我骯髒的雙手一路髒到肘部。我已經將它們插進穢物和血污中。你以為你能清白地進行統治嗎？」對一般人而言，嚴重的道德錯誤是可以避免的。總是會有別的選項，避免做出令人反感的事情的另一條途徑。絕大多數的人也不會故意做出奪人性命的決定。相反的，我們會避免對別人做出這種決定。我們推選或指派或雇用別人，替我們做那些難以忍受、無法面對的抉擇。而被我們授予權力的人，有時會陷入所有的選項都不道德的局面。無論他們怎麼做，都可能產生災難性的後果。這不是要赦免、寬恕或常態化掌權者濫權和殘暴的古怪行為，情況正好相反。政治領導者必須為他們授權或使之發生的侵犯人權事件負起責任。但值得記住的是，當權者有時是試著兩害相權取其輕。

「從政者很容易把手給弄髒，而且這麼做往往是正確的。」紐澤西州普林斯頓市高等研究院（Institute for Advanced Study）的榮譽教授邁克爾・瓦澤爾（Michael Walzer）表示。他創造出「髒手問題」這個用語，來指稱政治人物和其他掌權者經常會面臨的道德困境。

艾比希弄髒了他的雙手。他下令對抗議者開槍，包括那些手無寸鐵的人。如果這種事不會讓你起雞皮疙瘩，那麼你該去接受心理病態檢測。但我們不應該有以下的錯覺：無論艾比希怎麼做，都有一些人會喪命。對於大權在握的人來說，情況往往如此，但我們其他人鮮少是這樣。

二〇一九年，艾比希帶領他的政黨投入選戰，他堅守道德原則的立場讓他付出巨大的代價。他違逆了許多資深黨員的意思，勇敢地面對執政的軍政府，呼籲他們還政於由平民領導的民主政體。這個決定有效地結束他的政治生涯。為了爭取民主，他捨棄了重登泰國最高職位的機會——在一個被權力腐化、無可救藥的人身上是幾乎無法想像的事。

然而，髒手問題不只是落選的泰國政治人物，或者不健全國家中的獨裁者和暴君獨有的問題。它影響了控制著許多人的每一位掌權者。它甚至玷污了英國和美國歷史上最受尊崇的一些人物。如同倫敦大學學院的政治科學教授理查・貝拉米（Richard Bellamy）所言，「我們渴望堅守道德原則的政治人物，但卻期待，甚至強迫他們做出不道德的行為。」

一九四一年後期，邱吉爾有一個秘密。他的政府在布萊切利園（Bletchley Park）密碼破譯員的協助下，找到辦法破解納粹恩尼格瑪（Enigma）密碼機看似無法破解的密碼。當希特勒正在秘密傳送經過編碼的訊息，給他在世界各地的軍事將領時，英國政府也在解讀這些訊息。破解納粹密碼是戰爭期間最大的秘密，也是英國軍械庫中最有價值的武器。如果德國人發現他們的密碼已經被破解，便會更換掉恩尼格瑪密碼機。這麼一來，英國人就得再度於一場殊死戰中憑臆測行事。

許多時候，邱吉爾還能魚與熊掌兩者兼得：他找到看似可信的方法，把從破譯的密碼中蒐集來的情報歸因於間諜和告密者提供。這麼一來，他可以依據這些偷來的情報採取行動，又不至於引起德國人的懷疑。但某些情報太具特定性，如果跟太多人分享這些情報，會產生極高的風險。如同戰時海報的警告：「口風不緊會弄沉船隻。」

但口風太緊也會把船弄沉。澳大利亞皇家海軍有一艘名為「雪梨號」（HMAS Sydney）的巡洋艦。歷史學家表示邱吉爾曾收到從破譯的密碼中得來的情報，說到包括「雪梨號」在內的澳大利亞船艦即將遭受攻擊。邱吉爾決定不跟澳洲人分享這條情報，儘管他非常清楚默不作聲會讓他們的船艦陷於風險之中。然而，如果他對「雪梨號」示警，德國人想通恩尼格瑪密碼已經被破解的機率便大大提高。

一九四一年十一月十九日，「雪梨號」遭受德國巡洋艦的攻擊並沉沒。艦上六百四十五人全數罹難。邱吉爾原本可以阻止他們的死亡，但他刻意選擇不這麼做。為了有助於擊敗納粹，他選擇弄髒自己的雙手。

同樣的，在一八六五年初期，美國內戰的最後階段，亞伯拉罕・林肯公然表現得不正直——他在歷史上以正直的亞伯拉罕而聞名。為了確保通過第十三號修正案，該法案使奴隸制度在美國成為非法事物，林肯實際上賄賂了眾議院的頑固分子。他用不相干的立法甜頭收買他們的投票。「十九世紀最偉大的議案，」美國國會議員撒迪厄斯・史蒂文斯（Thaddeus Stevens）寫道，「是在美國最乾淨的人的協助和唆使下，透過賄賂的手段通過。」乾淨，也就是說為了大眾利益而弄髒他的手除外。

如今邱吉爾和林肯備受推崇，因此這些事件已經從他們眾所周知的歷史中被掩蓋。然而對大多數掌握權力的人來說，髒手問題使領導者顯得比實際上更糟糕，從而扭曲了我們給予領導者的評價。當我們說「權力使人腐化」，我們的意思是權力使人變得比先前更壞。然而大多數時候，他們只是不得不做出更壞的決定，這兩種情況是不相同的。我們應該都要感激正直的亞伯拉罕願意使壞來廢除奴隸制度，而邱吉爾有勇氣做必要的事來擊敗納粹。對於掌權者來說，不道德的行為有時顯然是最合乎道德的行為。

但是髒手問題不是我們誤以為權力使某人腐化的唯一原因。有時當權者之所以變壞，似乎不是因為他們墮落，而是因為他們學會一些新把戲。

學會擅長使壞

「我不記得有哪個時候我沒有偷東西。」艾利克說。

「那是家族遺傳嗎？」我問。

「我的兩個哥哥現在還活蹦亂跳。我想他們都不曾被開過超速罰單。至於我的父母親，他們是辛苦工作但貧窮的人。」

艾利克・艾利森（Eric Allison）成長於英國北部的一個貧窮地區。他的書寫道，那裡只有一戶人家擁有汽車，這是他從小就注意到的事實。「大約過了五扇門後就是他們家，我認為他們富有是因為他們有一輛車，而且他們沒有小孩。」艾利克回想。「所以在我十一歲時，我決定闖進他們家。」

那時艾利森已經輟學。「我不喜歡學校，學校也不喜歡我。」他就事論事地說。某天在家的時候，他注意到一件有趣的事。透過一道活板門，他可以進到上面的屋椽。他往上爬，四處張望，發現只有一道矮牆隔開他家和隔壁家。下一家、再下一家，整排房子都是如此。他明白了他甚至不必出門，就能進入街區裡的任何一間房子。

艾利森找了兩名鄰居男孩來幫忙把風，一直等到有車的那對夫婦出門去上班。他接著進入屋椽。「我找到一個很棒的獎品。裡面有個裝了許多硬幣的罐子。我說的是兩先令和半克朗，當時那是很大一筆錢。我想那大約是二十鎊——比一週的薪水還多。」

艾利森比大多數的十一歲孩子聰明，所以他明白他會被逮到，除非有個非法侵入的解釋，指向不是內賊幹的事。「我打掃了地板，好讓人看不見從屋椽上落下的灰塵。接下來我打開後門，打破旁邊的一扇小窗戶。」他料想警察會以為這是隨機闖空門。

艾利森原本可以成功逃過制裁，但他學會一個重要教訓：要慎選你的共犯。雖然他已經三令五申，叫其他兩個孩子不可以馬上花掉任何一分錢，但其中一個卻忍不住。「當中名叫約翰的孩子去買了一雙蛙鞋，游泳用的蛙鞋。」他的父親問他錢從哪裡來，約翰最終供出艾利克是這個犯罪計畫的主謀。艾利克認了罪，地方法官給予有條件釋放。

這不是艾利森最後一次被不可靠的同謀給連累。他從商店外偷了一部口香糖機。這個「獎品」——艾利森總是這麼稱呼，裡面有不少錢和一些口香糖球。偷完東西後他立刻回家，小心地將他的獎品藏起來。他的同夥沒那麼聰明，嚼著滿嘴的口香糖在城裡到處閒晃。「他把我供了出來。」艾利森說。他被送進少年拘留所。

小賊艾利森一出來後，隨即又去偷東西。「但我變得更小心。」艾利森回想。他開始思考如何提高報酬和降低風險。他也開始更加仔細地調查可能的合作夥伴，他再也不要重蹈覆轍。

到了二十一歲時，他還在偷東西，但也設法弄到一個體面的工作，在一家高級餐廳當侍者。如果他是穿制服的人，他只能夢想著置身在這樣豪華的環境。「我知道我更願意坐在餐桌上吃東西，而不是替別人端上食物。所以我很認真地下定決心，要成為全職的罪犯。這就是我所做的事。」

艾利森年復一年進行實驗。透過嘗試錯誤的方法，他的野心逐漸變大、技術日益純熟，而錯誤一一消除。他藉由盜竊每年可淨賺六位數字，在當時這是一筆大數目，他的錢包於是也跟著越來越飽滿。「我從不在意錢，」艾利森說，「我只是喜歡偷錢。」

艾利森開始在犯案前進行深入的研究，例如仔細觀察如他所說擁有「遺產」的富裕家庭，他們會參加雅士谷（Ascot）的賽馬活動，那是英國版的肯塔基賽馬。後來，當他知道他們去了賽馬場和他們心愛的馬在一起時，他就到他們家裡蒐集獎品。

艾利森也學會如何進行支票詐騙，利用假支票從銀行提領現金。「當時只要某地——我假設你會說從普利茅斯到亞伯丁，有超過一家的銀行，我都去過。」他解釋。這變成一場競賽，一種測試他的極限的遊戲，不是為了錢，而是為了偷錢的刺激感。他甚至嘗試締造一天之內詐騙最多家銀行的個人紀錄。「我的最高紀錄是一天七十五家。」他自豪地說。

當艾利森不偷東西時，他便是在思考如何精進技術。他想到如果他能找到一些高額的帳戶，並且弄清楚哪些帳戶的擁有者不常查核他們的結算單，因此大筆款項消失也不會引起注意，那麼他的支票詐騙就能有更大的獲利。因此，艾利森和一些共犯破門闖入某銀行行員的家裡，偷走他的識別卡——他不願說出他們的名字（「我得保密一些事情來保護這些犯罪人。」他說）。他們取得一些銀行紀錄，明白哪些帳戶是合適的目標並且得到大獎。問題是如何領出這筆錢：「你不能大剌剌走進比方說勞埃德銀行，或者赤爾登罕銀行，說『我要提領五十萬英鎊的現金，麻煩你了』。」他說。但那時艾利森已經是一個經驗豐富的罪犯，所以他想出一個辦法來兌現支票，利用在直布羅陀和日內瓦的銀行，透過一個中間人製造斷點。

「當我們接到電話說老鷹已經降落，代表那筆錢已經用現金提領出來而且在運送中，我記得我出門去買了一瓶真正好的紅葡萄酒。」他回想。「而我只是拿著那瓶酒坐著，就只是坐著在想，『幹得不錯，艾利克。幹得不錯。』從偷口香糖機走到這地步。」

多年來艾利森憑藉著越來越老到的手法，在無數次作案後全身而退。在為時大約六年的全職盜竊生涯中，他只被逮到過幾次。在他的最後一件大案，他從英國最大的銀行之一巴克萊銀行偷走一百萬英鎊。他失手被逮，坐了七年牢，讓他有很多時間反省。

現在艾利森已經脫離他的犯罪人生——他的職涯，他是這麼說的。他找到一份工作，擔任《衛報》（*Guardian*）的監獄通訊記者。我問他是否懷念他的舊人生。「我確實懷念。」他嘆著氣說道，「我懷念那種刺激感。」如果不是《衛報》給他一個機會，艾利森承認他會繼續偷東西。「我現在肯定也不會和你坐著聊天。」他笑著說。

艾利森從未登上正式位階的最高位，但是他仍然說明了關於行使權力者的一個重要教訓。「我沒有變成更壞的人。」他堅稱。「事情完全不是那樣，我只是變得更擅長做好我的工作。」他或許不是你所預期的那種終生學習者，但他確實是。

學習是獲得權力和保有權力不可或缺的一部分，這創造出一個錯誤的認知。如果你分析資料，發現似乎某人隨著時間而變得更壞——是因為權力正在腐化他。事實上，他的不良意圖可能維持不變，但他的效能卻增加了。他一直是腐敗的，只不過變得擅長做這件事。

在獨裁者和暴君之中，這種現象有個名稱：威權學習。有時，獨裁者會召開最高會議來分享想法。如果這是一個會議，就會有例如「鎮壓抗議：個案研究」研討會或者「如何讓異議分子消失」的專題討論小組。在一九五八年某個尤為奇特的實例中，毛澤東在游泳池接待了蘇聯領導人赫魯雪夫。由於赫魯雪夫不會游泳，所以當他們在處理外交事誼和交換戰略時，他得穿著浮袋。他們的翻譯人員在兩人交談時，沿著泳池邊走來走去。

其他時候，獨裁者乾脆自己創新。就像艾利森利用嘗試錯誤法來精進偷竊技術，獨裁者也藉由相同的方法而變得更擅長偷得選舉。以往，操縱選舉主要是靠笨拙地將選票塞進投票箱。這種手法相當粗糙，灌票的人容易被逮到，可能當場被發現，而且死忠的追隨者有時會把事情給搞砸。一旦事跡敗露，很難去解釋為何只有五百個投票人的選區，會在票箱中數出一千張選票。這是一個適合進行革新的原始領域。

二〇〇〇年代初期，烏克蘭政府發展出一種巧妙的策略。在反對黨投票人密度高的選區，投票日那天看似一切正常，人們如常投下他們的選票。但等到官員來計票時，所有的選票都變成空白。這些不是表示抗議的空白票，而是政府早已在反對黨佔優勢的選區，用內含隱形墨水的筆調包了正常的筆。幾分鐘之後，勾選記號就會消失無蹤。他們的作票手法變得更聰明。

在辛巴威，政府甚至發展出一個費時十八年才能完成的計畫。官員們有計畫地不提供出生證明給在反對黨地區出生的嬰兒，因為他們最有可能反對執政的政府。當這些嬰兒長大成人去登記投票時——卻不能投票，因為他們無法證明自己的身分。「你必須起得非常早，才能打敗我們。」某位辛巴威政府官員告訴伯明罕大學的尼克．契斯曼（Nic Cheeseman）教授。

這些全是腐敗的例子，惡意的政府變得更擅長使壞和變腐敗。他們之所以變得更壞是因為他們的策略進步了，而不是因為權力使原本正直的人墮落。

但每當某人——通常是在雞尾酒會上背誦著看似機智的引文的討厭鬼，在賣弄那句出自阿克頓勳爵的名言時，有個現象往往也會跟著一起出現：誇大狂。「為何如此？」那人可能會問，「為什麼每個獨裁者都瘋了？你可知道金正恩宣稱他還在學走路時就已經學會開車？為什麼獨裁者都會給自己造神，發明出正常人根本不會相信的怪異神話？」然後由於那是個惹人討厭的傢伙，旁人於是用沾沾自喜的微笑回答說：「因為權力使人腐化，絕對的權力絕對使人腐化。」

這是雞尾酒會上浮誇的健談者說錯話的例子，而且絕對不是第一個。獨裁者會表現出瘋狂的行為。他們的神話（在政治科學上稱作個人崇拜）經常古怪荒誕，但那種行為其實是有策略和理性的，是他們學會要如何待在上位所採取的舉動。

在北韓，金氏王朝發明了一整套圍繞著他們的統治的神學，稱作主體思想。熟背其核心神話是保命不可或缺，因為質疑官方正式教條，可能的下場是被判死刑或送到勞改營一去不返。然而金氏家族的相關故事，在客觀上是荒謬的。根據官方說法，金氏家族譜寫出數以千計的歌劇。他們不像凡人一樣需要上廁所。他們甚至發明了漢堡（在當地稱作「夾肉的雙層麵包」，持平地說，這是更加正確的名稱）。

一切都是為了達成獨裁者隨著時間而學會的一個重要目的：這是一項忠誠測試，讓你區分出能信任和不能信任的人。如果人們願意公然使自己窘迫，滔滔不絕地講述關於「親愛的領導人」之類顯然荒謬的謊言，那麼他們更可能值得這個政權的信任。一個如鸚鵡學舌般重述著荒謬謊言的忠實追隨者，是值得收買的忠實追隨者。不過問題在於這些圍繞著領導者的神話，最終是否會變成社會上司空見慣的事，因此人人都在複述這些神話。解決之道？只要繼續發明越來越瘋狂的神話就行了，不停地測試政體和社會中的人，看看誰跟著附和以及誰不附和。這個策略創造出一種棘輪式的效果：如果謊言沒有變得更極端，忠誠測試就會變得無用。獨裁者對於絕對控制的渴望，看似在扭曲他們的心智，但往往只是在磨練他們的策略。權力沒有使他們腐化，他們學會更擅長使壞。

機會上門

現在，讓我們想像某個另類的世界。在這個想像的世界中，人類道德是由精確的統計或然率所決定。每當一個人有機會做不道德或濫權的事情時，他們有整整百分之十的機率會有不良表現。人們每十次在人行道上碰見裝滿現金的錢包，會有一次將錢放進自己的口袋，而十次中有九次會原封不動歸還給失主。

在這樣的世界，誰會是最不道德的人？

這個問題有兩個可能的答案。第一個答案是每個人的道德層次都一樣高，他們表現出不良行為的機率完全相等。謎題解決，案件結案。

但第二個答案，我們似乎通常會回答的方式——最不道德的人是那些最常表現出不道德行為的人，或者對別人造成最多傷害的人。想想看這個觀點有多麼武斷，讓我們想像一下世界上有兩個人，一個住在鄉間泥土路旁的農場，另一個住在大都會最熙攘繁忙的大道旁。住在鄉村小路旁的那人一年遇見一次遺落的錢包。住在繁忙大道旁的那人一年遇見五次遺落的錢包。十年後，這位城市居民已經遇見過五十個遺落的錢包，並且將錢放進自己的口袋五次。而鄉村居民遇見十個錢包並將錢放進自己的口袋一次。這樣會讓那個城市居民變成比較壞嗎？當然，這樣的邏輯沒有道理。他們的善或惡只不過是人口密度使然。如果我們順著這個思路走到極端，那麼最有道德的人有可能是獨自被困在荒島上，殘酷成性的心理病態連續殺人犯。因為那人不可能對別人做出不道德的行為，所以他會被預設為善良之士。這似乎不像是一個進行道德判斷的合理方式，不是嗎？

然而，即便這個邏輯嚴重被扭曲，但我們的世界往往傾向於用這種方式來分配罪責。我們的本意是藉由做壞事的頻率來判定誰是「壞人」。但我們在做這些判斷時，沒有考慮到某人面臨容易表現出不良行為或傷害別人的機會有多麼頻繁。這對於掌握權力的人而言，是尤其切題的洞見，因為位高權重必定會製造出更多且更必然的做惡機會。

以人類不得不扮演上帝時為例，在兩百年前的拿破崙戰爭期間，有一位名叫多米尼克—讓·拉雷（Dominique-Jean Larrey）的法國外科醫師改變了治療戰場損傷的方式。以往的重點一向是拯救能很快回到戰場作戰的士兵。其他能活下來但再也無法作戰的人會被留下來等死。拉雷改變了這種做法，他著重於拯救最迫切需要照料才能活下來的人。到了第一次世界大戰時，病患被分成三類：無論如何都會活下來的人；無論如何都會死的人；如果接受緊急照料，更有機會存活的人。現代的「分類」（triage）由此產生——源自法語 trier，意思是「分類」。在戰火肆虐或災難降臨的年代，醫生變得極有權力。他們是穿白袍的神，因為在分秒必爭的時候，他們必須決定誰值得或不值得給予緊急醫療照料。

紐奧良不是拿破崙的戰場，但在城西三英里的法國區，某所紅磚建築的醫院裡，進行分類曾在一場駭人的悲劇中扮演核心角色。二〇〇五年，該醫院被稱作紀念醫學中心（Memorial Medical Center），在紐奧良的防洪堤崩塌後，這個名字將變得聲名狼藉。在卡崔娜颶風來襲時，洪水灌進醫院，那裡變成一座反烏托邦孤島，樹梢和救護車車頂彷彿從陰鬱的灰藍色海洋中冒出來，垃圾和殘骸從窗外漂過。兩百名病患和六十名醫院員工受困其中。

城裡已經停電，所以醫院靠著一部備用發電機維持運作。食物快吃完了。由於沒有空調，裡面的溫度迅速飆升到華氏一百一十度（攝氏四十三度）。到了八月三十一日星期三清晨，備用發電機停機。燈光熄滅、救命用的呼吸機轉換成使用緊急電池供電。三十分鐘後，機器不再發出嗶嗶聲。電池沒電了，病人也開始死亡。為病患奉獻、極受同事敬重的安娜・波烏（Anna Pou）醫師，試著以手動方式將空氣打進需要靠呼吸機維生的病人肺部。在與時間賽跑的競賽中，醫生們讓一些病人活著撐到海岸防衛隊前來疏散。其他人，包括波烏照顧的那位病人，沒能活下來。

隔天早上，這場危機的嚴重性已經顯而易見。波烏醫師和她的同事決定，應該將剩餘的病患分成三類。如同贏得普立茲獎的記者雪莉・芬克（Sheri Fink）的報導，「那些健康狀態相當良好，能夠坐著或走動的病人被歸為第一類，並且優先接受疏散。」第二類的情況比較不好，可能會活下來，但需要幫助。第三類病情最嚴重，將最後被疏散，因為他們存活下來的機率最低。頗有爭議的是，第三類也包含已經簽署放棄急救同意書的人，彷彿簽下同意書等於允許他們在危機時刻被拋棄。波烏醫師在分類病患的無情任務中扮演了關鍵角色。當醫生們達成結論後，分類號碼被寫在一張紙上，貼在病患的胸口，或直接寫在病患服上成為固定的標記。

與此同時，情況變得越來越嚴峻，沒有人前來解救他們。醫院的補給品已消耗殆盡，因此工作人員開始定量配給。自從颶風來襲，醫生和護士們幾乎都沒睡覺。有些病患狀態危急，無情的高溫濕熱使他們原本就嚴重的病情更加惡化。尤因・庫克（Ewing Cook）醫師環顧四周，看見許多病患大概撐不下去了。他曾考慮給無論如何都可能臨終的病患施行安樂死。後來他解釋為何沒有依衝動行事，他的回答相當簡單：他沒有機會。「我們沒有這麼做，是因為我們有太多目擊者。」他告訴雪莉・芬克，「上帝作證，我說的是真話。」

但庫克仍然認為讓病患安樂死是個好主意。他最終搭船離開醫院（試著去援救也受到颶風影響的家人）。當他離開時，他告訴波烏醫師「如何調配嗎啡和苯二氮平鎮靜劑」，好讓一些病患能「在睡夢中過世」。後來一位護士說到波烏醫師曾告訴她「他們已經決定施打致命劑量」的鎮靜劑到某些第三類病患身上。這份名單包含幾個並非垂死，但過度肥胖、看似無法救援的病患。（波烏的律師對於她曾使用「致命劑量」一詞提出異議。）在沒有電力的情況下，必須從樓梯運送病患去接受救援。有些病患的體重將近四百磅（一百八十公斤），難以想像如何將他們搬運出來。

六十一歲的埃米特・埃弗雷特（Emmett Everett）是重度肥胖的病患之一。他因為先前的損傷而下身麻痺，在等待進行一個相當平常的手術，但除此之外並無大礙。

他足夠健康，在星期四早上還能自行吃早餐，而且根據芬克的報導，他還問了某位工作人員，「所以我們準備好要開幹了嗎？」

根據波烏後來對調查人員所做的陳述，她仍然來到埃弗雷特所在的七樓病房，帶著幾瓶嗎啡和一種名叫 Midazolam，在手術前用來讓病患鎮定的藥物。如果劑量充足再加上嗎啡便可致命。如同芬克的描述，「波烏消失在埃弗雷特的病房中並關上門。」在波烏醫師進到埃弗雷特的病房不久之後，他就過世了。同樓層的其他八名病患也跟著死亡。

當洪水開始消退時，紀念醫院內發現了四十五具屍體。其中有二十三具屍體——超過一半的血液中含有嗎啡、Midazolam 或這兩種藥物，儘管只有一小部分的人先前曾被開過其中任一種處方，以進行疼痛管理。當兩名法醫專家被請來評估埃弗雷特和同樓層病患的死亡原因時，他們意見一致，認為九人當中有八人死於他殺。另一位專家相信這九人全都是他殺。某位法醫調查員簡潔地總結他的看法：「同一樓層的每位病患都因為藥物的毒性而在三個半小時內死亡，此事絕非巧合。」

波烏醫師被控以謀殺罪。然而，大陪審團拒絕起訴她，這些指控最終被撤銷。波烏醫師所面臨的三件民事訴訟和其他訴訟平息下來。（芬克後來在她得獎的書《在紀念醫院的五天》〔*Five Days at Memorial*〕中寫到這個令人不安的傳奇故事。）

沒有其他證據——之前或之後，可以證明安娜．波烏曾試圖傷害病人。但專家們一致認為此事極有可能，她在災難發生的幾天內所做的決定，導致原本可能存活下來的幾個人過早喪命。有人認為這使波烏醫師成為殺人兇手，其他人說她已經在一個可怕的危機中盡了她最大的努力。從後見之明來看，情況一清二楚，但在那深不可測的當下做決定，卻是籠罩著不確定性、驚慌和疲憊。事情看你怎麼認定，但辯論中有一個沒被說出來的事實：「倘若安娜・波烏是醫院樓管、保安或行政人員而非醫師，她不會被指控謀殺病患。由於她位居決定別人命運的職位，給了她造成危害的機會。相同的現象也適用於每個位高權重者，他們面臨著更多能傷害別人的情況。一旦他們做出錯誤的判斷，會有更多人受害。這是否意味著權力使他們變成更壞的人？或者他們只是因為機會的增加和後果的擴大而看似變得更壞？原因通常是後者。

在顯微鏡下

讓我們再度回到先前那個可以預見容易墮落者像時鐘一樣規律，整整有百分之十的機會表現出不良行為的神秘世界。但現在讓我們想像這些人傾向於侵吞雇主的錢，而不是撿起遺落的錢包。有一位女士替比方說賓州小鎮的某家中型紙類公司工作。另一位女士在倫敦以外某個通勤者居住的城鎮，替某家中型紙類公司工作。兩人都有相同的機會侵吞公款。但其間有個差別：在這個虛構的世界，在英國的防侵吞公款監督小組有十名職員，而在美國的防侵吞公款監督小組因為預算被刪減，只有一名職員。如果我們去檢閱侵吞公款的資料，會發生什麼事？情況似乎是那位英國的侵吞公款者比美國的侵吞公款者更壞，因為她更常被逮到，即便她們的行為並無二致。畢竟，艾利克．艾利森漫長的小偷生涯在書面上看起來比實際上好多了，因為只有一部分罪行會顯示在他的前科檔案中。說到評估行為不良的人，他們所面臨的檢視程度是正確評估某人行為一個不可或缺的變數。

這對於大權在握的人尤其重要，因為他們有許多人都是在顯微鏡下不停地被檢視。有時，富有和掌握權力者可以利用他們可觀的資源來轉移這種檢視，或者將濫權或罪行掩飾成合法的活動。但許多時候，掌權者看似更壞的行為可以用我們較少考慮到的原因加以解釋：他們只是比我們其他人更常被檢視。

以伯納．馬多夫（Bernie Madoff）為例，在二〇〇八年下半年，當全球經濟崩潰時，史上最大規模的龐氏騙局被揭露。馬多夫精心設計了一場大規模的騙局，涉及大約六百四十億美元的金額。無數個家庭傾家蕩產，終生積蓄付之流水。但等到塵埃落定時，馬多夫最終鋃鐺入獄，留給受害者一個感到惱怒的問題：他如何能逍遙法外這麼久？

馬多夫至少從一九九〇年代便犯下詐欺罪，有一些調查員懷疑他從一九七〇年代就開始以捏造的收益為基礎進行操作。但馬多夫具備兩大優勢，得以讓他的罪行在數十年來不被發現。第一，沒有人仔細查驗，因為沒有人抱怨，只要他們的錢繼續成長變多。第二，即使吹哨者試著搞垮他的操作——他們好幾次這麼做，但是調查人員並未仔細進行調查，因為馬多夫和許多能摧毀他的人建立了緊密的情誼。此外還有另一層保護，馬多夫當時任職於證券業協會（Securities Industry Association）的委員會。

有些批評者聲稱馬多夫可能受到較少的監督，因為他與證券交易委員會（Securities and Exchange Commission）有私交，該委員會是美國主要的金融管理機構。馬多夫曾在某場商業盛事中吹噓他與證券交易委員會律師的好交情，他說，「我的姪女甚至嫁給其中一位律師。」（證券交易委員會的內部調查後來發現，該單位並未涉及與潛在利益衝突有關的違法行為。）但證券交易委員會到底出了紕漏。他們曾在二〇〇六年的某封電子郵件中透露馬多夫可能在操作「有史以來最大的龐氏騙局」。這件事情發生在委員會官員哈利．馬克波洛斯（Harry Markopolos）於二〇〇一至二〇〇五年間向該委員會提出馬多夫的詐騙證據達三次之後。馬克波洛斯查看了馬多夫其中一筆捏造收益的資金，五分鐘後他便明白了。四個小時後，他以數學方法證明這些收益是捏造的。他一再提出指控——即便有鐵一般的證據支持，頂多只換來粗略的調查。

馬多夫能夠長達數十年時間避免被偵查，是一個證明普遍性的例外。倘若不是因為馬多夫善於操縱那些理應進行嚴格監督的權威人士，他很快就會露出馬腳，因為他處理著金額相當龐大的一筆錢。同時間，無數個小規模的詐騙案很可能未被發現，原因是犯案者毋需費心去疏通關係來避免偵查。他們所控制的金額不足以讓人有理由多加注意。

一九八七年，美國國會決定對課稅方式進行看似不重要的微小改變，這個「冰山一角」的問題出現了一個完美的解釋。以往為了獲得所得稅寬減額，家戶只需在表格上列出他們的受撫養家屬。曾有雇主納悶，人們是否會虛報受撫養家屬，甚至列出家裡的寵物來獲得所得稅寬減額。因此，經過改良的新表格在每位受撫養家屬欄旁邊添加了一行，要求也寫出每位受撫養家屬的社會安全號碼。

結果有七百萬人憑空消失。一九八六年時，美國有七千七百萬個被用來要求減稅的受撫養家屬，但在一九八七年只有七千萬個。這個突然的變化暗示，在美國為了所得稅寬減額而提報的受撫養家屬，十個當中有一個並不存在。美國國稅局甚至發現有一萬一千個特別厚顏無恥的家庭，從一個納稅年度到下一個納稅年度，至少有七個受撫養家屬消失無蹤。隔年，政府收到額外的二十八億美元稅收。這筆錢原本會在無人注意的情況下，分配給年復一年犯下稅務詐欺罪的人。顯然，有一座惡劣行為的巨大冰山藏在水面下。當掌握權力的人因為有人費心找尋而被暴露出來時，我們往往只看見冰山的尖端。如果此事屬實，那麼我們或許都比表面上來得更壞，但掌權者更常被逮到，因為他們更常被詳細檢視。

這個情況開始更清楚被了解。容易墮落的人受到權力的吸引。他們往往更擅長獲得權力。身為人類，我們會因為與石器時代大腦有關的不理性原因，而被不對的領導者吸引。壞的制度讓一切變得更壞。

然而，我們的權力直覺可能是有缺陷和錯誤的。四種現象——骯髒的手、學習、機會和仔細檢視，造成權力似乎使人變得比實際上更壞。我們有時會搞混權力的影響力與握有權力的本質。然而這四個緩解的因素只是故事的一部分，它們不盡然能解釋權力的腐蝕性效果。那是因為，我們將會發現，阿克頓勳爵說得沒錯。

權力確實使人腐化。

Chapter
8

權力使人腐化

羅傑尼希牧場

在瑞士中北部、萊茵河以南六英里處，有一個美如風景明信片的村莊。翠綠的山麓丘陵和農舍，看起來彷彿撕取自光鮮亮麗的旅遊雜誌，啪一下貼在山坡上，你幾乎能聞到起司火鍋的味道。但如果你在開車時眨了下眼睛，就會錯過這個村莊。在通往村莊斜坡的半路上，有一所中型的安養機構，裡面住著二十幾名失能人士和負責照顧他們的女性看護，其中一位七旬老人出生於印度、身材嬌小孱弱，她碰巧是美國史上最可怕的生物恐怖主義分子。

「你想要喝點水嗎？」當我拿出筆記本時，一位護士問道。

我遲疑了一下，「不用了，謝謝。我已經喝過。」當有人要拿水給你時，這不是一個正常反應，但我那時驚慌失措，想不出更自然的拒絕方式。無論如何，我不打算把任何東西吞下肚。

一九四九年後期，在印度獨立不久之後，席拉．安巴拉爾．帕特爾（Sheela Ambalal Patel）跟著誕生。她成長於一個慈愛的家庭，有足夠的資源確保她擁有大多數印度人得不到的機會。一九六七年，十八歲的席拉前往美國就讀紐澤西州的蒙特克萊爾州立大學（Montclair State University）。「我想要研習美術並成為藝術家。」她告訴我，「現在我學會當一個懂得如何生活的藝術家！」

席拉的蒙特克萊爾之行，讓她展開完全美國式的人生。她嫁給一個來自伊利諾州的男人。但在一九七二年時，如同美國六〇年代文化覺醒下的許多男女，席拉和丈夫也開始追求超脫郊區常規生活的事物，他們想要獲得靈性的覺醒。兩人於是一起前往印度尋訪上師。他們加入了一個會所，裡面的靈修者專心致志師從薄伽梵．師利．羅傑尼希（Bhagwan Shree Rajneesh）——他是一個眼睛暴凸，留著巫師般灰色大鬍子的清瘦男子，承諾讓信徒開悟。他是信徒口中的薄伽梵[16]或者奧修，而他的追隨者被稱作棄絕者（sannyasin）或羅傑尼希信徒（Rajneeshee）。薄伽梵的新世紀宗教運動向來定義得有點不清楚，但它的核心信條似乎是結合自由的愛與性解放，加上在看似無階級之分的社區中享受過度發展的資本主義。羅傑尼希從事實驗性質的「治療」，包括長時間的群體性交療程（這些治療後來據稱也涉及暴力和性虐待）。

皈依薄伽梵的教誨後，席拉採用了棄絕者的名字瑪．阿南德．席拉（Ma Anand

Sheela）。一九八〇年，席拉的丈夫死於霍奇金氏症，她成為年輕的寡婦。但她的真愛是薄伽梵，這位大師也喜歡她，兩人越走越近。「當時我只是個單純的年輕人。」席拉露出留戀的微笑。「我不知道自己在做什麼。」話雖如此，到了一九八一年，席拉已經成為薄伽梵的得力助手，她經手與薄伽梵有關的一切事務。

席拉很快便被賦予一項任務，要找個地方去建立新世紀的烏托邦，在那裡整個世界都以薄伽梵為中心。在搭飛機看遍美國各處的土地後，她發現奧勒岡州中部的大泥濘牧場（Big Muddy Ranch）。這座牧場相當大，佔地六萬四千英畝，是一片約莫一百平方英里的乾燥丘陵地，上面點綴著蒿屬植物。席拉買下這塊地，將它更名為羅傑尼希牧場（Rancho Rajneesh）。

距離羅傑尼希牧場最近的城鎮在西北十七英里外，那裡有一塊綠色的迎賓標示牌，上面寫著「進入安蒂洛普。人口：四十人。請小心駕駛」。當地人立即對他們的新鄰居起疑。對於頭戴牛仔帽、在安蒂洛普大街的簡樸小餐館用餐的牧場工人來說，這些棄絕者有如外星人一般。新來者全都穿著紅色的衣服，戴著稱作 malas 的珠鍊，項鍊下有一個小盒，裡面裝著他們的凸眼上師的照片。他們顯然要定居下來。

16 譯註：意指「尊者」。

到了一九八二年，緊張關係升高。安蒂洛普的老居民想阻止他們眼中的外國性導師，帶著數以千計的年輕信徒入侵他們的城鎮。這些信徒當中有相當多人是美國人，他們將新世紀加州靈性覺醒運動，換成在西北太平洋偏遠之地的一場大型實驗。許多美國人將他們從好萊塢賺來的錢，放進薄伽梵的金庫中。但他們還帶來更寶貴的東西：他們的投票權。當鎮民設法阻止羅傑尼希教徒建立社區的計畫時，席拉想到身為美國人的羅傑尼希信徒人數多過安蒂洛普居民。他們絕對能夠控制這個城鎮。

一九八二年十一月，棄絕者贏得地方選擇並控制了安蒂洛普市議會。他們將鎮名改成羅傑尼希社區（Rajneeshpuram），並且對當地人課以三倍的稅。鎮外的標示牌也被更換，現在寫著「羅傑尼希市：歡迎你」。小餐館更換招牌成為羅傑尼希左巴佛陀餐廳（Rajneesh Zorba the Buddha Restaurant）。那些在中途短暫停留，想來這裡喝上一壺黑咖啡的卡車司機們，不知道藥草茶和紫花苜蓿芽三明治的成分，也不認識肖像畫裡那個留著長鬍子的印度男人是誰。

大約在這時候，席拉開始嘗到權力的滋味。身為薄伽梵大權在握的夥伴，她突然擁有任其使用的大量資源。她於是建了一座機場。「我想到一個瘋狂的點子。」席拉告訴我，「我們為何不買架飛機？我們可以擁有一架非常便宜的 DC-3。然後我試探了一下薄伽梵的想法，而他說，『好吧，就這麼辦。』」這架 DC-3 變成羅傑尼希機隊的旗艦機，機隊裡還有一架行政噴射機、幾架直升機以及一些小型螺旋槳飛機。在免費勞工的協助下（為了建立薄伽梵的烏托邦，羅傑尼希教徒全年無休地工作），席拉也負責督造一座購物商場、一家醫療公司，以及由四百英尺長的水壩圍成的一座三億五千萬加侖容量水庫、一間郵局，還有服務羅傑尼希教徒的公車系統，以及一座供應他們九成食物來源的農場。不久之後，數以千計的「紅衣人」進駐農場。他們幾乎都馬上學會一個重要教訓：如果惹毛了席拉，你得自己承擔風險。

正當席拉逐漸打造出一個實體帝國時，她也建立了一個媒體帝國。隨著媒體對這個新社區越來越感興趣，巨星席拉誕生了。她飛到世界各地，成為吸引爭議的避雷針。在預示著後果即將發生的某次訪談中，席拉被問到在奧勒岡州那些阻擋她實現薄伽梵烏托邦夢想的人。「他們還沒學到教訓。」她會意地露齒一笑，說道，「還沒有。」

席拉沐浴在她的教派崇拜者所帶來的明星光環下，同時也在羅傑尼希社區緊密的大門後鞏固她的權力。薄伽梵已經發下沉默之誓，這使席拉掌控著一種獨特的權力：她就是他們的神的聲音。她把這個權力當成棍棒一樣利用。《奧勒岡人報》（*Oregonian*）的記者溫．默克科馬克（Win McCormack）在一九八〇年代中期的調查報告中寫道：「席拉無疑已變成羅傑尼希的行政助理中最專制、不道德和無情的人。」

席拉也培養出一支重武裝的「維和部隊」。他們使用半自動攻擊性武器進行打靶練習。他們從直升機上搜尋長滿杜松樹的丘陵地，隨時準備開火。訪客必須通過四座監視哨所和檢查站。奧勒岡州的一些新聞報刊開始擔心可能發生瓊斯鎮（Jonestown）式的事件——大規模暴力行為或集體自殺。

當地人深知這種不祥的可能性，決定設法奪回他們的社區控制權。就城鎮的層級而言，他們的人數和謀略都落於下風，但在郡的層級上，大多數人站在他們這一邊。他們只需要讓郡政府認定薄伽梵、席拉和羅傑尼希教徒，必須為違反建築和土地利用規章而負起責任。但席拉已經陶醉於竊據上師的權力，她不會讓郡裡的官員將她推翻。「驢子只懂得踢腳。」她告訴《紐約客》（*New Yorker*）雜誌的法蘭西斯・費茲傑羅（Frances FitzGerald）。

一九八四年八月二十九日，三名郡政府官員前來檢查農場。其中兩個已知是羅傑尼希信徒的敵對者，另一個是贊同者。在他們結束視察時，羅傑尼希醫療中心的代表遞給他們一杯水。那天是個大熱天，所以三個人都開心地喝光杯子裡的水。隔天早上，與羅傑尼希教徒為敵的兩人，醒來時因「腹痛難耐」而送醫，原來他們喝下的水中攙有強力細菌。他們生了重病，但保住一命，而持同情立場的那位郡官員安然無事。大約與此同時，席拉告訴她的下屬，「如果你有機會拯救一千個未開悟的人或者一個開悟的上師，你一定要選擇拯救開悟的上師。」她很快就讓人知道她是認真的。

為了避免郡級的取締，席拉決定利用減少出席人數來操縱選舉。在九月下旬和十月上旬，受席拉信任的兩名中尉軍官開車到當地的各家餐廳，在沙拉吧台上噴灑小劑量的鼠傷寒沙門氏桿菌。這是為十一月選舉所作的一個試營運。在那個「實驗」中，羅傑尼希教徒只對不到一千個人下毒。許多人因此住院接受治療，包括一名差點喪命的嬰兒。中毒事件起初被歸因於食物處理不當，但後來調查員突擊檢查羅傑尼希牧場，真相於是大白。「我們在他們的醫療中心找到沙門氏桿菌，我們也採集了沙門氏桿菌中毒者的樣本。」前檢察官貝利・紹爾德（Barry Sheldahl）告訴我。「我們將樣本送到亞特蘭大的疾病管制中心，他們在進行比對後表示，它們是相同的鼠傷寒沙門氏桿菌菌株。完全一模一樣。」執法部門也在羅傑尼希醫療中心發現沙門氏桿菌訂單。證人說席拉是下毒事件背後的策劃者。（證人也證實席拉他們曾認真地談到，要將煮爛的海狸混進郡的供水系統中，因為海狸的內臟是出了名的含有有害細菌。）

但調查人員還揭露出更可怕的陰謀：尚未付諸行動的替代方案。根據證人的陳述，席拉曾考慮使用更致命的傷寒沙門氏菌。有證據顯示羅傑尼希教徒正在試探將愛滋病毒變成武器的可能性，愛滋病毒在當時是一種新的神秘病毒。另一個被揭露的陰謀是暗殺一名美國律師。據稱席拉也曾在一張餐巾上列出十三個需要「被結果」的人，並挑選了一群棄絕者成立「暗殺小組」。傳聞她還打算殺死薄伽梵的私人醫師，只因為他親近上師，而顯然被視為潛在的威脅。調查人員唯恐有任何人誤解這個意圖，也沒收了醫療中心裡的一些讀物，包括以下的書：《如何殺人》（*How to Kill*）、《致命物質》（*Deadly Substances*）、《下毒手冊》（*Handbook for Poisoning*）和《完美的犯罪手法》（*The Perfect Crime and How to Commit It*）。當年那位希望成為藝術家和「不知道她在做什麼」的敏感年輕學生，已經設法完成了不少事情。

一九八五年，所有陰謀全都敗露。席拉逃離牧場，但隨後被捕。她被判處長期監禁，但在被驅逐出境之前只坐了四年的牢。薄伽梵突然譴責席拉，他逃離美國並於一九九〇年去世。羅傑尼希牧場如今是華盛頓基督教青年會家族牧場（Washington Family Ranch Young Life Christian）的夏令營營地。在該機構的網站上沒有關於牧場由來的任何一絲訊息。

席拉目前待在風景如畫的瑞士村莊，她一如以往一樣活躍，只不過烏黑的頭髮已經變灰白，還有她在一九八〇年代配戴的天后太陽眼鏡，現在換成閱讀用眼鏡。她是一個熱情和善的人，完全不像我從法院判決書上認識的怪物。在她寬敞的安養院房間裡掛了兩副肖像畫：一幅是她的父母親，一幅是薄伽梵。我坐在她的對面，這時幾個思覺失調症患者從她打開的房門前走過，我看得出來，談起她的過往令她感到興奮，曾經在羅傑尼希牧場叱吒風雲的生活，如今只是一段遙遠的記憶。

我問她是否認為權力使她腐化，她毫不猶豫地回答：「我的權力是愛薄伽梵和他的信徒的權力。權力不是因我而腐化。世人儘可說他們想說的話，但我告訴你的是我的感覺。」我不確定該如何理解這個回答。但我確信席拉的經歷是極端的經歷。大多數嘗到權力滋味的人，最終不會設法將愛滋病毒變成武器、暗殺檢察官或者考慮用攪碎的海狸在水裡下毒。她從充滿抱負、天真的藝術學校學生，變成不顧一切消滅她的上師敵人的生物恐怖主義分子，這個過程似乎完全符合阿克頓勳爵的格言。畢竟，席拉現在已經失去權力，而且並無證據證明她傷害了任何人，因此瑞士政府給予她照護脆弱人士的執照。席拉是否算是因為權力而從好人變壞的例子？

如同社會科學家喜歡指出的，複數的軼事不等於資料。因此，我們必須訴諸資料。那麼權力實際上對你做了什麼事？

馬力使人腐化

達契爾・克特納（Dacher Keltner）不是新世紀教派的上師，但說到研究權力的認知效應，他是學問精深的大師。克特納有一頭能融入專業衝浪活動的金色長髮，還有開朗友善的笑容，與他所研究的許多人正好形成對比。克特納在他家接待我，他問的第一件事是「你吃過點心了嗎？」。

在他的加州大學柏克萊分校實驗室——稱作大眾利益科學中心（Greater Good Science Center），克特納產生出數量驚人的研究，關於情緒、感覺、權力、敬畏，以及在背後對我們起作用的科學。他的研究被其他研究人員引用了五萬八千八百五十一次，形成皮克斯電影《腦筋急轉彎》（*Inside Out*）背後的情緒科學的大部分基礎。他定期對矽谷那些雄心勃勃的領導者提出建言。在全美頂尖心理學系中研究權力的許多重量級人物，都曾是克特納的博士班學生。

早在克特納之前的好幾千年，人類就已經著迷於權力。但權力研究在第二次世界大戰之後才變得比較有系統，這時研究人員開始設法理解剛被釋放到世界上的邪惡。一九六〇年代出現了米爾格倫實驗（Milgram experiment），當中許多參與實驗的普通人表現出他們樂意接受權威人物的命令，對別人施以致命程度的電擊。米爾格倫實驗恰恰符合漢娜・鄂蘭（Hannah Arendt）的「平庸的邪惡」概念，這個概念用來解釋普通人何以能積極參與大屠殺的暴行。在一九七〇年代，津巴多的史丹佛監獄實驗掀起風波，我們先前已經討論過。

但幾十年來，關於權力如何影響我們的科學文獻數量卻相當有限。部分原因在於早該實施的、規範研究人員能對研究對象做什麼事的倫理界限。（米爾格倫和津巴多實驗如今都不會被允許。）二〇〇三年，克特納連同黛博拉・格林菲爾德（Deborah Gruenfeld）和卡麥蓉・安德森，合力發展出一種新理論，從而產生出許多研究。這種理論稱作權力的接近和抑制理論（Approach and Inhibition Theory）——跟克特納和他的共同作者說聲抱歉，這實在不是一個朗朗上口又好記的名稱。但該理論背後的概念卻易於理解。從本質上來說，權力導致「接近」行為：人們變得更可能採取行動、去追求目標、冒險、尋求報酬和自我推銷。有權力的人像賭徒一樣對待生活：如果你不賭一把，就不可能贏。權力讓更多人去賭一把，並且讓他們更有自信會贏。對照之下，沒有權力的人受到抑制，他們被動地反應，而非積極地採取主動。他們小心翼翼，設法保住他們已經擁有的東西，而不是去冒險。他們對於來自別人的威脅和危險更敏感。如果有權力者是生活的賭徒，那麼無權力者更可能會緊捉著他們擁有的一丁點東西不放。

克特納的看法來自實驗和根據觀察所得的資料，並在現實世界檢驗他的假說。有時他的理論是藉由觀察他自己而產生。（「當我感覺更有權力時，我會發更多誓，」他告訴我，「我忍不住這麼做。」果真如此，他還發現獲得權力也傾向於讓人發更多誓。）有時，他的理論來自於親身經歷。

某天，當克特納騎著單車去上班時，他差點被一輛黑到發亮的賓士汽車給撞上，那種車子的存在本身就是一種地位象徵。這讓他想到：為什麼這些差點造成意外的事，似乎總是發生於昂貴的汽車，而非破舊的老車，尤其考慮到開著名貴汽車的人在撞車事故中會蒙受更多損失？諸如此類的經驗會讓大多數人氣惱，但對克特納來說卻是某種假說。他一旦有了假說，就會進行測試。

克特納想出一個實驗。在一條交通繁忙的柏克萊馬路上，他讓一名研究人員躲在樹叢裡，記下駛來的汽車品牌和型號。同時間，另一名研究人員會等到車子靠近，然後走進行人穿越道。他掐準了車子差不多開得過去，但需要有點粗暴駕駛的時機。結果發生什麼事？

「開著蹩腳車的駕駛——Yugo 和 Plymouth Satellite 等三流品牌，駛過行人穿越區的比例是零。」他在二〇一六年向全國公共廣播電台（National Public Radio）解釋，然而「百分之四十六點二開著昂貴汽車的人——你知道的，賓士之類的名牌車，會直接駛過行人穿越區」。當克特納公開他的研究時，有一位開著昂貴的豐田 Prius 油電混合車的車主尤其覺得被冒犯，他寫信給克特納，耐心解釋重點不在於車子昂貴與否，而是昂貴的車子的種類。這是一個與之對抗的假說：富有的 Prius 駕駛比富有的賓士和 BMW 駕駛更體貼。克特納因此進行檢驗。「Prius 駕駛實際上是最糟糕的駕駛。」他笑著說。

克特納的權力研究突顯一個明顯的效應：有權力的人傾向於失去他們的抑制。「陶醉於權力」是貼切的描述。人們握有權力的感覺越強烈，越不在意別人對他們的看法。當他們變得越不能有效地理解別人時，因為覺得沒有必要同理別人，會開始認為彷彿規則不適用於他們身上。如同克特納的解釋，「享有更大權力的人比較容易衝動進食和發生外遇性行為、違反道路規定、說謊欺騙、順手牽羊、奪走孩童的糖果，以及用粗魯、褻瀆和失禮的方式進行溝通。」阿克頓勳爵是對的。

克特納在二〇一六年寫了《權力的悖論》（*The Power Paradox*），書中的理論直截了當。他認為當個好人——和藹可親、利他、有能力和仁慈的人，能幫助你獲得權力。這些特質使別人敬佩你。他們會信任你，在老闆面前說你的好話。這些事全都能幫助你步步高升。但（這就是那個悖論）幫助你迅速爬升到最高位的相同特質，接下來就被權力的腐化效果給侵蝕，一旦你到達最高位時，讓你更容易濫用你的權威。

克特納的研究對象主要是美國的體制和美國人，無論是在宿舍、大學城的街道上或會議室裡。相較於我所研究的在白俄羅斯操縱選舉的獨裁者，以及在西非招募童兵的叛亂分子，那是相當不同的權力行使環境。因此，當我與克特納對話時，我有一個大問題。「權力的悖論」的光明面——表現「良好」能幫助你晉升，是否最適用於，比方說在富裕的工業化民主國家中，高度受到規範的財星五百大企業，那裡有提供嚴格監督的人力資源部門和董事會？如果你想要在一家由小暴君所領導的小公司裡晉升，或者你想要成為毒梟、教派領導者，或者俄羅斯能源巨人俄羅斯天然氣公司（Gazprom）的經理，情況是否也一樣？畢竟，權力悖論的光明面在瑪・

阿南德．席拉的世界裡似乎不是真的。

大多數像克特納這樣擁有廣泛影響力的學者，會對任何種類的尖銳問題採取防禦的姿態。但克特納是真正的科學家，他更在意的是正確地解讀這個世界，而非保護自己的自尊。他立刻露出溫暖的微笑，承認了這個論點：「的確，那可能是真的，而且是一個重大的局限。我們的問題之一是我們的研究結果因樣本而存在著偏見。」

現代心理學研究苦惱於兩個長期的問題：複製危機和WEIRD問題。關於複製危機，我們已經在可疑的「權力姿勢」相關議題中討論過，指的是當另一個獨立的科學家團隊在進行相同的研究時，無法重現同樣的結果。如果你將醋加進小蘇加中，它會嘶嘶作響——無論由誰做這件事、在什麼地方做或者使用什麼牌子的小蘇打。同樣的，如果你在不同的環境下，用不同的參與者進行相同的心理學研究兩次，並得到相同的結果，你有很好的理由相信這是「真正的」研究結果，而不只是統計雜訊所促成的僥倖。「如果那是在某個地方的單一發現，你應該要提出警告。」克特納告訴我。

接下來是WEIRD問題，這個首字母縮略字代表「西方受過教育的、工業化富裕民主國家」（Western, Educated, Industrialized Rich Democracies）。當你開始閱讀心理學作品時，在方法論部分最常見的句子之一如下：「參與者是就讀美國東岸某私立學院的三十一名大學生（十七名女性，十四名男性；平均年齡＝十九點七歲），為了課程學分而參與研究。」翻譯成白話文：我叫我的菁英學生來參與這項實驗，如果他們想要在我的課過關的話。這種做法被稱為便利抽樣，當中研究計畫的對象之所以入選，並非因為他們在一般人口中具有代表性，而是因為他們是可取得的、便宜的或易於取得的樣本。如果你的研究僅僅為了找出對於不成比例的富裕、高教育程度的美國大學生起作用的因素，這麼做並無問題。但心理學是要設法找出對全體人類起作用的因素，在這個目的之下，WEIRD大學生樣本是一個嚴重有問題的偏見。

二〇一〇年，發表於《腦科學》（*Brain Sciences*）期刊的某研究發現，美國每三個心理學研究中，有兩個完全使用大學生作為研究對象。在其他國家，這個數字是每五個之中有四個。這些學生絕對大多數是西方人。有鑑於我們在第六章學到的稻米理論，以及在集體主義社會中，人們的思考方式不同於個人主義文化下的人，因此這並非無關緊要的事。這項研究直率地說到，「一個隨機被選中的美國大學生成為研究參與者的機率，是西方世界以外隨機中選者的四千倍。」如果這聽起來事關重大，是因為它確實如此。

如克特納所言，這個重要的問題需要被解決，因為學術文獻中許多權力研究，所利用的洞見可能適用於WEIRD兄弟會男孩，但不適用於年長的中國經理。嘗試利用一個十九歲的心理學系大學生，來推斷關於嗜血的獨裁者或肆無忌憚的執行長的種種，是跨幅相當大的跳躍。克特納通常會避免便利採樣，並定期檢視他的研究（他的汽車研究曾在其他背景下進行複製），但其他研究人員沒有這麼勤奮。在我們繼續討論之前，這是一個重要的提醒，因為以下的某些研究受到WEIRD現象的影響。話雖如此，這些研究仍值得我們探討，部分因為它們的結果相對健全，部分因為即便它們帶有偏見，卻具有啟發性，能幫助了解權力如何改變我們。

研究人員研究權力如何改變我們的行為，主要有四種方式。第一是利用「結構上的操縱」，這是關於實驗的學術用語，當中人們做出直接影響別人的決定。這往往是比較可靠的方式，因為凌駕於別人之上的權力感是真實的，不是想像出來的。第二種是誘發法，當中某個實驗對象隨機分派給兩組中的其中一組。第一組，舉例來說，被要求寫一篇短文，描述他們感覺到特別有權力的某個時期。第二組（控制組）被要求寫一篇短文，描述例如他們在上星期二做了什麼事。其概念是讓其中一組活化他們感覺擁有權力的相關腦區，然後與沒有處於這種心態下的人做比較。

剩下的兩種方法在我看來最不可靠。在第三種方法中，人們受到與權力有關的潛意識線索的誘發。（舉例來說，要他們完成一個字謎遊戲，裡面經常出現涉及權力或控制的語詞，例如權威或老闆。）而第四種方法要人們採取某種身體姿勢，例如權力姿勢。（我不曾引用藉由最後這兩種方法進行研究所獲得的任何發現。）在說完這些提醒後，關於權力的效應，科學到底給我們什麼建議？

大多數的研究發現，權力使我們變得更壞。某個常見的實驗設計利用了「獨裁者遊戲」。有一大筆錢準備分發給實驗參與者。當中的某個參與者被隨機指派為獨裁者，並被賦予決定誰可以得到多少錢的權力——全都使用真錢。這個實驗的概念是讓情況變得多樣化，並看看人們會表現出自私或無私的行為。

在二〇一五年的研究中，研究人員以三種不同的安排方式玩起獨裁者遊戲。在第一種「低度權力」情況安排下，獨裁者只能控制另一個人。他可以將這筆錢分成六十／四十、五十／五十或九十／十拆帳。「中度權力」情況讓獨裁者控制三個人，提供相同的拆帳選項。「高度權力」情況讓獨裁者控制三個人，但加上一個更不公平的九十六／四拆帳選項。研究人員沮喪地發現隨著權力提升，自私的行為跟著變本加厲。在「低度權力」情況下，獨裁者壓榨別人的機率是百分之三十九。在「中度權力」情況下，機率增加到百分之六十一。在「高度權力」情況下，獨裁者可能真正苛刻對待其他三個人，他們有百分之七十八的機率拿了錢就走人。

接下來，研究人員對不同的一群人進行相同的實驗，只做了些許改變。在進行獨裁者遊戲之前，他們問實驗參與者，被賦予分配資源的任務的領導者應該如何表現。如你所預期，大多數人說領導者應該寬大為懷，與別人公平分享資源。然而，當他們很快發現當自己處於領導者的地位，面臨相同的選擇時，在低度權力組中，只有一半的人確實表現出他們所說的領導者該有的行為。在中度權力組中，只有五分之一的人遵守他們所說的原則，公平地與別人分享資源。權力不只使人腐化，還會讓你更加偽善。

研究人員還叫參與者在吸管中滴入口水，作為一個額外的（和尤其鄭重的）小轉折。這讓研究人員得以測量實驗參與者的睪固酮濃度。在分析資料時，研究人員發現一件顯而易見的事：那些被分配在高度權力組而且睪固酮濃度高的人，極可能將錢當作是他們自己的。（其他研究顯示出權力、睪固酮和自戀型虐待之間的交互效應。在某個實驗中，研究人員給小長尾猴注射睪固酮，發現在注射之後，佔優勢的雄猴會對下級變得更具攻擊性。）

另一項有充分證據且可複製的發現是，權力讓人更敢冒險。在某個研究中，自願者在一項任務中隨機被指派擔任老大或部下的角色。之後他們開始玩二十一點。那些在先前任務中扮演老大的人更可能會喊再加一張牌，即使這麼做很冒險。處於掌權地位的人在定義上是人生的贏家，他們在以往放膽一搏並贏得賭注。此外，由於他們掌握相當的權力，禁得起失去更多而仍然待在高位。沒有權力、地位岌岌可危的人會避免冒險，因為他們承受不起失敗的代價。（最終，一旦人們極度窮困潦倒，覺得自己沒有什麼可以損失時，他們可能更傾向於敢做出冒險行為。）

奇怪的是，感覺握有權力不只讓你想要冒險，也賦予你一種錯覺，讓你覺得可以控制風險，即便你顯然辦不到。這個概念被科學家稱作控制錯覺。在某項研究中，參與者被隨機分成三組。其中一組寫下一篇短文，描述他們感覺掌握權力的時期。另一組寫到中性的事物。第三組寫到他們受制於別人的時期。然後他們被告知，如果他們正確預測出投骰子的結果——這是一件完全隨機的事，便會獲得報酬。接下來他們可以選擇自己投骰子或讓研究人員替他們投骰子。即便這並不影響結果，但權力組中的每一個人全都選擇由自己來投骰子，相較之下，無權力組中選擇自行投骰子的人大約只有一半。（這個研究有點薄弱，因為它建立在三十八個大學生參與者的基礎上，不過控制錯覺的概念也在別的研究中被大量證實。）我們不難想像在現實世界中，控制錯覺可能多麼具有破壞性，當有權力的人相信他們有能力管理風險——還有自己投骰子，以這個錯誤的信念賭上其他人的性命。

其他的發現同樣讓人感覺希望暗淡。在二〇〇八年的實驗中，研究人員利用一種標準測量法來測定某人感覺自己擁有權力的程度。然後他們讓實驗參與者一對一，向彼此說出在生活中曾對他們造成痛苦的事件或時刻。有些故事令人震驚。研究人員測量了聆聽這些創傷經驗的人的反應。結果發現感覺自己掌握較大權力的人，比較不受他們所聽到的事情影響。他們比較缺乏同理心，克特納也在他的研究中發現這種結果。

掌握權力的人比較不關心位階在他們之下的人，這樣的概念並非特別新鮮的事。德國哲學家黑格爾曾在一八〇七年加以探討，那時他寫到有關主人與奴隸之間的一種抽象關係。如同黑格爾的解釋，主人不需要知道太多有關奴隸的事。奴隸的個性是否外向開朗，或者是否有最喜歡的顏色，對主人來說並不重要。但對奴隸而言，了解主人是避免挨打和保住性命的重要關鍵。因此，不對稱的權力關係造成下屬更能理解那些控制他們的人，反之則不然。在現代世界，這種動態說明了為何你可能知道老闆的生日，即便老闆並不知道你的生日。

除了這些發現之外，一大堆研究顯示，獲得權力往往使人表現出更壞的行為。有權力者更常打斷別人說話、更常有刻板印象、在做決定時較少運用道德推理，並且更常論斷別人的行為，而這些行為是他們自己也會展現的。科學證據偶爾會顯得模糊，難以準確說明為何控制別人以如此負面的方式影響我們，但幾乎沒有研究顯示權力使人變得更善良。

這些研究仍存在一個重大的問題：它們大多是在受控制的條件下進行。即使樣本不過於WEIRD，但就算你找到具有人口代表性的族群，而不是大學生，你仍然有個問題，那便是參與實驗的人知道他們不是真的掌握權力。玩獨裁者遊戲的每個人都知道那只是個遊戲。你無法在實驗室裡賦予某人真正和持久的權力，無論你多麼努力嘗試。還有基於倫理規範，你不可能（幸好如此）為了一個實驗而操縱真實生活，使某些人擁有權力，並使其他人沒有權力。

因此我們只有兩種有瑕疵的方法，用以測試權力是否使人腐化。第一種是在現實世界中觀察權力的運作方式（例如觀察瑪・阿南德・席拉），這個方法常因為自我選擇效應而帶有偏見。席拉想要權力，她也獲得權力，後來權力似乎使她腐化。但我們不可能知道造成席拉的破壞行為的潛在成因，是否是她的人格缺陷或者她身處的教派體制，又或者是權力本身。當我們在測量現實世界時，例如像克特納的汽車—行人穿越道實驗，也存在著相同的問題。人們之所以成為具有攻擊性的駕駛，是否因為他們開 BMW 汽車？或者具有攻擊性的人更容易變富有，並且購買 BMW 汽車，因為他們比較不體貼？我們無法確認此事。

第二種方法利用在受控制的環境下進行的實驗，有點像是真實權力經驗的人形立牌。在實驗室裡分享一百美元的經驗，與成為執行長或獨裁者，甚或運動教練的經驗相去甚遠。這些研究確實比什麼都沒有還好，但跟真實情況依舊不是同一回事。

儘管有種種提醒我們注意的理由，但所有可取得的證據都指向一個方向。獲得權力會使你變得更自私、同理心下降、更加偽善，以及使你更容易濫用權力。阿克頓勳爵是對的：權力確實傾向於使人腐化。所以，問題不在於傳統觀念是錯的，而是傳統觀念只關注到大局的一小部分。我們只注視冰山的頂端——我們看得見的掌權者。但如同我們已經知道的，專注於頂端意味著我們忽略了隱藏於表面之下的更大危險：為什麼容易墮落的人會受到權力吸引、為什麼他們更擅長獲得權力，還有他們如何利用我們石器時代大腦的認知偏見，來說服我們相信他們應該得到權力。

到目前為止，我們將許多注意力放在心智問題上。我們已經探索過讓人更可能去尋求權力的人格特質，並且見識到掌握權力如何影響做決定。但我們還缺少一塊關鍵的拼圖，因為變得有權力不只改變你的思考方式，也在實質上改變你的身體。

Chapter 9

權力如何改變你的身體

你吸毒後的猴子大腦

美國緝毒局（Drug Enforcement Administration）在破獲了一起大案後，將記者聚攏到一個房間，裡面有講台、麥克風和一張擺滿毒品的桌子。某政治人物或緝毒局官員接著驕傲地告訴記者們整批毒品的街頭市值。這場面等同於人類在做靈長類動物的搥胸動作。但等到攝影機關機後，講台上已經空無一物，毒品到哪兒去了？是否在某座政府倉庫，那裡堆滿如綠色森林般腐爛的大麻和白色的古柯鹼山？

在大宗案件中沒收來的毒品會被焚燬（處理過程相當謹慎，以免有人意外變嗨）。但有一部分毒品最終來到馬里蘭州的全國毒品濫用研究所（National Institute on Drug Abuse），在那裡少量的上等古柯鹼會被提煉純化，送到維克森林大學（Wake Forest University）的納德實驗室（Nader Lab）。

「研究者必須獲得緝毒局的許可。」麥可・納德（Michael Nader）博士告訴我。

「我擁有二級計畫的許可。」他收到的古柯鹼純度百分之百，所以街頭市價極高。它被存放在玄關裡的一座保險櫃內，上了兩道鎖，安全無虞。不管要拿出來或放回去，都必須要有兩人在場。

儘管有這些預防措施以防有人染指古柯鹼，但納德博士並不研究人類，而是給猴子施打古柯鹼。

「當你查看舊世界靈長類動物的譜系，以及幾百萬年前我們脫離那條演化路線的分化點。」納德說，「你會發現與我們親緣關係最緊密、能用於生物醫學研究的物種是狒狒和恆河猴。」（在黑猩猩或大猩猩身上進行藥物研究被認為不道德。牠們太像人類了。）但當你將範圍縮小到選擇以狒狒或恆河猴做實驗，誰是贏家便很清楚。「狒狒的體型是恆河猴的三、四倍大。」納德解釋，「牠們有巨大的犬齒。牠們是食肉動物，因此不是那種你會想要以群居方式圈養和親密共事的動物。」所以納德和他的實驗室選擇恆河猴，一種有紅臉蛋和灰褐色毛皮的可愛猴子。

幾年前，納德和他的研究團隊想出一個新點子。他們決定測試階級制度、等級和地位如何影響使用毒品的經驗。這是一個值得探索的問題，因為藥物成癮似乎隨著社會地位的不同，而對人產生不同的影響。誰更容易上癮？是位於金字塔頂端，或者落入社會底層的人？

以下是納德進行實驗的方式。他們找來二十四隻恆河猴，每隻都養在個別的圍欄中。當中沒有別的猴子，所以不存在社會階級。然後等到恆河猴習慣獨居後，他們拉開分隔板。突然間這些猴子就分成了六組，每組各四隻。牠們之間的啄序馬上就建立起來，從位階最高的一組到位階最低的一組，等級分明。「牠們很快便弄清楚彼此的階級，並且固定下來。」納德說。

一等到社會秩序被確立，研究人員開始掃描恆河猴的大腦。他們這麼做是為了測量多巴胺受體的數量。多巴胺是與大腦獎賞途徑有關的主要神經傳導物質。而受體，從名稱你可以推測，負責接受多巴胺。我們的大腦有兩種多巴胺受體：D1和D2。當多巴胺進入D1受體時，我們會感覺愉快，因此會強化引發多巴胺釋放的任何行為。相反的，當多巴胺進入D2受體時，它不會強化該種行為。根據假設，如果你只有D1受體，任何多巴胺的釋放都會使你對在此之前的行為迅速且強烈地上癮（例如吸毒）。如果你只有D2受體，這個效果就會減弱，你可以斷然停止該種行為。

納德和他的研究夥伴在掃描恆河猴時，發現了令人震驚的事：你可以僅憑著創造階級制度，而改變多巴胺受體的比例和數量。「我們發現，」納德解釋，「如果恆河猴從獨居轉換到群居環境，而且變得強勢……當牠使用古柯鹼時，強化的效果沒有那麼大。」變成一隻支配別人的強勢猴子，在假定上應該會使你比較不容易對古柯鹼上癮。

但這個假定需要被檢驗。在隨後的實驗中，每隻恆河猴被裝上靜脈點滴器，接著各自放進專門設計的「靈長類動物座椅」中，被推進實驗室。牠們坐在一片「智能控制板」前面，可以操作一組控制器。拉下某根控制桿，就會有一顆燈亮起，接下來一連串的香蕉粒被倒進餵食杯。拉下另一根控制桿，注射筒發出聲響，一滴定量的古柯鹼直接被送進血液中。一段時間後，這些恆河猴學會控制桿、燈光形態和每種獎賞聲響之間的關聯。牠們了解右邊的控制桿代表含糖食物，而左邊的控制桿代表古柯鹼。

在足夠高的劑量下，所有的恆河猴都會選擇古柯鹼。（人類也是如此。）但在中、低劑量下，下級恆河猴比較會選擇古柯鹼而非食物。沒有權力的恆河猴會上癮。強勢的恆河猴則選擇食物。在後來的實驗中，納德和他的同事挑出一組四隻的猴子，將牠們放進另一群已經建立了自己的社會階級的猴子中。轉換群體是件有壓力的事，這些恆河猴有點像是新來的轉學生，在其他學生各有黨群的高中食堂裡設法找到座位。在恆河猴歷經使牠們迷失方向的社交經驗不久後，研究人員進行了古柯鹼對香蕉粒的測試。他們發現下級的猴子甚至更容易自行使用古柯鹼，而強勢的恆河猴依舊選擇食物而非古柯鹼。

在做完這些實驗後，研究人員再度掃描恆河猴的大腦。強勢恆河猴的Ｄ２受體數量果然增加，牠們腦部的化學構造已經被權力改變。

有人反對這些實驗。但納德博士堅稱，他和他的同事努力為他們的恆河猴提供良好的生活。古柯鹼的劑量不足以使牠們受苦。「當獸醫來到實驗室時，他們以為這些恆河猴會身體虛弱而且看起來病懨懨。」納德說。「結果每位獸醫都對牠們看起來如此健康的樣子感到驚訝。你或許想像一隻隻瘦到只剩皮包骨的猴子，但情況完全不是這麼回事。牠們受到妥善的照顧。」

最重要的是，納德說，這些恆河猴是不知情的英雄，牠們在設法拯救人命，幫助人們擺脫具有毀滅性的成癮問題。這項研究的目的是進一步了解成癮的機制，以便破除上癮對人類的吸引力。「我嘗試了解這件事，為的是當這些恆河猴接收到刺激時，比方說隨手可得的古柯鹼，牠們會說，『我要待在這裡，我要選擇香蕉粒。』」納德告訴我，「那是我想要做的事。」我們的香蕉粒或許像是健康的蔬菜沙拉，但概念是一樣的。

納德的研究提出一種令人好奇的可能性。如果猴子大腦中的化學雞尾酒會在牠們獲得權力和支配地位時改變，那麼如果當我們——牠們的靈長類動物表親，取得控制別人的權力時，卻沒有產生生物上的改變，豈不教人驚訝。猴子古柯鹼研究似乎指向一個簡單的結論：權力有益於我們的身體健康。權力使我們有更強的適應力。真的是這樣嗎？

答案沒有這麼簡單。

生物壓力是壞事，控制是好事

等級、權力、地位和身體健康如何結合在一起？我們如何確認這些因素是改變我們身體健康的成因而非巧合？

這是倫敦大學學院教授麥可．馬穆爵士（Sir Michael Marmot）大半生致力於回答的兩個問題。在大多數的觀察研究中（藉由檢視真實世界中的資料，而非藉由在實驗室裡進行受控制的實驗所做的研究），想要釐清因果關係是件困難的事。比方說，如果你只比較執行長和警衛，你肯定會發現他們在健康方面的重大差異。但這兩群人之間存在著太多其他差異，以至於你所發現的任何地位與健康的關聯，都有可能是種種不同的變數所造成：教育、童年經歷、營養等等，隨你列舉。因此，你不可能證明是地位或晉升改變了某人的生物形態。

每當馬穆表示權力與健康息息相關時，大多數人會想到兩個原因中的其中之一個：壓力或金錢。握有權力的人如果不是因為壓力而健康不佳，就是因為富有而健康良好。

在一九八五年，馬穆決定測試這些假說。他展開了白廳二期研究（Whitehall II Study）來檢視健康不平等問題，特別著重於階級和地位。白廳是倫敦威斯特敏斯區的一個路名，那裡是英國許多政府辦公室的所在地。該項研究開始追蹤一萬三百零八名英國公務員，直到他們公職生涯結束。由於是在相同職業且往往從相同位階起步的人之間進行比較，馬穆可以消除其他許多造成混淆的變數，這些變數可能妨礙釐清哪些效應是地位和階級所造成以及哪些不是。比起先前的研究，白廳二期研究更大程度地用蘋果和蘋果進行比較。

再者，由於是在一段時期內測量相同一群人，因此馬穆能夠看出地位的相對變化，如何影響相同個人的健康。「研究一開始時，」馬穆告訴我，「你選好某個特定年資的人，並觀察這群人的發展軌跡。十年過後，這群人的平均值會落在哪裡？然後再看看他們是高於或低於平均值——換言之，他們表現得比平均值更好或更差？」藉由這個方法，馬穆的團隊可以追蹤在相同時間，甚至從相同等級開始服公職的一群人，然後對照他們的晉升情況，觀察他們的健康狀態如何隨著時間產生差異。此外，由於公職的薪資間距小於私人企業，所以金錢不是那麼重大的一個因素。研究參與者在一九八五年首次接受調查，此後每隔兩年至五年再度接受調查。

馬穆從資料中發現一個粗略但明顯的關聯：爬升到越高的位階，死亡率越低。馬穆稱之為地位症候群。一直處於最低位階者的死亡率是爬升到較高位階者的三倍。乍看之下，此事令人不解，因為這違反了我們想像中高壓工作與健康之間的關聯。「人們說：『重點不在於壓力。』」馬穆告訴我。「高階官員的壓力當然比低階官員大，你知道的，如果你有最後限期和部長們隨時來找你。我心想『沒錯，更高位者處於更大的壓力下。』」然而當馬穆開始以更偏重於控制——在職場中形塑結果的能力，而非階級的角度來看問題時，他突然對問題有了更深刻的理解。「我明白問題不光只是壓力而已。」馬穆說，「那是高要求和低控制的組合。我恍然大悟：這說明了我們資料中的一切。」

馬穆和他的研究團隊將資料越分越細，這個關聯越清楚地顯現出來。面對巨大工作壓力（馬穆稱之為要求）的人，只要他們也感覺到高度的控制，就不會出事。但感覺到極大壓力，卻感覺不到自己坐在駕駛座上（或至少能不時轉動一下方向盤）的人，他們的健康狀態糟多了。在我們的職涯中，我們不需要當獨裁者，但確實需要擁有決定權。

馬穆發現傳統觀念——越多的權力因為伴隨著額外的壓力，會造成健康不良，是錯的。然而，它之所以錯誤的理由令人驚訝。事實證明我們稱之為壓力的東西，與實際上以有害的方式對我們身體健康造成壓力的東西，兩者相去甚遠。

史丹佛大學生物學家羅伯特．史波斯基（Robert Sapolsky）在研究狒狒與人類時發現，壓力是生存的關鍵工具。當我們的身體正常運作時，壓力會造成一連串對我們有益的生物改變。還有，讓我們回想一下我們的石器時代祖先。比方說你早上外出散步，希望在早餐前打到獵物和蒐集點食物，突然間有一頭劍齒虎翻過山來，朝著你亮出牠的尖牙。你和劍齒虎都產生因壓力而引發的反應，身體暫時停止正常的消化活動，反轉了將能量變成脂肪長期儲存的過程，並立刻將能量注入血液中。這麼做是有道理的，因為你和劍齒虎馬上都需要額外的能量來應付即將發生的事。由於消化活動暫停了，唾液的分泌也變慢（如同史波斯基所言，這說明了為什麼當我們緊張時會口乾舌燥）。維持良好健康所需的長期過程，例如生長和組織修復，也被擱置下來。這是一種有用的身體分類方式，因為一旦你落入劍齒虎嘴裡，可能就不會有任何剩下的組織需要修復了。下視丘同時通知腦下腺迅速採取行動。交感神經系統進入高度活躍狀態，釋放提升你的心率和血壓的激素。腎上腺素湧入你的血液中。如果一切都按正確的方式進行，你會有較高的活命機會。我們以口語稱之為戰或逃的反應[17]。壓力是設計用來幫助我們活命。

但就像我們現代生活中的其他許多事物，早已和我們石器時代的演化設計背道而馳，壓力反應也是如此。害怕公開說話和站在眾人面前發表演說的人，所經歷的感覺類似於我們的祖先在面對掠食者的感覺——古典的壓力反應。這是完全正常的，而且通常沒什麼大不了。但問題在於，如同馬穆和史波斯基所說的，我們的戰或逃

17 近來的研究顯示戰或逃反應在男性和女性身上有不同的表現，女性更可能有「照顧與友好互助」（tend-and-befriend）反應。照顧是指保護弱者（例如兒童），而友好互助是指找別人幫助彼此和互相保護。

壓力反應在某些職場或生活方式中，已經變成一種習慣性狀態而不是短期的緊急狀態。使我們陷入壓力模式的是某些工作的苦差事，而非面對致命掠食者的特殊緊急時刻。原本應該只是急性壓力的事物，現在對太多人來說是常態。

為何這個關聯如此難以理解，原因之一是現代社會使用壓力這個用語來指稱激烈但並非造成生物壓力的事物。許多高強度的工作是激烈的（或者如馬穆會說的「高要求」），但並無壓力，因為我們非常享受它們而且能夠形塑其結果（藉由擁有「高度控制」）。看著自己的新創公司形勢大好的執行長可能會說，他們的迅速崛起「壓力沉重」，但就生理學的角度而言其壓力微乎其微。這是令人振奮且美好的事。激烈辛苦的工作不會像生物壓力那樣抑制正常的健康過程。由於我們的日常用語將兩者混為一談，所以我們常常誤將實際上是熱情或熱烈當作是壓力。

然而，根據馬穆的研究，如果你處於低地位的職位，你確實會得到有害的生物壓力。但結合高要求和低控制的高地位職位，也存在相同的效應。一個受虐待的警衛隨時可能因為缺乏控制而面臨不利於健康的後果，但執行長在某些情況也可能如此。那麼這如何表現在現實世界中？可惜的是（即使這可以製作成很好的實境電視節目），我們無法藉由實驗讓執行長和警衛永久交換身分，看看會發生什麼事，藉以回答這個問題。所以為了找出答案，我們必須回頭求助於我們的靈長類動物表親。

從狒狒群到會議室中的帶頭雄性

大多數博士生會在圖書館裡鑽研蒙塵的書籍、盯著電子表格或者在實驗室裡拚命苦幹。但珍妮·唐（Jenny Tung）教授的學生喬丹·安德森（Jordan Anderson）並不是這樣，在博士研究的初期階段，他將部分時間花在杜克大學（Duke University）練習隱身射吹箭的技巧。「不久後你就能掌握竅門。」他告訴我。

吹箭用來從遠處讓狒狒鎮定，這麼一來他們才能研究牠們。但為了避免攪亂研究，重要的是必須不讓狒狒看見或聽見鎮定劑的來源，以免牠們開始將操作實驗的人類，與刺痛感和隨後暈倒時突然感覺強烈睡意的怪異經驗聯想在一起。

安德森、唐和博士後研究者瑞秋·強斯頓（Rachel Johnston）在肯亞吉力馬扎羅山附近的安博塞利國家公園（Amboseli National Park）研究狒狒。他們為了深入理解人類演化、老化和健康問題，而探索狒狒的生活和生物學。如果我們能了解狒狒對於階級制度和地位有何看法或如何溝通，或許我們能更了解自己。因為正如達爾文說的，「了解狒狒的人對於人類的形而上學，能做出比洛克更多的貢獻。」[18]

18 這裡指的是英國政治哲學家約翰·洛克（John Locke）。

唐的研究團隊想要知道權力和地位是否影響老化的速率。為了找出答案，他們倚賴一種檢視基因變化速率的創新方法。我們的生命（和狒狒生命）的生物腳本是由DNA序列所構成，無論我們活多少都不會停止編輯。但我們的身體會隨著時間產生重大的改變。想要了解一個靜態的腳本如何能產生大量的變化，其秘密在於基因調節，也就是基因「開關」的開啟和關閉。當中某些調節是不規律的，意思是這些基因開關依據全然的外在因素，在不同時間開啟或關閉。但某些部分的基因組開關會以規律的間隔開啟和關閉，像時鐘一樣準時。

這種時鐘是稱作DNA甲基化的過程。在構成我們DNA的A、G、C和T中，C（胞嘧啶）最容易受到甲基化過程的影響。唐告訴我，它會產生「一個小小的化學標記，只是一個額外的碳和幾個氫，它們多少會與我們的DNA鹼基結合，尤其是在像狒狒和人類身上」。如果你隨著時間測量甲基化的速率，就會得到測量我們「基因的」老化的良好替代方式，全然不同於我們慶祝生日的次數。

「我們清楚發現某些六十歲的個人，在生理上遠遠不及一般六十歲的人健康。」唐解釋。「但也有一些六十歲的人遠比一般六十歲的人健康，某種程度上那種健康是滲入細胞的層次。」看看你的四周，這種情況並不令人訝異。我們隨時都能發現某人的年紀和他看起來的狀態不相稱。唐所使用的方法能更精準地測量這種不相稱，藉以探索某隻個別的狒狒在生物年齡上的老化速率，比從日曆年齡所能預測的老化速率更快或更慢。

有了像喬丹．安德森這樣對狒狒（精確的數量是兩百四十五隻）射吹箭的學生，研究團隊檢測了這群狒狒的基因老化程度，想看看這與群體內狒狒社會地位高低的匹配程度。最顯而易見的理論會是，低社會地位將導致快速老化，而高社會地位的老化速率較慢，恰恰因為高地位的狒狒獲得較多食物和配偶選擇權。但研究結果卻更為驚人。高地位的公狒狒老化得更快。一隻野心勃勃、迅速爬升到高位的公狒狒，在牠還處於相當低的社會地位時接受一次檢測，等到十個月後牠的地位大幅提升時再檢測一次。雖然只過了短短十個月，但牠預期中的老化（以生物標記為依據）卻增加了將近三年，彷彿時間被加速。在狒狒資料中，比預期的生物年齡變慢幅度最大的兩個個體，是社會階級下降最快的兩隻狒狒。如同唐、安德森和強斯頓在研究中所說的，爬升至最高位確實獲得找尋配偶的極大優勢，但也得付出極大的代價，對狒狒而言是一種「活得放蕩，死得早」的策略。

然而，也有大量證據證明，當一隻低地位的狒狒是相當慘的事。史丹佛大學的史波斯基在肯亞稀樹大草原待了三年，研究過數以百計的狒狒，他已經證明低地位狒狒的血壓數值比較不良、好膽固醇的比例較低、免疫系統較差，以及在面臨有壓力的情況時，身體較慢恢復正常運作的功能。然而，史波斯基——與唐團隊的發現比較一致，也證明領頭公狒狒居於高位的生活充滿壓力，特別是在爭奪權力期間。

史波斯基的理論直截了當：當狒狒國王是件好事，但在面對屬下叛變的風險時，跟當狒狒農夫一樣得承受壓力，甚至壓力更大。

史波斯基的理論獲得普林斯頓大學的勞倫斯・格斯奎爾（Laurence Gesquiere）二〇一一年研究的支持。格斯奎爾所帶領的團隊在研究中測量糖皮質素濃度，一種與壓力有關的激素。他們發現靈長類動物個體的地位越高，壓力越小。但有一個例外：居於最高位的領頭雄性的壓力異常大。這促使研究人員達成一個與傳統觀念相左的結論。雄性最好的地位是當老二，在這個位置上你可以佔盡權力的好處，但不必承擔伴隨著身為狒狒最高統治者而來的風險。

但這一切只不過是關於狒狒的瑣事，或者說相同的情況也存在於現代人類之間？當經理是好事，但當執行長則是壞事嗎？還有這些狒狒研究如何與馬穆的白廳二期研究，以及他的高要求和低控制的概念產生交集？

有四名經濟學家可能在他們的二〇二〇年研究中找到了答案。這個研究幫助我們判斷達爾文是否是對的，當他說狒狒可信地讓我們瞥見人性，儘管有點毛茸茸。在伊利諾大學的馬克・博舒爾特（Mark Borgschulte）的領導下，這些經濟學家決定回答兩個問題。第一，處於更大壓力下的執行長是否老化得更快？第二，處於壓力下的執行長是否更早死亡？為了探索這些問題，他們開始利用出自美國公司歷史的一個聰明的自然實驗。

在一九八〇年代中期，美國各州開始通過「反併購」法，使得公司併購客更難以接管某家公司。這些法律讓擔任執行長變得比較沒有壓力，因為它們確保更大的工作安全，同時降低敵方突然佔領公司的風險。研究人員利用聰明的研究技巧，比較了將近兩千名（大多為男性）曾於高壓力環境下任職的執行長——反併購法之前，公司爭相吞併的蠻荒西部時代——以及受到反併購法的保護後，在低壓力環境下任職的執行長。那些在反併購法實施後，花了更多時間待在任上的執行長，比起在壓力較大的時期任職的執行長活得更久。如同作者所言，「對於我們樣本中典型的執行長來說，經歷因反併購法而壓力減輕的環境，其效應大約等同於讓這位執行長年輕兩歲。」

當然，執行長的職務壓力不盡然都相同。更精確地說，儘管所有的執行長都可能將他們的工作描述成「有壓力」，但某些執行長比其他執行長更容易面對較大的生物壓力。比方說，在造成極大破壞的疫情期間，管理達美航空或英國航空的執行長，比起在販售網路攝影機或家用健身設備的公司擔任執行長，可能會讓你承受更有害的壓力。這些經濟學家在這個假定下，比較了那些曾治理過和沒治理過歷經全產業重大危機的公司的執行長。果不其然，在產業危急時期管理公司的執行長比較早死。（同樣的，發表於英國醫學期刊〔British Medical Journal〕，一項跨越好幾個世紀，包括十七世紀在內的研究發現，贏得選舉且隨後擔任公職的政治人物，比輸掉選舉且從未任職的政治人物更早死亡。伴隨著政治鬥爭而來的壓力負擔似乎縮短了政治人物的壽命。

因此，有某些證據顯示，成為領導者會使我們更早死亡。但在平常生活中呢？曾經歷特別高壓時期的執行長，是否比沒有這種經歷的執行長老化得更快？那種老化不同於唐和她的團隊利用狒狒ＤＮＡ時鐘測量出來的老化，因為它著重於我們外表的模樣，而不是基因組裡的化學標記。話雖如此，因壓力而變老的概念，我們沒有理由不熟悉。我們都見過美國總統入主白宮之前和之後的照片，他們之前看起來年輕，但在四年或八年後出現許多皺紋和大片灰白的頭髮。然而在博舒爾特領導下的研究人員，想要有系統地檢驗我們所注意的那種影響是否禁得起科學的審視。

他們利用機器學習來進行檢查。當中涉及的電腦編碼是複雜的問題，但概念相當簡單。他將二十五萬個人的臉部照片輸入電腦中，好讓它能「學習」辨識人類老化的身體標記。這裡一條皺紋或一點灰色，那裡多長出一些耳毛。這個模型日趨完善，越來越擅長辨識出隨著時間而改變的差異——甚至人眼可能無法分辨的差異。接下來他們利用這個模型去分析身為公司領導者的執行長們，在任期的不同時間的照片。當結果出爐時，定論十分清楚：真正有壓力的時期使我們看起來老得更快。在二〇〇八至二〇〇九年經濟大衰退期間，管理受重創的公司的執行長在接下來的十年間，看起來比那些沒有在壓力時期管理公司的執行長，老化的速率整整快了一年。別管那些昂貴的除皺霜了，你要拋下伴隨著高地位和低控制而來的壓力。

那麼，我們要如何整合產生自白廳二期研究的馬穆理論與來自肯亞稀樹大草原的狒狒的發現，還有在實驗室裡對古柯鹼上癮的下級猴子？它們的共通點是一致同意處於低社會地位不利於你的健康。研究的結果很清楚：低地位讓你死得更早。

當個人晉升到支配者的地位時，情況會變得不明朗。研究似乎指向較高階層的權力、控制、地位和健康之間更複雜的交互作用，結果是混亂的。然而，這麼說似乎是可靠的，那便是更高的地位確實使你免於健康不良的結果，但只限於某種程度。居於高位而無法高度掌控自己的命運，可能會對你的身體造成危害。在危機時刻居於高位，會使你老化得更快和死得更早。還有身為領頭者——孤身一人在最高的位置上，對你的健康可能極具毀滅性，尤其當被推翻的風險具體存在時。在狒狒的世界裡，大草原上隨時潛伏著失去權力的風險，因此高高在上的地位似乎總是會加速生物老化。執行長和狒狒不一樣，有些執行長隨時擔心會被開除，有些則擁有就業安全。這種壓力源的差異造成權力對於人類健康相關影響力的差異。無論如何，證據顯示擁有太少或太多權力，都可能危害你的健康，而爬升到社會階級的中上層，往往是恰恰好的程度。

然而，在你開始重新評估你是否真的想要爬升到更高的地位之前，我們有一些好消息要告訴你。無論你是因為不穩定而感到有壓力的低地位工人，或者度過疫情餘波的高地位執行長，或者只是設法想要活命的毒梟，你都有一些辦法保護自己不受權力太少或太多而對健康造成的影響。這個保護方法是每個人都能掌握的。

我們靠著朋友的一點幫助而度過難關

一九九七至二〇〇一年間，一百五十九名男性和一百七十五名女性自願走進實驗室，讓一些感冒病毒被注射到他們的鼻子裡，在各自的房間接受為期六天的隔離檢疫，然後帶著八百美元的報酬走出實驗室。這是為了進行一項疾病生物學的相關研究，但包含了一個新花樣。在進行隔離和刻意對自願者注射病毒之前，研究人員要參與者先填寫一系列的問卷。其中一份問卷涉及社會關係。研究人員詢問參與者，他們當天跟多少人說過話；在之前的二十四個小時裡，有多少次談話持續超過十分鐘；還有他們通常扮演的社會角色（母親、丈夫、同事、良師、教練等等）。研究人員利用這些指標發展出一種「社交性」分數，來替研究參與者評等，從外向的社交高手到「大學航空炸彈客」[19]式的隱士。研究人員接著蒐集其他資料，以確保他們所找尋和發現的關聯性不是因為別的事物而產生（例如早已存在的健康問題、身體質量指數、種族、教育程度等等）。等到他們獲得所需的一切資料，參與者就從鼻孔被注射病毒，並開始他們的隔離檢疫。

研究人員休息等待出現吸鼻子聲。在六天隔離的每一天，參與者都接受感冒症狀的評估。科學家測量黏液的產生，透過鼻孔給他們一些染料，記下黏液在多久之後會到達他們的喉嚨（與感染之前的程度做比較），並利用一系列類似的客觀指標，對病人進行有科學嚴謹性的比較。在處理數據時，研究人員發現社交性分數低的人發展出感冒症狀的機率，是社交性分數高的人的三倍，即使他們全都接受相同劑量的病毒。這個引人注目的發現顯示，擁有健全的社交網絡能減輕壓力，從而增進我們的健康和提升整體的幸福。對照之下，低地位、沒有權力和孤單是致命的組合。（這個發現或許部分反映出更喜歡社交的人接觸到更多的病毒，因此在實驗室裡接觸到病毒時更具抵抗力。但這不能說明所有的差異。）

我們並不完全清楚社會網絡如何在生物層次上提升免疫功能，但其他物種提供了一些初步的洞見。杜克大學的唐教授（利用吹箭和狒狒）也檢視了地位如何影響恆河猴對抗疾病的能力，納德的古柯鹼研究也使用恆河猴。唐的研究團隊以人為方式改變恆河猴在群體中的地位，將強勢的猴子放進牠們會變成受支配者的群體中，以及反過來進行。藉由操縱恆河猴的地位，研究人員可以分離出因果關係。他們先

19 譯註：Unabomber，美國數學家、恐怖主義分子卡辛斯基（Ted Kaczynski）的綽號。

從一隻佔支配地位的猴子採集樣本，然後等到同一隻猴子變成下屬時再次採集樣本。由於牠是同一個個體，而且唯一改變的是地位，研究人員因此能弄清楚地位對於恆河猴在生物上有何影響。（透過實驗改變人類的地位會違反倫理規範，這正是為什麼這類實驗只能在人類以外的某些靈長類動物身上進行。）

從支配地位降到下屬地位的猴子，免疫功能會變差。同樣的，從下屬地位上升到支配地位的猴子，免疫反應會提升。但由於真實世界經常出人意料，所以這些資料出現兩個有趣的難題。第一，強勢猴子的免疫反應被調整成對抗病毒，而下屬的猴子更有能力對抗細菌——這麼一個令人困惑的發現顯示社會地位和生物學費解的複雜性。第二，正如同感冒與社交關係的研究，經常理毛的下屬猴子，比起不理毛的猴子有適應力更強的免疫系統——這涉及清潔，但也是一種強化兩個個體之間的關係的社交行為。

因此，我們的靈長類動物表親能教導我們一些重要的事。那些因為沒有權力和低地位，或者高地位卻缺乏控制而面臨重大生物壓力的人，可以藉由建立更好的社交關係來避免壓力帶來的負面影響。雖然我們的生理會受到我們的社會地位的影響，但憑藉著來自朋友的一點幫助，我們能減輕這種負面影響。最重要的是，我們不同於其他靈長類動物，我們的社會地位不是一成不變的。在上班的公司裡處於低位階的人，在他們的基督教會或猶太會堂或清真寺裡可能地位崇高。他們在自己的社區壘球隊上可能是受敬重的隊長。或者他們得到家人的支持和尊敬，在家中感覺有權力和控制感。現代社會生活緊密編織的網絡提供我們機會，讓我們可以避開比較單一面向的社會地位連帶產生的死亡和老化風險。

如果你想要活得健康，你得儘可能提升對自己生活的掌控，尤其當你的社會地位低下，或者接近最高位時。但大多數人無法揮一揮魔杖就發現自己獲得更多的控制，因此如果你尋求晉升，比較輕鬆的途徑是確保你得到拔擢不是以犧牲你所關心的人和愛為代價。

在這個令人愉快的氣氛下，我們現在要轉而探討本書最令人卻步的謎題。如果容易墮落的人更想要獲得權力、更擅於獲得權力，而且有一些好人因為行使權力而被腐化，我們要如何反轉這些態勢？我們能做什麼來解決這個問題？是時候了，我們該想清楚如何確保讓更多的好人尋求權力、取得權力，而且一旦他們當家做主時不會變壞。

Chapter 10 吸引不易墮落的人

第一個教訓：積極招募不易墮落者並汰除容易墮落者

二〇一〇年十月十六日凌晨，迪達庫斯・斯諾伯爾（Didacus Snowball）和女友C.T. 準備上床睡覺。室外氣溫在零度以下，寒冷的海風在房子四周呼嘯。這對於秋季下旬的阿拉斯加小村莊斯特賓斯（Stebbins）來說，並不是什麼不尋常的事。斯特賓斯濱臨白令海，位於北極圈以南僅兩百英里，大約有五百位居民。等到兩人爬上床時，裡面相當溫暖，接下來他們聽見巨大的聲響。迪達庫斯穿過房間，打開門看看是誰在那裡。

門一打開，門外的男人突然衝了進來。他攻擊迪達庫斯，猛揍他的臉，將他按倒在地上，用雙手勒住他。C.T. 發出尖叫聲，大喊著要那男人滾出屋外，並叫迪達庫斯跑去附近的警察局求救。迪達庫斯掙脫了男人的壓制，衝出門外，希望找到執勤中的警察。但在迪達庫斯離開屋子後，入侵者轉而攻擊 C.T.，將她打倒在地，雙手抓住她的脖子，想要使她窒息。C.T. 試著大叫，但在男人緊握的十指下，她的氣息逐漸微弱，接著眼前一黑，失去了意識。

幾分鐘後她甦醒過來，認出入侵者是名叫尼姆隆．麥可（Nimeron Mike）的當地居民，此刻正騎坐在她身上。她朝下望，驚恐地看見他正要脫下她的牛仔褲。最終，C.T. 設法從他的重壓下掙脫出來。她抓起手邊剛好搆得著的未上膛步槍，用它擊打麥可的頭部，爭取到逃走的時間。

警方及時趕到，麥可被逮捕。他被定了罪並且因為性侵未遂，被登記在阿拉斯加州的性犯罪者名冊。這不是麥可第一次觸法。他曾因各種罪行，總共已經坐了六年牢：家庭暴力、施暴、魯莽駕駛、撫摸其他女性、酒醉駕駛和偷竊汽車。

十年後，倘若迪達庫斯．斯諾伯爾和 C.T. 在家中再度被入侵者攻擊，那麼涉案者有可能還是尼姆隆．麥可。但這回他卻是穿著制服、戴著警徽現身。那是因為前科累累、犯罪紀錄像斯特賓斯機場一樣長的尼姆隆已經宣誓上任，變成村子裡的警察。

「我知道這件事——那人是現任的警察。」《安哥拉治日報》（*Anchorage Daily News*）的調查記者凱爾．霍普金斯（Kyle Hopkins）告訴我。「我調查過他們的背景，但這實在沒道理，因為他們已經被定了罪，似乎應該當不成警察才對。」多年來霍普金斯一直看見這種模式：犯罪者變成警察。這種模式在阿拉斯加州偏遠孤立的村莊最為明顯。

霍普金斯決定深入探查。他與 ProPublica 公司合作，發表了一篇重要報導，因為揭露驚人的事實而獲頒普立茲獎：屢屢被定罪的違法者受聘為警察，在阿拉斯加州的發生頻率高得嚇人。這種事根本不應該發生，可是卻發生了。在斯特賓斯，霍普金斯還發現另一個驚人的事實。每個警察都曾因家庭暴力而被定罪。如果你的男友或丈夫毆打你，打電話報警只能確保另一名施虐者來到你家。這種荒唐事也蔓延到最高層。警察局長曾被判決十七項罪名，包括攻擊重罪和性虐待未成年人。警察局原來是由一堆壞蛋在掌管。

這種事如何會發生？

答案很簡單，因為沒有合格的人選。符合條件的斯特賓斯居民不願應徵警察工作，而在別處找不到工作的罪犯卻非常樂意將橘色連身服換成藍色制服。斯特賓斯行政官員瓊．那修奈克（Joan Nashoanak）強調，警察職缺向來明確規定申請者不得為重罪犯，也不得在五年內曾犯下輕罪。但每當需要新的警察時，他們只得擱置規定。斯特賓斯所面臨的選擇是任用重罪犯當警察，或者沒有警察可用。「我們找不到其他沒有犯罪背景的人。」那修奈克告訴霍普金斯。霍普金斯追蹤尼姆隆．麥可，作為斯特賓斯調查報告的部分內容，麥可對他說，在他申請這份工作短短幾個小時後，他就宣誓成為警察了。「我現在是警察了嗎？事情就這麼容易？」他還記得當時的疑惑。

斯特賓斯是一個極端的警世故事，提醒我們沒有足夠深的人選庫，以及沒有仔細思考如何招募人才的後果。最終你只剩下最差的人可用，並讓許多糟糕的人擔任掌握權力的職務。

因此以下是一個極有價值的問題：我們如何確保讓更好的人嘗試去取得權力？說到人才招募的問題，主要有三個重點。第一，要有大量的人選。第二，積極找出你想要讓他們當權的那種人。第三，投入足夠的資源來篩除那些自行選擇進入權威職位的腐敗者和容易墮落的人。斯特賓斯在這三方面全都做不到。這是極端的例子，但絕非三個關卡全都失守的唯一案例。

在試著增加申請者人數時，我們需要尋求深化和廣化。更深的人選庫使你從中獲得更多數量的類似人選，加入你已經擁有的人才中，讓你可以更加挑剔。更廣的人選庫使你能招募到與既有的人才大不相同的人，讓你可以進行創新和改革。兩者都有助於改善結果，尤其在同時實施時。

請你想一想組裝出一包三十顆裝 M&M'S 巧克力這件事。如果你只製造出整整三十顆綠色巧克力，那麼你完全沒有犯錯的空間。你必須將每顆有缺口、破損和脫色的巧克力全部包裝進去。所有的巧克力都會是綠色。如果你製造出六十顆綠色巧克力，你仍然只組裝出一包統統為綠色的巧克力，但你至少可以挑選三十顆最好的巧克力。破損的巧克力會被捨棄，這便是深化。

如果你的糖果科學家靈光乍現，開始製造出棕色、黃色、紅色、橘色和藍色M&M'S巧克力，那便是廣化。如果他們發明花生M&M'S巧克力，那就更好了。最好的一包M&M'S巧克力可能選取自每種顏色中更深化的糖果庫（這麼一來你可以挑出同一批中最好的那個），但也可能選取自廣化的糖果庫，那裡面包含先前不曾存在的顏色和種類的巧克力——相當於人們的新鮮點子、新技術和新觀點。

廣化也能創造出良性循環。《造反的想法》（*Rebel Ideas*）作者馬修・塞伊德（Matthew Syed）極有說服力地告訴我們，多樣化的思維如何在組織中引發創新。但它也使得通常不會追求領導者位置的人，開始視自己為未來的掌權者。在印度進行的實驗中，舉例來說，有些村莊被隨機指派一位女性領導者，而其他村莊被隨機指派一位男性領導者。猜猜看會發生什麼事？結果出現明顯的「榜樣角色效應」。在由女性領導的村莊中，父母親開始對女兒有更多的期待，將她們教養成更有野心。在這些村莊中長大的女孩也開始認為，自己有可能是未來的領導者，以賦能的方式改變她們的人生選擇。廣化立即造成正面效應，也同時產生進一步的好處。

請你想一想在你的人生中，那個或許有可能擔任國會議員，成為有權力者的道德典範的某人，或者有可能成為激勵人心、負責任的執行長的某人。每個人多少都會認識某個只要給予機會，就有可能成為傑出領導者的人。但是他們當中有許多人，即便不是大多數，並不想要碰觸政治或者進駐大公司寬敞的邊間辦公室。我們所面臨的挑戰是弄清楚如何讓更多像這樣不易墮落、但不願出頭的人，願意開始挺身而出，跟那些過度自信和自戀且容易墮落的人競爭，後者天生就相信自己應該得到權力，因為他們是上帝給予人類的贈禮。

然而，許多組織在規劃招募方案時從未考慮到上述的問題。在該找人來掌權負責時，有太多組織依循著一個可預測的模式：採取上次行得通的方式。我稱之為QWERTY錯誤，因為他們犯了相同類型的錯誤，這個錯誤說明我們為何習慣於在設計不合邏輯的鍵盤上打字寫電子郵件和簡訊。

一八六〇年代後期，美國發明家克里斯多福．萊瑟姆．肖爾斯（Christopher Latham Sholes）製造出後來成為打字機的原型機器。早期的打字機採用直覺式鍵盤設計：下排鍵盤的配置按照從A到M字母的順序，而上排鍵盤接續著從N到Z。如果你認識字母，就知道能在哪裡找到每個字母。但這種安排有個問題。如果按鍵的速度太快，機械裝置容易卡住，特別是相鄰的兩個字母鍵被接連按下時。因此，肖爾斯交付給他那擔任賓州督學的女婿一項重要任務：弄清楚英語中哪些字母最常一起出現。他的業餘分析結果被用來設計新的鍵盤配置方式，目標是將可能需要緊連著的字母拆分開，例如S和T或者N和O。他們想出了和現在的QWERTY配置幾乎完全相同的設計。他們的按鍵排列方式有個額外的好處。由於這種配置方式讓人徹底感到困惑，所以沒有人的打字速度快到足以讓機械裝置卡住[20]。

向前快轉一百二十年。電腦鍵盤已經沒有卡鍵的問題，但每個在電腦上打字的人早已學會 QWERTY 配置方式。早期的科技公司面臨一個選擇：用更好的設計一勞永逸地優化電腦打字的方式，或者因循既有的解決辦法，即使它原本要解決的問題早已消失。如你所知，他們選擇因循舊規。（社會科學家稱這種現象為「路徑依賴」——新的決定主要建立在先前決定的基礎上。這往往導致比較差的結果，但在當時被視為阻力較小的路徑。）如果招募的方式複製舊模式，從相同的語言中找出招聘廣告的用語，或者從和以前相同的一群人中進行招募，這便是用 QWERTY 方式來決定由誰掌握權力。這個方法早該被拋棄。

自動駕駛式的招募之所以有問題，不只因為未能深化或廣化人選庫。它往往也太常複製偏見，因改變自身文化而變得更具包容性的組織，未必總是以相同的方式來更新他們的招募程序。許多隨機化的實驗已經證明，在招募領導人才的廣告中所使用的語言，會造成前來應徵者的巨大差異。舉例來說。語言往往微妙地按性別進

20 近來有一個日本研究團隊對此說法提出質疑。他們認為 QWERTY 鍵盤的起源，更多是為了回應快速謄寫摩斯電報碼的需求，但無論哪個說法是正確的，這個寓言同樣切題。

行分類。研究人員持續發現證據，例如提到要建立「在競爭中的優勢」的招募廣告，會被預期中的應徵者理解為在暗示該組織比較偏重男性。這類具有侵略性的語言，已顯示會降低應徵這些權威職位的女性人數。由於這是一種微妙的偏見，因此你需要有意識地加以消除。

想要把事情做好，用不著複雜的科學。卡內基梅隆大學（Carnegie Mellon University）的教職員注意到，主修電腦科學的學生只有百分之七是女性。他們於是拋開舊方法，並且徹底翻新談論電腦科學的方式——丟掉 QWERTY 打字機，可以這麼說。他們改革了可能嚇走潛在主修學生的必要條件，也積極尋求深化和廣化潛在的主修學生庫。結果呢？在五年內該學系的女學生比例從百分之七上升到百分之四十二。他們不需要使用配額，只是更仔細地思考，什麼因素能擴大願意來就讀的學生人數。這個辦法奏效了。

以下是重點所在：如果你想要找到合適的人來擔任某個掌握權力的職位，你應該仔細思考，你希望什麼樣的人來申請，不管是加入警察大學或者競選公職。你不應該只在意履歷的內容或特殊技能，也應該考慮到其他的標準，例如人格特質和個人以往的團隊合作紀錄。想要獲得更好的從政候選人，政黨和公民社會需要用更好的辦法去徵集有道德原則、但不太願意從政的人，他們並不急著將擔任公職當成使自己變富有、出名的管道或者博取自尊的舞台。許多創新的領導者出身於對政治冷感的職業——教育界、醫療保健和科學界的領導者等等，他們很有可能成為傑出的公僕，但從未認真考慮此事。如果我們更加努力打破 QWERTY 招募模式，事情可能會改觀。

更好的篩選方法同樣不可或缺。在單次的工作面試中，有魅力的自戀者在更徹底的檢視下，可能給人非常不同的印象。更嚴格的檢查縱使看似代價高昂，但面對那些想要獲取重大權力的人，在早期階段對他們進行更徹底的檢視，日後很可能為我們省下大量的時間、金錢和可以避免的損害。至於影響深遠的職位，例如國家元首或大公司的執行長，對他們進行暗黑三聯徵特質的心理評估，也可能是明智之舉，儘管這樣的舉動目前會被視為不尋常或侮辱人。但在掌握那種程度的權力下，所涉及的風險實在太高，讓我們顧不得提出帶有些許冒犯性的質疑。不管我們採取何種特定的介入方式，這場爭鬥的重點在於認識一個核心問題：那些不應該掌權的人更可能會尋求權力。我們需要好好設計每一種制度，設法篩除容易墮落、渴望權力的候選人。

然而，我們不應該假裝更好的招募辦法是萬靈丹。想讓明理、講道德的人自願負起擔任領導者的責任和風險，永遠會是一個挑戰。如我們在前幾章所見，容易墮落的人像飛蛾撲火一樣被權力吸引。那麼我們還能如何確保，讓比較不容易墮落的人投身這場混戰？答案可能出在一頭英國閹牛或者古希臘時代發明的古怪小機器。

第二個教訓：利用抽籤和影子治理進行監督

英國優生學家法蘭西斯．高爾頓（Francis Galton）留著連到鬢角的鬍子，是一位對數據著迷的博學之士。他的個人座右銘是：「無論什麼時候，只要你能夠，就要做計算。」這種對量化的喜好，加上可鄙的偏見，導致他用古怪的方式想要把世界變成一堆數字。高爾頓走遍十九世紀晚期的維多利亞時代英國，他帶著特殊的興趣觀察年輕女子。高爾頓用他稱作「戳針」的小玩意兒——「由置於頂針和十字形紙張上的一根針所構成」，在他特別設計的女性魅力紀錄本上戳洞。後來他編纂這些由戳針所定出的排名，製作出「美女地圖」。其結果在當時被認為用處不大。（在他的主觀評判中，倫敦美女艷冠群芳，而蘇格蘭的亞伯丁敬陪末座。）

然而，在高爾頓比較不令人討厭的量化嘗試中，有許多嘗試產生出更有用的結果。他在一九〇六年走訪了某鄉下集市。其中一項娛樂活動是邀請人們比賽猜測一頭閹牛的重量。高爾頓並不期待有人能猜中，但他決定對答案進行統計分析。比賽結束時，高爾頓分析了七百八十七個猜測。他的發現值得注意。中位數的猜測——恰恰位於七百八十七個中間的那個，是一千兩百零八磅[21]。平均的猜測——統計上的平均值，是一千一百九十七磅。

這頭牛的實際重量？正是一千一百九十七磅。

高爾頓的閹牛體重猜測比賽寓言（在詹姆斯・索羅維基〔James Surowiecki〕二○○四年的《群眾的智慧》〔*The Wisdom of Crowds*〕一書中重新流行起來）不盡然管用。人類有時會錯得離譜，即使將我們的想法或意見或猜測全部加總起來。然而當合理隨機分布的人們，貢獻出集體的聰明才智來解決某個問題時，有時會有非常出色的表現。總會有一些人在狀況外，他們猜測三百磅或三千磅。但如果這群猜測者之中不存在系統性的偏差，那麼偏低的猜測與偏高的猜測正好會相互抵消。剩下的將是數量居多的合理猜測。

問題在於做決定的那群人總是在某種程度上會有系統性的偏見。其影響往往遠超過我們所能獲得的隨機性。舉例來說，自一七二一年至今，共有五十五位英國首相。其中四十一位曾就讀牛津或劍橋大學。如我們所見，尋求權力的人並非隨機分布。相對於其他人口，他們往往是相當反常的人。去參加鄉下集市的群眾很可能更能代表當地的人口，或許可能的例外是那位帶著他的戳針去閒晃的優生學家。

真正的隨機性尤其有用，因為它消除了有強烈意見的人或隱藏的議題所產生的

21 高爾頓起初錯誤地報告這個數字為一千兩百零七，一直到二〇一四年檢視證據時才被更正。

影響。在猜測一頭牛的重量時，你唯一的動機可能是猜到正確的答案。參加集市的人不受政治利益算計的影響，或者因為迫切需要重新當選而在道德上妥協。高爾頓的閹牛寓言因此與決策經常被形成的方式並不一致。

但閹牛寓言也提供了另一個洞見。如果有人試著操縱這個比賽，而去賄賂計算結果的那人，這比起賄賂七百八十七個人改變他們的猜測容易太多了。如果權力使人腐化，那麼要腐化隨機的群眾，比起腐化自我選擇的一小群渴望權力、容易墮落的人來得困難多了。

幾千年前，古雅典人便相信隨機挑選的群眾不易墮落的優點。因此，他們設計出一種民主反腐機器，一塊細心鑿出成排洞口的巨大石板，稱作 kleroterion。在進行關鍵的決定時，雅典公民會將他們個人化的木頭或青銅製 pinakion，插進這個機器的孔洞中。接下來，一位官員會轉動一根曲柄，使機器隨機釋出一顆黑球或白球。如果球是黑色的，上排的公民就不被列入考慮。如果球是白色的，隨機分派的那一排就被指定去負起責任。這部機器實際上像古代版的摸彩機，裡面有球在亂跳，只不過它是用來挑選決策者，而不是用來讓人贏得彩金。

以隨機的方式讓公民位居權威職位稱作抽籤。有些提倡者認為我們應該以抽籤完全取代選舉，引進用抽籤進行治理的模式。這個提議有許多問題。它會破壞民主的選擇機制，而且有些政治任務，例如協商禁止核試驗條約——需要從職涯中培養出來的特定專門知識。但這不代表抽籤應該被徹底摒棄，而是應該用於提供建言給民選官員，並非取代他們。

以下是它可能的運作方式。在政治上，我們可以召開一年一度的大型公民議會，由電腦版的 kleroterion 挑選參與者。你不妨將它想成一種極致版的付費陪審團義務。與會者必須服務滿一年時間。議會將選定比方說十個在該年度需要解決的重大議題，或許加入民選官員。某一年也許處理氣候變遷或稅務改革議題，下一年則討論健保政策和交通議題。此外，民選官員可以要求公民議會給予快速的建言——對於立法機關熱切爭辯的問題，回答是或不是。例如疫情期間用法律命令民眾在擁擠的公共空間戴口罩，這是否是個好主意？我們是否應該轟炸敘利亞？現在是否終於到了應該買下格陵蘭島的時候？公民議會也像民選官員那樣，可聽取得專家的意見和建議。一旦議會成員經過討論和辯論後，他們會發布可公開取得的建言。民選官員並無奉行建言的義務，但隨機挑選出來的群眾智慧會讓每個人都看見。如果政治人物有不同的看法，他們至少必須解釋，他們為何不遵從議會所提出的解決方案。

相同的模式可適用於任何大型組織，從跨國大公司到警察部門。大公司可以利用抽籤，由組織裡的普通成員創造影子董事會。每當需要做出重大決定時，影子董事會便提出他們的看法。這會迫使冷漠、與外界脫節的董事會，至少了解一下來自基層的看法。影子董事會擺脫了季度收益競爭的短淺目光，他們有助於迫使他們的上級看見事關大局卻太常被忽略的重要事項，從而幫助避免慘敗的結局。對公共機構來說，例如警察部門，讓平民組成的影子董事會參與影響部門運作的重要決策，可以彌補負責評估不當行為的審查委員會的不足。群眾有時是錯的，但讓掌握權力的人偶爾不得不聽聽，從受他們決策影響的人之中，隨機挑選的一小群人所給予的寶貴意見，對他們會有好處。

由抽籤方式所產生的監督具備幾個優點。第一，因為是隨機產生，不會發生容易墮落者在影子委員會或公民議會中謀求職位的問題。相反的，公民議會和影子委員會中的許多人極有可能是不情願地加入——這會是一個令人樂見的改變。

第二，當領導者行事不依道德，或者只為個人私利時，他的舉動通常會變得顯而易見，因為這會與公民議會或影子董事會的建議形成強烈對比。大眾對於藉由抽籤方式被徵召來服務的人有信心，相信他們所做的決定不是為了避免惹惱遊說者，或者因為擔心疏遠某個心胸狹窄的利益團體。想要任用親信或任人唯親會變得困難許多。在企業裡面，影子董事會有充分的理由做更長遠的打算，而不只是考慮每季要發布的新聞稿，因此他們彌補了目光短淺者的不足之處。

第三，政治體制往往會走向僵局，但正常人傾向於進行妥協。當你和朋友無法決定要去橄欖園餐廳（Olive Garden）或星期五美式餐廳（TGI Fridays）時，很少有人會因為意見不合就掉頭走人，還批評對方想去的餐廳麵包棒品質不佳。但政治人物經常有類似的行為。在決策時納入更多正常人，能對實際掌握權力的人施加壓力，促使他們做出明智的解決方案而非展演性的裝模作樣。

近來的研究為這個方法提供具體的支持。一項在瑞士蘇黎世進行、涉及八百六十四名參與者的實驗，比較了透過隨機方式和競爭而獲得的權力。研究人員發現，碰巧取得權力的人，他們的行為比較不傲慢。隨機的選拔在某種程度上使人保持謙遜，但贏得競賽（例如選舉）則不然。雖然這只是一個研究，但它提供了鼓舞人心的結果。不想要權力的人在行使權力時可能最值得尊敬。

更好的招募政策，加上藉由抽籤所進行的監督，能讓壞人比較不容易做出壞的決定。但由於抽籤不能也不應該用來決定每一個權威職位的人選，因此我們仍然有一個問題：我們該如何處理那些難免會溜進來的壞蛋？我們能做什麼事，把他們可能造成的傷害降到最低？

教訓三：藉由輪調減少濫權

海倫．金恩（Helen King）曾當過警察，那時她的部門裡有一個小隊，他們是專門搜查毒品的便衣刑警，似乎一直都有超乎水準的表現。「每個人都認為他們很棒。」金恩告訴我，「任何時候只要有情報進來，甚至在星期五深夜，他們都會自願加班，研究情報，一拿到搜索令就動手。這樣做確實很有成效而且很管用。」理論上，他們是警察中的佼佼者。金恩後來發現他們熱忱背後的真正原因。

每當這個小隊執行搜查任務，找到種植在加熱燈下的大麻時，他們就收割這些大麻，回頭再賣給毒品販子。這個有利可圖的勾當持續了相當長一段時間無人知曉。警察如何能表現像罪犯一樣而不被逮到？

原來這個小隊已經刻意變成一個密封的單位。單位裡的每個人沆瀣一氣。這代表沒有外人會來干涉或探聽不受歡迎的問題。只要他們繼續努力工作，展現出看似有績效的毒品查抄工作，結果便不證自明。（這種事比你以為的更常發生。在二〇一四年，一名英國警察被發現他的洗衣機裡藏了十一公斤的古柯鹼。這件事令人印象深刻，主要因為英國的洗衣機容量很小，在裡面裝進十一公斤的任何東西都是驚人之舉。）

金恩一路晉升，最終成為倫敦市警處（London Metropolitan Police）的助理處長，專責招募和訓練工作，她明白那些不正派的毒品警察讓她學到寶貴的一課。「如果你允許他們脫離團體獨自運作，長期下來形成緊密的工作關係，無論只是兩個穿制服的警察，或者一整個緝毒小隊，必然從中滋生出許多貪腐弊端。」金恩提出警告。解決辦法相當簡單：進行輪調，如此一來就沒有人能過得太舒服。新血不只帶來新觀點，也提供了對抗貪腐的抗體。

輪調之所以重要有兩個原因。第一個原因很明顯：每當一群人形成共謀的關係時，外來者會帶來風險。越多局外者進來，就越難成功串謀而不被逮到。此外，當知情的局內人被調到別處時，他們可能會洩密。有些組織、國家或團隊擁有根深蒂固的貪腐文化，再怎麼輪調也發揮不了作用。他們裡裡外外爛成一團。但大多數時候，因輪調而暴露的風險是一種嚇阻力量，預防了權力的濫用。（這個邏輯類似於銀行規定，擔任敏感職位的行員每年必須連續休假兩週，形同為期兩週的輪調。幾個星期內少了某人對帳冊動手腳，在由別人替詐騙者填寫資料時，進行中的詐騙活動往往會被揭露。）

輪調也因為一個意想不到的原因而重要，事情跟彼得定理（Peter Principle）有關。這個與提出者勞倫斯・彼得（Laurence J. Peter）同名的概念認為，人們往往被擢升到「他們的能力無法勝任的位階」。如果一個體制大致上由菁英領導，那麼表現良好的人會一路晉升。但最終我們會碰見「彼得高原」（Peter's Plateau）——我們的技能根本無法應付這份工作的程度。我們發現自己陷入無法擺脫的困境。我們再也不能超越別人的期望。那麼接下來會發生什麼事？無法再晉升。再也沒有亮眼的表現。許多人便停滯於此。

遺憾的是，停滯者很容易墮落。期盼晉升是促使人們表現良好行為的胡蘿蔔。當人們碰到彼得高原，他們失去了這根胡蘿蔔並且更容易對他們的工作感到無聊，這是一種危險的組合。突然間，某個循規蹈矩同時冀望著爬升到最高位的人，由於挫折感越來越深，可能開始規避規則。

輪調有助於解決這兩個問題。如果多樣性是生活的調味劑，那麼輪調就是我們所需要的防腐辣椒粉。如果在輪調之後，有人依舊找不到生活的調味劑，讓人們在團隊和單位之間調動，至少可確保更早發覺不良行為。

這不只是我們社會科學家坐在象牙塔的扶手椅上打盹時，所夢見的一個抽象概念。這個概念經過驗證——在現實世界和實驗中。舉例來說，德國聯邦政府已經將某些文官任職區域標示為盜用公款、賄賂或貪腐傾向特別高的地區。在這些相關職位上，沒有人可以佔據特定職務超過五年。如有例外，必須以書面方式正式說明這個例外的合理原因。乍看之下，這個辦法似乎已然奏效。在這些職務上沒有太多貪污情事。然而德國原本已是低貪腐程度的國家，因此我們難以單獨連結其因果關係。他們的低貪腐是因為這些職員是在德國工作、守規矩的德國人，或者因為他們被輪調？

為了找出答案，卡塞爾大學（University of Kassel）的克里斯多夫．布侖（Christoph Buhren）決定進行一項實驗。實驗參與者兩兩成對，其中一個在提供真實報酬的遊戲中被指定為公務員。他們有好幾種策略可以用來獲得最高的報酬，但賄賂別人也是一個選項。為了讓事情更有趣，研究人員稍稍改變了安排方式。其中一組重複與同一個人互動，另一組的夥伴則不停地更換。結果非常驚人。當這個研究在德國進行時，夥伴保持不變的人，接受賄賂的比例是百分之三十二。但當他們每次都和不同的陌生人合作時，這個比例降到只有百分之十三。重複互動使人們更加信任彼此，更安心施行陰謀詭計。該研究也在中國複製，惟恐我們以為這種效應只發生在相對清廉的國家。在中國，賄賂的比例從固定夥伴的百分之四十一，降到與輪調的陌生人共事的百分之十九。

輪調不能創造奇蹟，但會有幫助。而且在原本就有較高比例的誠實正派人士的組織、政黨或警察部門中成效最好。如果你正在招募更好的人才，而且沒有陷入QWERTY 式的自動駕駛模式，輪調更有可能促成良性循環。讓更好的人加入輪調，更能成為有效嚇阻和抑制掌握權力者違法亂紀的策略。如果讓每一個人都受到由抽籤方式隨機挑選出來的影子董事會和公民議會的督監，這樣就更好了。

可惜即便有這些介入方式，仍然還是不夠。我們還面臨另一個問題：我們會碰見爬上高位的聰明心理病態者。因為我們鮮少去查看藏在表面之下的事物，這些人類當中的爛蘋果，擅長將自己偽裝成清新淳樸的人。我們評估領導者的方式，太常去獎賞這些看似誠實和成功的狡猾操縱者。所以我們也需要改變這件事。

第四個教訓：審核決策過程，而不光是審核結果

在我就讀明尼蘇達州鄉下的卡爾頓學院時，一群有進取心的學生志工決定發起一項免費單車共享計畫，稱作「黃色單車」（Yellow Bikes）。這個主意暖人心扉。人們捐出他們的舊單車，由學生將它們整修好並漆成鮮黃色，然後留在校園裡，不上鎖，這麼一來想要騎車而不想走路去上課的人，只需挑選一輛單車就可以上路。這個計畫非常成功，儘管曾有醉醺醺的學生在校園騎著單車搖搖晃晃地下坡時，赫然發現煞車失靈而險遭意外（我是這麼聽說的）。有一位學生甚至騎著一輛不牢靠的黃色單車，完成了卡爾頓鐵人三項的單車賽段。

四年前，我的兄弟告訴我，他在達特茅斯學院（Dartmouth College）的學生嘗試進行一模一樣的事，唯一的差別是單車漆成綠色。計畫推行不久之後，出現第一批鮮綠色塗裝的單車車隊，有一群學生認為打造一道斜坡，讓單車、騎士和全部的東西撲通一聲掉進康乃迪克河（Connecticut River），一定會很好玩。當整個單車車隊沉進河底時，大夥兒笑鬧成一團。

兩個完全相同的倡議，一個成功，一個失敗。如果你只評估過綠色單車計畫，肯定不會浪費時間在你的校園裡複製這個計畫。這個概念注定要失敗。但如果你只

評估過黃色單車計畫，那麼你會開始為單車噴漆，因為這個概念注定會成功。

人們在做決定時往往執著於一種錯誤的觀念，那便是原因與結果之間有一條直接相連且可預測的線。綠色單車最終之所以沉入河裡，全因為它是一個愚蠢的主意。黃色單車能成功是因為它是聰明的點子。但事情不是這麼回事。現實世界複雜到令人目瞪口呆，小小的變動和意外都能大大改變結果，導致我們錯誤地將失敗歸咎於某些絕佳的點子，卻盛讚僥倖成功的糟糕主意。這個教訓很簡單：不要總是專注於結果。而是要更仔細地審視決策過程。

說到評估掌握權力的人時，有三個理由使這件事尤其重要。第一，如果你因為某人把工作做好而獎賞他——當他是因為運氣好而成功時，那麼最終你更有可能因為差勁但幸運的領導者，而蒙受代價慘重的失敗。第二，擅長取得權力的人也擅長創造言過其實的論述。他們善於讓我們以為他們做得非常好，即使他們把事情給搞砸了。更仔細地審視決策過程能消除這個弊病。第三，好的領導者有時乍看之下像是壞的領導者，即使他們做對了每一件事。這種特定時機下的粗略印象，導致我們錯誤地拋棄好的領導者，或者緊抓著壞的領導者不放。

棒球提供我們一個具有啟發性的實例。一九八九年的明尼蘇達雙城隊（Minnesota Twins）是一支二流球隊，贏得比賽的次數不到一半。球迷對於包括經理湯姆・凱利（Tom Kelly）在內的隊球領導層非常不滿。球團剛剛交易出去獲頒美國聯盟賽揚獎（Cy Young Award）的投手法蘭克・維歐拉（Frank Viola），換來其他三名投手。一年後，雙城隊的勝負紀錄變得更難看，在一九九〇年球季結束時是分區賽中表現最差的球隊，一百六十二場球賽只贏了七十四場。球隊經理凱利即將完蛋。球迷和體育專欄作家開始抱怨雙城隊該換新血了。球隊老闆決定不理會批評，他要再給凱利一次機會。然而到一九九一年球季的四月中旬，雙城隊的表現看起來比以往更差勁。他們一開始的戰績是兩勝九負，包括連續慘輸七場。看樣子凱利很快就要去小聯盟找工作。

到了六月，發生了一件非常驚人的事。雙城隊連贏十五場，創下棒球史上最長的連勝紀錄之一。他們在一九八九年看似犯下大錯的交易中換來的投手，開始讓他們獲得回報。等到球季結束時，雙城隊名列第一。縱觀當時的職棒歷史，曾在分區賽球季結束時墊底的兩百四十五支球隊，沒有任何一支球隊在下個球季成為第一名。換句話說，直到明尼蘇達雙城隊在一九九一年打破這個定律。十月，雙城隊完成他們的大逆轉，在第七場，也就是最後一場比賽擊敗亞特蘭大勇士隊（Atlanta Braves），贏得世界大賽冠軍。

假使雙城隊老闆因為輸了兩個球季而屈服於開除凱利的壓力，事情會有什麼結果？這種事沒人能鐵口直斷，但凱利的管理確實是雙城隊邁向一九九一年冠軍地位的關鍵因素。倘若球隊老闆只看粗略的勝負紀錄，他可能做出我們時常會做的事：

為了壞理由而趕走好的領導者。

如果想要了解為何解雇凱利會是失算，我們應該從脈絡中仔細看看雙城隊的比賽紀錄。棒球隊有極不相同的敘薪方式。舉例來說在二〇一九年，波士頓紅襪隊（Boston Red Sox）支付給球員的薪水總額為兩億兩千兩百萬美元，相較之下，坦帕灣光芒隊（Tampa Bay Rays）只支出六千萬美元。換言之，坦帕灣光芒隊每花一元，波士頓紅襪隊得花三點七元。由於更多錢能買到更好的球員，因此在兩個球隊經理之間進行任何比較時，都得考慮到薪水問題。此外，即便是史上最差勁的球隊，至少也贏得三分之一場次的比賽，表現不佳是有底線的。史上最爛的大聯盟棒球隊，加上史上最爛的經理，依舊有可能在表定的一百六十二場比賽中，贏得大約五十四場。因此，統計學家想出一種更好的指標來評估表現：在最爛的球隊都能取得的五十四勝之外，你得為每一場勝利花多少錢？舉例來說，如果一支球隊贏得一百零四場比賽並花掉一億美元，也就是五十場（104 − 54 ＝ 50）「額外的」勝利需要花費一億美元。在這個例子中，球隊為每場額外的勝利付出二百萬美元。

在一九八九和一九九〇年，湯姆．凱利的工作岌岌可危時，明尼蘇達雙城隊為每場額外的勝利所付出的金額遠低於其他許多球隊，例如紐約洋基隊（New York Yankees）是明尼蘇達雙城隊的兩倍。在不豐厚的薪資條件下，凱利把他的工作做得相當好，但這沒有顯示在聯盟的名次表上。凱利在一九八九年重建球隊，一九九〇年還需要時間練兵，因為重建球隊的關鍵在於將比較年輕的球員培養成一流選手[22]。由於雙城隊老闆的耐心，他們在一九九一年獲得巨大的回報，奪下世界冠軍。換作是其他老闆，凱利在一九九〇年後就會被開除。

因此關於領導者，棒球教導我們一個意想不到的教訓：我們往往只看輸贏，而沒有去評估造成這些結果的決策。短淺的目光導致我們誤將好的結果與好的領導者混為一談，而將壞的結果與壞的領導混為一談。現實是更加微妙的事。

這看似微妙的一點相當重要，因為許多狡猾可惡的領導者進行著更間接的統治，他們真正擅長使他們的成果看起來令人欽佩。還記得勞奇嗎，那個在斯克內塔迪的心理病態工友？為了獲得晉升，他竭盡全力使前任者的節能成效看起來不如實際上那樣。勞奇甚至利用暴力脅迫來遮掩他自己的績效不佳。棒球隊經理無法為他們的勝負紀錄進行加工，但政治人物、執行長、警察和其他位高權重者，確實經常對統計數字做手腳或者竄改資料，以營造看起來美好但誤導的印象。某些壞領導者特別擅長掌握時機。最壞的領導者非常樂意將他們遲遲沒有處理的難題丟給繼任者，營造一切順利運作的假象，直到新的領導者接手。這類操作手法使得我們更容易去獎賞那些做錯了事，但設法利用話術、欺騙或玩弄體制來逃過制裁的人。為了避免落入這個陷阱，我們必須評估決策過程本身，並在適當的脈絡下仔細審視結果。

歷史上有許多領導者因為成功的公關活動，而獲得不應該得到的讚美，例如義大利法西斯黨領袖墨索里尼（Benito Mussolini）。雖然現在墨索里尼理所當然地被視為法西斯惡人，但有一項美譽卻一直跟著他，如同一顆美人痣頑強在凸出於獨裁主義的惡瘡上。我指的是「他讓火車準時」的說法。這個說法存在一個問題：他實際上沒做到這件事。

義大利的鐵路在第二次世界大戰後狀態不良。在墨索里尼掌權之前，大部分的投資用於鐵路的修理和改革。等到墨索里尼變成獨裁者後，他關注的是虛榮的公共建設表象，在鐵線沿線為國家菁英分子建造裝飾華麗的火車站，卻忽略了服務平民百姓的通勤火車。墨索里尼統治期間，許多人死於興建計畫，而且大多數火車依舊無法準時到站。火車之所以無法準時，更多要歸咎於墨索里尼的前任者所做的決定。話雖如此，墨索里尼做了許多掌權者非常擅長的事：他將別人決策的功勞據為己有。如果你只注意表面的結果，而沒有仔細查看潛在的背景或決策本身，你最終只會強化而非嚇阻惡行。

問題是當一切結果令人滿意時，沒有人會去調查某個決策是如何形成的。我們

22 更進一步地說，關於哪些球員要留在球隊，經理的決定權相當有限。這些決定權通常保留給球場外的高層：球隊總經理。結果我們往往將球隊的表現不佳歸咎於場上的經理，但他們只是在執行球隊決策圈中能見度極低的領導者所做的決定。

會因為災難而成立委員會，但沒有所謂的成功委員會。這種做法需要改變，因為運氣在成功或失敗中扮演了如此重大的角色，所以我們也應該定期地調查可能因為過程中的疏忽而產生的成功結果。

舉例來說，一九八六年挑戰者號（Challenger）太空梭的爆炸原本是有可能避免的，假使在寒冷天氣下發射時，工作人員更加注意到O形環受損的問題。然而，這個問題被太多有能力解決的人給忽略，因為它不曾導致爆炸——尚未如此。所有的警告標誌都在。發射後的再檢查是程序上的災難，當中的紅旗警告被忽略，吹哨者被忽略或者被封口。然而因為太空梭已經安全返回地球，所以沒有人多加注意。假使挑戰者號沒有在一九八六年爆炸，之後也可能會爆炸。從意外的成功中學習，跟從慘敗中學習一樣重要。但我們通常無法這樣看待事情。

我們已經見識過容易墮落的人如何尋求權力，並且他們往往更擅長取得權力。這四個教訓提供了如何將更好的人送進掌權位置的地圖：招募更聰明的人；隨機挑選執行監督任務的人；更常進行人員的輪調；以及審核決策過程，而不光是審核結果。如果能落實上述所有四個策略，我們便是朝著讓更好的人掌權的目標邁進。但我們仍然還在半路上，因為無論我們怎麼做，總有一些容易墮落的人會變得更有權力。那麼，我們要如何確保人們一旦掌握權力後，不會受到權力腐化效果的影響？

Chapter
11

責任的重量

第五個教訓：創造頻繁、有效的責任提醒

如果你以為你曾有過充滿壓力的第一天上班日，請你再想想。

英國首相就職時，他們通常會疲倦，但心情愉快。他們在前一晚慶功，所有的人帶著微笑和樂觀的心情抵達唐寧街十號首相官邸。羅賓．巴特勒（Robin Butler）的工作是負責抹去他們臉上的微笑。

「首相將要抵達，而且必須在短短兩、三個小時的睡眠後開始工作。」巴特勒告訴我。一旦進到辦公室，新的領導者會面對一大堆的文件——要預定的約會、要簽字的正式聲明和不能等的決定。在這些文件之中，巴特勒放了一組看起來無害的文件。然而，那是一枚道德地雷，是人類可能面對的最困難的決定。巴特勒負責解釋文件內容，這是一項不值得羨慕的任務。

他的說明大概如下：英國有四艘核子潛艦，口語上稱作三叉戟號（Trident），

以它們所搭載的核飛彈命名。當你讀到這裡時，四艘潛艦中的其中一艘正在巡邏世界的海洋，像一頭擁有難以想像的破壞力的巨獸潛伏在深處。艦上的酬載含有六千四百萬噸當量的爆炸威力，相當於四百三十枚投在廣島的原子彈。如果武器工程人員按下發射器，由紅色點四五科爾特左輪手槍槍柄改造成的扳機——所有的國家會在幾分鐘內從世界上消失。飛彈一旦發射，便無法取消。

接連幾個月，巡邏中的三叉戟潛艦沒有傳送或廣播任何訊息。它無聲無息地航行，只拖著一條天線接受進來的命令。保密是最重要的事，因為任何人都不得知道這艘潛艦的位置。理由很簡單：這艘潛艦是英國的核子威懾力量。如果它的位置被得知並且遭受突襲，這個威懾力量可能瞬間瓦解，而使英國陷於險境。只要它的位置無人知曉，假如敵人對英國展開核攻擊，就得擔心可能迅速遭到報復，這種擔心稱作相互保證毀滅。如果你用核武攻擊英國，你會有很好的理由擔心你馬上也會遭受核攻擊。

但如果核武突襲對準了倫敦，在一片可怕的煙雲和輻射中迅速摧毀了英國政府，那會發生什麼事？誰會下令展開報復？這個不祥的問題已經在一個聰明但使人不安的協議中得到回答，稱作最後手段信函（Letters of Last Resort）。對幾位英國首相來說，這份協議始於巴特勒交給他們四份文件和四個信封時，每份各給一艘三叉戟核子潛艦。

「接下來我會說明這個可怕的道德問題。」巴特勒告訴我，那時我們一起在他的威斯特敏斯公寓裡喝茶。巴特勒同時擁有騎士和勳爵的身分，身材高大且流露一股威嚴，這是他年輕時打競爭激烈的橄欖球遺留下來的風範。儘管他已經八十好幾，但是他活躍的程度遠超過他雪白的頭髮給人的感覺。然而當他在簡報這些信函時，臉色發白的人卻是新任的首相。

巴特勒所給的指導直截了當，即便新來的領導者所面臨的抉擇並非如此簡單。領導者必須手書命令，指示一旦英國遭受核武攻擊而政府不復存在時，該採取何種行動。並無正式規定規範英國首相必須寫什麼內容，但有四大建議選項：報復、不報復、將潛艦交由美國海軍控制，或者讓潛艦指揮官自行決定應該怎麼做。困難之處在於唯有英國的敵人相信這些信中含有報復命令時，核威懾才有效。如果敵人知道信中寫說不要報復，那麼他們可以發動攻擊，而不必擔心英國核武的還擊。

巴特勒會向首相們解釋，他們的死後命令必須在不知道誰會攻擊英國，或者為什麼攻擊英國的情況下提前寫好。報復行動可能引發消滅地球上所有生命的一連串反應，用威力足以產生核冬天的武器一報還一報，造成人類滅絕。英國首相必須在不知道這些脈絡的情況下做出決定。我應該下達這些命令嗎，如果被奉行，可能消滅掉人類？如果你是英國首相，你會怎麼做？

「這對首相造成極大的衝擊。」巴特勒回想，「但最重要的是，這件事必定能讓他們更清楚了解，他們身負多麼沉重的責任。」

英國政府似乎意外地設計出這種終極的制度，來提醒位居高位者權力的重擔。打從第一天開始，新任首相就必須明白，他或她所做的決定可能摧毀生命，甚至終結所有人類的生命。那麼，它實際上如何影響英國首相？為了找出答案，我需要用 Zoom 打電話給英國前首相布萊爾。

他出現在我的螢幕時，手裡拿著馬克杯——想必是一杯茶，身上穿著舒適的毛衣。「抱歉我穿得這麼隨便，現在到處都在封城。」他解釋。

我問他贏得選舉、搬進唐寧街十號以及被巴特勒的簡報轟炸是什麼樣的感覺。「雖然每個人都愉快，但我真的高興不起來。」布萊爾說。「我被落在身上的責任重擔壓著，深深意識到它的存在——我非常清楚打選戰跟執政是大不相同的兩件事。」

但是他說最後手段信函並不像是我預期般那樣沉重的負擔。「我很老實地說，我認為發生核子大災難的可能性微乎其微……是的，當然，我非常認真地決定該怎麼寫這些信。」布萊爾說，他停下來思考。「但它似乎只不過是極其渺茫的可能性，所以我不能說它讓我念茲在茲。」然而布萊爾確實說到，他從其他簡報中獲得相同的「責任效應」，這些簡報讓他完全明白他的責任有多麼重大。他堅稱他一向知道，當你在替百萬人做決定時，你得時時想到那些受影響的人是個別的人，而不是統計數字。

「我總是非常清楚這個區別。」布萊爾說。「法國作家迪阿梅爾（Georges Duhamel）的書中有一個角色，他愛全體人類，只不過他恨個別的人。」布萊爾說他決定不要表現得和那個角色一樣。

「我的許多改變和改革都源自第一線的參訪經驗。」布萊爾回想，「我會參加公開的活動，然後花幾個小時，舉例來說，和第一線的健保工作人員或警察相處。這麼做往往能讓你接地氣……對政治人物來說，最重要的是除非你對人感興趣，否則不要從政。每個人都是真實存在和個別的人。」

布萊爾成為現在英國政壇備受爭議的焦點人物，主要因為他決定對伊拉克作戰。但無論你抱持何種政治觀點，布萊爾對於握有權力的感覺的深刻理解，都值得我們深思。對冷戰時期的英國首相而言，最後手段信函可能比較嚴肅，因為核子衝突感覺真有可能發生。對布萊爾來說，讓他停下來仔細思考事情的是接觸一般民眾的第一線參訪活動。這是一個重要的教訓：對大多數人來說，持續提醒自己所做的決定可能影響到別人，能讓人產生更多的反省，因而改善他們的行為。這不是什麼神奇的靈藥，但會有幫助。

在權力可能遭到濫用的情況下，提醒行使權力者他們相應的責任，是至關重要的事。有時這些提醒是刻意被創造出來，如同最後手段信函那樣。有時你不需要刻意設計，這些令人痛苦的提醒是內在固有的。舉例來說，死在手術台上的病人會讓外科醫師難以釋懷。雖然這是可怕的經驗，但許多外科醫師會告訴你，他們以積極的方式保持專注。無可否認的是，每一刀的動作都重要。

還有其他人也投身於風險明顯存在且無情的任務中。舉例來說，康乃爾・布魯克斯（Cornell William Brooks）在擔任全國有色人種協進會（National Association for the Advancement of Colored People）會長時感覺到那種責任。他很清楚他的一舉一動不會受到任何其他主管的評判，而是作為在美國的一整個族群——黑人的表率。「你明白你所說的話不只代表你自己。」他告訴我，我在他位於哈佛甘迺迪學院（Harvard Kennedy School）的辦公室和他碰面。「你是在代表那些沒有機會發言的人說話。這麼想會讓你保持謙卑。」

加拿大第一位女性首相金・坎貝爾（Kim Campbell）曾告訴我類似的事：「沒有任何一個看起來或聽起來和我一樣的人，曾經做過那樣的工作。你如何處理被認為不失女性分寸的挑戰？但與此同時在應付危機和艱難的局勢時，又要展現恰如其分的堅強、威風凜凜和值得信賴？」她時常覺得她被當作一個測試案例——不是她的政黨或她自己的，而是讓一個女人治理國家的測試案例。「我從沒聽任何人說過，金・坎貝爾正是我們為何不應該讓女人當首相的實例。」她說，「如果有人那樣說，真的會讓我擔心。」

對於率先擔任某個權威職位的先鋒，或者扛著正式旗號，代表向來遭受歧視的某個群體的人來說，責任的重量不是偶爾出現，而是持續不斷地提醒。雖然我們難以獲得精準的資料，但很有可能如此沉重的負擔，確實使金・坎貝爾和康乃爾・布魯克斯這樣的人更加堅持正直清白的領導。他們知道這不只是關係到他們自己而已。

然而，從理智上了解責任是什麼，並不保證就能神奇地轉變成良好的行為。以有史以來最讓人感到沮喪的研究之一為例，在一九七三年，就讀普林斯頓大學、想成為牧師的學生受邀與研究人員會晤，談談他們想要擔任神職人員的動機。後來這些神學院學生被要求準備一個關於好撒瑪利亞人聖經寓言的簡短演說，故事中有兩個冷漠無情的人從路上遭到搶劫的可憐受害者身旁走過，卻沒有伸出援手，直到後來有一位好心的撒瑪利亞人停下來照顧他。在這些學生準備好了他們的好撒瑪利亞人演說後，他們被告知要到附近的某棟大樓發表他們的演說。

事情從這裡開始變有趣。三分之一的學生被告知他們有充足的時間到達另一棟大樓；三分之一的學生被告知如果他們馬上過去就會來得及；另外三分之一被告知他們快要遲到了，得趕快跑過去。

研究人員很淘氣，在學生前往發表好撒瑪利亞人演說的途中，讓每個學生都會在兩棟建築之間的過道上遇見一位陷入痛苦中的陌生人。這個過道非常狹窄，學生們必須跨過那個受苦者才能通過。受苦的陌生人是實驗的一部分，但這些未來的牧師並不知情。時間充足的神學院學生有百分之六十停下來幫忙；來得及的學生有一半停下來，但趕時間的學生只有十分之一對陌生人伸出援手。此事尤其諷刺，因為這些未來的牧師是趕著去發表一個關於聖經寓言的演說，這個故事告訴他們如果遇見受苦的陌生人，應該停下來幫助他。提醒人們身負的責任可能會有效果，但其他因素也會使提醒失效。

因此，為了創造更好的行為，你必須用另一種心理上的微調來配合責任的提醒：讓位高權重者知道他們行為的代價和後果。如果掌權者在正視眼前的人類面孔時，沒有時常深感不自在，那麼他們可能沒有善盡他們的職責。

第六個教訓：別讓掌權者把人們看成抽象事物

肯・芬伯格（Ken Feinberg）展現高效能、高報酬律師的典型形象：熨燙得一絲不苟的白襯衫、閃亮的銀袖扣、龜甲製眼鏡。七十六歲的他看起來比實際上年輕，但他的禿頭顯露出穿過額頭的皺紋，彷彿幾十年來所做過的痛苦決定，已經蝕刻在他的臉上。他說起話來中氣十足，每個字都帶著近乎誇張的波士頓腔。當他準備強調某個重點時，他的聲調會提高到尖叫的程度，就像化身為人類的大寫字母。然而，尖叫無法取代正確性。芬伯格像二十一世紀的武器瞄準系統般精準地運用語言。這種技巧在他的職涯中至關重要，因為他的事業是建立在對著面臨可怕遭遇的家屬說話。

過去三十五年來，芬伯格負責監督美國每一筆鉅額補償金的發放，例如桑迪胡克（Sandy Hook）小學槍擊屠殺案、英國石油漏油事故和波士頓馬拉松爆炸案等。一旦美國發生出現一長串受害者名單的恐怖事件，芬伯格的電話就會響起。但他所接受過最困難的任務，無疑莫過於處理九一一受害者賠償基金（September 11th Victim Compensation Fund）。在兩千九百七十七個人於紐約、賓州和華盛頓特區等地遇難後，芬伯格必須回答一個不可能回答的問題：他們的每條人命價值多少？

這是一筆龐大的基金，芬伯格因此擁有一些操作的餘裕。但某種程度上，這讓事情更難辦，因為不是每個人都均等。他想出一個務實的解決方法：設法計算出倘若這人沒有成為九一一恐怖攻擊的受害者，他或她的餘生裡會賺到多少錢。這是一個令人不舒服的方法，將人們的價值簡化成他們的收入，並將極大的不平等嵌入賠償的決定中。然而如此一來可以解決一個關鍵問題：收入較高的受害者比起收入較低的受害者，往往負擔著更大的財務責任，從而設法儘量讓已經歷過這麼多痛苦的家庭免於瓦解。沒有人希望見到某個寡婦或鰥夫，在預期有穩定收入下而簽定的抵押貸款違約。芬伯格的模式將確保這份預期中的收入，或大約接近的收入——會持續進來。

為了預防起初提供給某個家庭的賠償金額受到質疑，芬伯格建立了一個系統，允許個人提出申訴。他會親自與這個家庭會面，聽他們談談他們所愛的人，然後判定他們的情況是否構成進行調整的正當理由。「八百五十名個別的受害者和他們的家屬親自來見我。」芬伯格告訴我。「我發現九一一事件所造成的創傷和恐怖，以及所愛之人化為灰燼，甚至屍骨無存的失落，會讓人變衰弱。」與這些人面對面是揪心的經驗。

芬伯格無法令死者復活，但他可以恢復一個悲傷家庭的財務能力。因此芬伯格日復一日、月復一月地傾聽。我問他，等到這些可怕的故事變成他例行公事的一部分時，他是否因此變得麻木。他立即反駁，「無論你做過這件事情多少次，都無法更有能力使自己從這場悲劇的情緒餘波中抽離出來。那是你永遠無法克服的事。」

財務的計算也不是一件直截了當的事。從事低收入工作的年輕人，例如因為攻擊事件而失能的世貿中心咖啡店員，按理他們在往後的人生中原本可望賺到更多錢。「芬伯格先生，」他回想起許多人曾對他說，「我這份工作雖說是低薪工作，但合約載明過了幾年後，我會有五倍的薪水。」拿合約來給我看，讓我看看文件證據。「芬伯格先生，我現在只賺 XX 錢，可是我剛剛被哈佛法學院錄取。」向我證明你被錄取了。如果芬伯格認為這些假設是合理的，他會將賠償金額往上調。如果不合理，便加以拒絕。

請你想像一下必須告訴一位悲傷的母親，說她兒子的性命根本不像她說的那樣有價值，至少就財務觀點而言。想像一下必須直視家屬的眼睛，對他們說他們已故愛人的職業夢想和抱負、對未來職涯升遷的計畫以及所將獲得的薪水，根本是不可信的。這就是芬伯格在辦公室裡度過的標準的一天。

芬伯格甚至不得不做出可能讓家庭四分五裂的決定，從而加重了受害的恐怖氣氛。曾有一位女士來見他，不是要求更多的賠償金，而只是想跟別人談談她的丈夫。他是一位消防員，在設法拯救逃出雙子星大樓的人們時遇難。她告訴芬伯格，她的丈夫是她的宇宙的中心、一位模範丈夫和模範父親。她稱他為「媽媽先生」。當他不在消防隊值班時，他會陪他們的六歲孩子打棒球、教四歲的孩子閱讀，或者給兩歲的孩子讀床邊故事。

「我沒有爬上我們的大樓屋頂，跟著他一起走的原因是顧念到我們的三個孩子。」她流著淚對芬伯格說。「可是沒了媽媽先生，我的人生到此結束。我不在乎你給我多少錢。」然後她就離開了。隔天，芬伯格電話響起，是一位律師打來的。

「芬伯格先生，你昨天是不是見了那位有三個孩子的女士，分別是六歲、四歲和兩歲？他們的爸爸被叫作媽媽先生？」

「沒錯，她真可憐。」

「芬伯格先生，我想告訴你一件事。我並不羨慕你必須做的事，你的工作很棘手。然而她並不知道媽媽先生還有其他兩個孩子，他在紐約皇后區的情婦的五歲和三歲的孩子。我代表這位情婦和她的兩個孩子。我只是想讓你知道，當你在簽付九一一支票時，他身後留下的孩子不是三個，而是五個。但我確信你會做正確的事。」

那位律師卡嗒一聲掛掉電話。

你告訴了那位遺孀嗎？或者保持沉默？

「我最終的做法是，」芬伯格回想，「我從未告訴過他們這件事。我做了兩份計算。我開了一張支票給他那身為三個孩子監護人的妻子，在她不知情的情況下，我又開了另一張支票給他那身為兩個孩子監護人的女友。就是這麼回事。」芬伯格說在處理這類的困境幾十年後，他學到兩個教訓。第一個是生命有可能在一瞬間發生意想不到的變化，所以你最好要珍惜生命。但第二個教訓——我們即將要探討，是我們通常不會與律師的冷靜超然聯想在一起的事。

「你最好當個仁慈的暴君。」芬伯格堅決認為。「你最好要有同理心。你最好將適量的同理心和敏感性加到你的政治權力和實質權力中。因為如果你沒有這些特性，沒有覺察到你對受害者的同情和理解，那麼你注定要完蛋。」

這個洞見有其戰略層面的意義。如果缺乏對受害者的同理心，獲得補償的人比較不容易接受議定的金額，而且受害者可能會長年糾纏於法庭攻防中。但芬伯格也發現自己充滿人性的那個重要層面。他與八百五十位受害者及其家屬坐下來面對面，他直接看見每個家庭的痛苦。對於倖存者來說，他們必須永遠面對無法擺脫的身體毀傷和傷痕。

「除非你有鐵石心腸，否則在這些一對一的秘密會議中，你會受到他們的脆弱情緒和表現的影響。」芬伯格告訴我，「當中有一定程度的人性阻止我自以為是凱撒大帝或亞歷山大大帝。這是抑制我們妄自尊大的一種方式。」

總共有超過七十億美元的賠償金發放給大約三千名受害者及其家屬，主要依據芬伯格所做的決定。他承認他控制了他們的財務命運。因此，他竭盡全力確保受他影響的人不是無固定樣貌的抽象事物。在他做出決定之前，他會想像他們的模樣、聽聽他們的聲音，以及和他們一起感受痛苦。如果他要拒絕某人，他得在直視這人的雙眼之後才會這麼做。

遺憾的是，芬伯格對於消除決策的抽象本質的堅持，在現今的世界相當罕見。現在要當個辦公桌怪物，不用離開舒適的辦公室座椅，或者不用直接看見別人所受的苦，就能傷害、摧毀或甚至終結生命的人——比以前容易多了。有一整個產業的存在是為了讓做出決定的人，不必親眼看見這些令人不舒服的決定。那些往往具備委婉名稱的工作，例如公司縮小規模專家或終止顧問，他們能替你的老闆省下因為開除一位資深員工而感到有點不舒服的麻煩，於是這件事便外包給別人來做。但這為什麼重要？當嚴重的傷害被消毒成一種婉轉的說法，而做出對別人造成痛苦的決定的人，絕不會親眼看見這種痛苦，這會發生什麼事？

在某個晴朗涼爽的一月天，我走在加州大學柏克萊分校，行經手握 Nalgene 水瓶的學生。其中一個學生的背包上寫著反對戰爭，以及為人權受侵犯的受害者爭取正義的標語。我穿過擁擠的學生人群，來到法學院大樓走廊，敲了敲柏克萊最具爭議性的教員柳約翰（John Yoo）辦公室的門。他穿著深色西裝、打領帶，與其他教員形成強烈對比，他們在辦公室裡打字，多半穿著牛仔褲和馬球衫。柳約翰用微笑熱情地歡迎我。我和他握了握手，十分清楚許多人將我眼前這個男人視為戰犯，而不是法律教授。

二十年前，在九一一事件發生不久後，時任美國副助理司法部長的柳約翰，被賦予幫助布希總統判定哪些行為合法或不合法的任務。當時的柳約翰是野心勃勃的年輕律師，三十來歲就已經為總統提供建言。他寫了一系列的案例摘要，提出理由來贊成在危機時期擴大總統的權力，此後引起了布希行政團隊的注意。後來某位法學教授說他是「真正有信仰的人」。

二〇〇二年一月九日，柳約翰寫下一份如今惡名昭彰的備忘錄，主張日內瓦公約的保護——禁止在衝突期間刑求被拘留者的保護，不適用於在阿富汗被逮捕的戰鬥人員。這份備忘錄的目的，部分是為了確保美國和美國士兵不會被指控戰爭罪，即使他們在審訊時虐待囚犯。柳連同其他一小群律師和行政官員自稱為戰爭委員會，決心為他們後來委婉地稱作「加強審訊」的行為找到法律上的正當理由。因此，他們不讓其他政府律師做決策，最有可能的原因是這些律師抱持著國際法確實適用於美國的觀點。許多法學學者和政府律師隨後表示，柳的法律見解遠遠脫離關於行政當局和國際法的主流共識。無論是對是錯，柳的觀點對於當時的白宮而言確實來得正是時候。

二〇〇七年八月，柳約翰撰寫了另一份備忘錄。它放行了大多會視為刑求的審訊技巧。具體而言，柳的備忘錄替坐水凳（使被拘留者長時間感到溺水和窒息）；將囚犯關在小箱子裡，然後倒入活生生的昆蟲使之驚慌；以及讓囚犯長達十一天持續保持清醒，提供了法律上的正當理由。有些人，例如柳，認為這些技巧是防止未來攻擊事件發生的必要手段。但後來的復審顯示，在九一一事件後遭受美國政府刑求的一些被拘留者是無辜的。

當你遇見一個設法處理有重大後果的道德難題的人，難免會設身處地替他著想。良心受折磨會是什麼樣的感覺？所以我問了這個明顯的問題：這件事對他個人產生什麼影響？他是否曾經因此失眠？

他的回答雲淡風輕：「不，我不認為我失眠過——因為身為學者，我早已隨時在思索這些事。對於做出這些決定，我個人並沒有感到很大的壓力。」

我繼續追問那個答案。柳和我都發表過許多學術論點，但我覺得在智識辯論中陳述我的看法，與發布法律意見，導致刻意使人感覺他們彷彿快要溺死，兩者之間存在極大的差異。「確實不同。當時在政府中與我共事的某些人，我認為他們在處理這些議題時有些崩潰。」儘管他的同事之間發生過激烈的內部爭執，但柳說他沒有摻合進去。

「我是這麼想的。」柳告訴我，「關於審訊方式，有例如從一到十二或不管多少的強度。所以我們大可停留在四。這樣或許太低了，人們日後可能批評我們不太甘願設法保護國家安全。當你來到十二，人們可能會說我們過於放任。凡事都是一種權衡。就審訊方式來說，你可以選擇你想要的界限。不管你止於何處，都會有某種好處和代價。」

有人會站在柳約翰這邊，為旨在拯救生命的困難決定喝采。有人會視他為戰犯。但讓我印象最深刻的不是他的對或錯，而是他說理的方式。無論我怎樣逼問，總是得到不帶感情的分析式答案。他和藹可親、斯文有禮，他的回答思慮周密——即使在我試著逼迫他時。他以有條不紊的冷靜，概述每個決定的邏輯。他顯然深刻思考過這些問題。但無論在什麼時候，我都察覺不出任何一絲情緒，或猶豫的停頓。

我和他道別，出門走進柏克萊的陽光中，這時我突然明白刑求對於柳來說可能停留在抽象事物。他所尋求的答案存在於書本和簡報中，不在遙遠的監獄裡。他大概從未直視過一個相信自己就要溺死的人的眼睛。這樣的經驗或許也改變不了柳堅定的法律觀點。畢竟法律理應冷靜超然，不受情緒影響。而且柳的觀點顯然始終如一。參觀一趟陰鬱的刑求場所，可能也無法左右他的想法。

對於那些在道德上做出令人不安的決定的人，適量的不舒服或許正是他們所需要的。芬伯格和柳約翰兩人都是在處理九一一事件後的法律極限問題。芬伯格設法確保他能直視那些受他的決定所影響的人，柳則從未見過他們。這些不只是軼事，事實證明我們有充分的理由相信，如果我們能確保更多的執行長、警察和政治人物仿傚芬伯格而非柳的做法，那麼我們的社會將減少許多冷酷無情的濫權事件。

小鹿斑比、去除人性與人工智慧

人類關係是由一種稱作心理距離的概念在居中斡旋。我們的社交生活有點像洋蔥。核心處是你最親密的家人——你的配偶、子女、父母和兄弟姊妹。向外一層是你的擴大家庭，然後或許是你的朋友，接著是同事等等。所有這些層次，像洋蔥一樣，如果他們有人發生了什麼事（視你的同事是誰而定），你會因此哭泣。但最終等到加到足夠的層次，你便開始接近表層，那些是可拋棄的部分，你不會太在意他們的損失。再往外一層，那甚至已經不屬於洋蔥的一部分。關於這些人，你甚至連想都沒想過。

當然，每個人的洋蔥都不盡相同。多愁善感的人可能有一顆比較大的洋蔥。有些人更快到達表層，他們只關切最親近的個人關係。

但某個特定層次是否重要，並非固定不變，而且可能隨著時間而改變。如同道德哲學家彼得．辛格（Peter Singer）所言，人類和人性的故事是一個「擴散圈」。在嬰兒時期，我們的道德宇宙很小，局限於我們的父母親加上或許妒忌的同胞手足。但隨著我們的成長發展，我們會關心越來越多的人。辛格也認為人類的歷史向來是由擴散的道德圈來定義。人們以往只關心他們身邊的人。現在發生在世界另一頭的海嘯或恐攻的故事，連同我們素未謀面或不曾認識的人，也可能令我們感動。那麼，你能不能刻意擴展你的道德圈，或者讓你的道德洋蔥變得更大？

某人在我們心中被描繪或建構的方式，能徹底改變我們對那人或那群人的看法。舉例來說，美國人往往將伊朗人視為敵人，但美國基督徒卻可能感覺跟受迫害的伊朗基督徒站在一起。好萊塢導演長久以來了解這種藉由操縱心理距離來建構角色的力量。如果我們對於某個角色一無所知，當他死在銀幕上時，我們不會有太大的反應。無名者無法感動我們。在戰爭場面中大批被掃滅的無名人物，對我們大多數人的影響有限，即使我們隱約明白他們也有家人和抱負。看不見的東西，便不會放在心上。然而當主角死亡時——我們感覺我們了解他、為他加油打氣並且認同的人物——這下就成了電影賺人熱淚的時刻。這種效應非常強大，以至於一頭鹿的死亡，例如小鹿斑比的媽媽，比起動作電影中每一個無名人類受害者的死亡，帶給我們更大的創傷。

具體性是重要的。比起資訊部門那個會拉小提琴、每天帶著酵母麵糰進辦公室的凡妮莎，你對一般的「電腦迷」可能更容易有不同的看法。或者，相較於在你的公司足球隊踢球的第一代移民荷西，你更容易對一般「移民」有不同的看法。（的確，有前後一致的證據顯示，最反對移民的地方往往有最少的移民人數。）如果我們更常與某人往來，這人越不容易變成某種類型範疇。當我們往內一層層剝開人們的性格和內在生活時，他們越靠近我們的社交和心理洋蔥的核心，反之亦然。如果某人保持為抽象事物，我們更容易不在意這個人。

這個洞見提供了可用於為善和為惡的藍圖。根據紐約大學心理學家雅科夫・特洛普（Yaacov Trope）的說法，心理距離有四個面向，這四個面向決定了某個決定是否存在於我們在意的洋蔥內。第一是社交距離（不，跟那個可怕的疫情無關）。社交距離指的是對於會受到你的行為影響的人，你的認同程度有多高。要開除你女兒閨密的父親，比起開除你從未見過面的人困難多了。第二是時間距離。你做出決定與它可能產生效果的時刻相距多久？化學公司的執行長會發現讓有毒物質慢慢滲入地下水中，比起在餐廳裡往某人的水杯中下毒容易。第三是空間距離。要傷害在遠處的人，比傷害跟我們待在一個房間裡的人容易。第四個經驗距離。如果你只需要想像傷害或虐待別人的後果，就像柳約翰那樣，而不是從內心深處去感受、體驗或親眼目睹這個後果，你會比較容易做出決定。

關於心理距離如何決定人類行為，戰爭提供了尤其具有啟發性的實例。縱觀人類大部分歷史，戰爭向來與這四個面向的其中三個有關。無論是斯巴達人，或黑斯廷斯戰役（Battle of Hastings）中的征服者威廉，戰場上的殺戮是近身、立即且刻骨銘心的經驗。將矛刺進別人的腹部，無疑是完全缺乏時間、空間和經驗距離的事。這種缺乏心理距離對於想要打勝仗的將軍，會因為一個簡單的原因而造成問題：許多人天生厭惡殺戮。

十九世紀的法國軍官阿丹・杜皮克（Ardant du Picq）發現證據，證明在一八六〇年代有極高比例的法國士兵故意將他們的武器往空中發射，而不是射向戰場上活生生、會呼吸的人。戴夫・葛司曼（Dave Grossman）的《論殺戮》（*On Killing*）概述了歷史上的這種現象，提出明顯的證據，說明數量驚人的士兵在作戰時並沒有真正使用他們的武器。在蓋茨堡之役（Battle of Gettysburg）後，兩萬七千五百七十四把被集中在一起清點的滑膛槍，有百分之九十依舊裝填著彈藥，或者裝填了兩次彈藥而沒有發射。當士兵在使用武器時，有些人不願意真的射殺別人。在越戰中，據估計每殺死一個人要發射多達五十萬發子彈。葛司曼的書指出，現在警察和士兵的訓練更常使用人形靶而非圓形紙靶，以便讓射擊者更能做好準備，在現實世界中對真人開槍。如此微小的調整已經顯示其目的是為了增加發生武裝衝突時的開火比例。

然而，只要利用一個技巧，你便更容易克服扣下扳機的猶豫：別把你要射殺的人當作人類。而是在心理上將那人變成一個可任意處置的抽象事物。歷史上最可怕的暴行在實施之前，通常先從語言著手，使人類等同於昆蟲、害蟲以及甚至物品。奴隸被指稱為家畜；美國原住民被叫作野蠻人；盧安達種族滅絕的加害者將圖西族描述成蟑螂[23]。納粹則視猶太人為老鼠，並在海報上將他們描繪成虱子。

但即使在殘暴的政體下，明白提醒人們那些被當作目標的受害族群事實上是人類，也能產生強大的效果。「玫瑰街抗議」（Rosenstrasse Protest）是希特勒統治下極少數成功抵抗放逐猶太人的行動之一，當中非猶太裔德國女性抗議她們的猶太人丈夫被拘留。由於被拘留者與非猶太裔德國女性有正式婚姻關係，因此他們被視為完全的人類，抗議活動奏效。遭拘留的猶太人最終獲釋且被赦免。但在大多數殘酷虐待人類的嚴重暴行中，加害者都會設法創造他們與受害者之間的社交距離。在無法改變殺戮的時間、空間或經驗面向的情況下，於是便將重點放在貶低「敵人」生命的價值。這麼做有助於克服加害者的人性本能，也就是我們對於殺戮的厭惡。

23 盧安達案例是證明這個規則的例外。這場種族滅絕行動極端地邪惡，涉及了一般人用大砍刀劈死他們的鄰居。如此極端地在身體和心理上的接近，進一步證實去除人性能多麼有效地克服這種距離問題。

如今要克服這種厭惡感變得更容易了。創新的現代戰爭已經擴大了心理距離。例如無人機攻擊創造出更大的空間和經驗距離，操縱控制桿的駕駛能從幾千英里之外的螢幕上殺死許多人。戰爭的聲音、氣味和景象已經被消除。舉例來說，通勤到內華達沙漠克里奇空軍基地（Creech Air Force Base）的無人機駕駛，他們的經驗已經迥異於將戰鬥機降落在波斯灣的航空母艦上的飛行員。內華達的無人機駕駛在朝敵方戰鬥人員發射一枚致命的飛彈後，就可以下班離開，跳上車買些牛奶回家，陪孩子一起吃晚飯。殺戮對他們來說，感覺起來很可能太像是打了場電玩遊戲。即使不是故意要泯滅人性，但如果敵人在螢幕上看起來就像遠處的小點，你更難將他們視為你心愛的道德洋蔥中的一部分。

幸好，我們幾乎沒有人會殺人。但了解這些心理距離的極端例子背後的概念，有助於確保使掌握權力的人表現得更好。無論是怪物般的經理、盜用公款的主管或小暴君似的移民官員，改變這些當權者體驗心理距離的方式，是創造更美好社會的關鍵。

想知道這是怎麼回事，且讓我們暫時聚焦於空間距離。以往像荷蘭東印度公司這樣的大型公司——盤踞著全球的巨獸，是例外的事物。如今，由當地人擁有並在當地經營的小公司才是例外。由坐鎮於西方國度首都的管理人員，做出在半個世界外傾倒有毒污泥的決定，或者調高在貧窮國家的救命藥物的售價，而毋需涉足這些地方，已經變成司空見慣。被你從未去過的公司總部的人開除，是越來越常見的事。這應該足以給予我們關切的理由，因為隨著人與人之間的空間擴大，我們的道德抑制會變小。在二〇一七年的實驗中，參與者被要求操作一部會殺死瓢蟲的機器。其中一組參與者和機器待在同一個房間並且能看見過程，儘管他們是用遙控的方式殺死瓢蟲。另一組參與者也獲得相同的指令，但他們看不見機器，因為它放在別處。比起和機器同在一個房間的人，那些與機器相隔兩處的人願意殺死更多的瓢蟲。（擁有超大顆道德洋蔥的人若知道實驗中沒有瓢蟲真的被殺死，應該會鬆一口氣。殺瓢蟲機是讓人信以為真的假貨。）

在現代世界，從被你傷害的人身上感受社交距離的能力，也已經極度被擴大。在石器時代，如果你偷了鄰居的莓果，你幾乎一定能見到受害者，而受害者也會見到你。如果你被逮到，你得面臨後果或者帶著恥辱活在你的社區中。但如今的偷竊可以透過 Excel 試算表中缺乏特徵的帳戶，完成偷錢的過程。尤金．索提斯（Eugene Soltes）在描述白領犯罪的《他們為何這麼做》（*Why They Do It*）一書中指出，許多盜用公款者能輕鬆地在紙上或試算表上說謊，但一旦面臨另一個人的質問，幾乎都會立即招認。

因此，建立問責制度最好的方式，似乎是儘量縮小管理者與被管理者之間的心理距離。先慢著點。我們大概不會希望財星五百大公司的執行長，在醒著的時間全都用來認識每位員工，再者，開除人也不是善用他們的寶貴時間的方式。除此之外，我們是否希望理應去逮捕犯罪者的警察，在週末時和幫派分子一起打撲克牌？當然不希望。因為那會助長墮落和偏袒。

同樣的，對外科醫師來說，深受對病患的人道精神影響，以致無法以冷靜、有條不紊的精準度替他們動刀，大概也不是一件好事。研究人員發現醫師的大腦遠比一般人的大腦，更善於對別人的痛苦無動於衷。還有證據顯示，過度視病如親的護士，產生工作壓力和極度疲勞的比例較高。在醫療保健行業中，適度地去除人性可作為必要的應對機制。我的兄弟在就讀醫學院的第一天，就得在稱作大體解剖學的課堂上解剖屍體。如同許多滿懷抱負的醫師，他發現這個經驗極為不舒服。他問教授是否該試著將解剖台上的人，當作是一塊肉或者某人的爺爺。「兩者皆是。」教授回答。

因此，心理距離是一個兩難的問題，可以利用社會科學家所稱的「金髮姑娘解決方案」（Goldilocks solution）加以解決。任何必須做出困難的決定、可能造成損害或者致命的決定的人，需要擁有恰到好處的情感距離。如果在心理上靠得太近，你的判斷會被不可避免的多愁善感蒙蔽。如果離得太遠，適當分量的關心和謹慎又會蕩然無存。在現代世界的許多領域，鐘擺的擺盪已經過度地偏離。我們需要更多關心員工的執行長、更多在訴書中看見人類面孔的政府律師，以及更多的社區警察。

但這個世界實際上正在朝相反的方向發展。在機器學習的驅使下，運用費解的演算法的電腦正在取代心理距離遙遠的人類，而這些人本身則取代心理距離近的人。機器學習和人工智慧具備提升人類生活水準和創造更公平的社會的巨大潛力，但也可能創造出不必負責任的控制。

我們已經探討過如何讓更好的人掌權，以及如何確保有權力的人有更好的行為。藉由提醒有權力者他們肩負的責任，同時確保他們將其他人視為個人而非抽象事物，我們可以在使世界變得更公平的路上取得長足的進展。但問題在於，任何社會科學家都會告訴你，人只是這個方程式中的一部分。你可以利用最後手段寄信函給某位首相一個清醒的教訓，正如你可以讓中階經理人知道，他們魯莽輕率或冷酷無情的行為所造成的代價。這始終是值得做的事，因為人類的同情心和同理心永遠是一股強大的力量。但如果他們身處的體制不健全，就連意圖良善的人也會傾向於做出不良行為。在設計不良的體制中，好人仍有可能屈服於比較暗黑的衝動。

此外還有另一個令人不舒服的事實：許多位居要職的人對於責任的提醒，或者確保人們不會變成抽象事物的努力根本無動於衷。舉例來說，心理病態者不太會受到最後手段信函的影響，他們也不特別介意看見因他們而受害的人的臉。有些心理病態者甚至樂於享受引發苦難的機會。但我們要擔心的不只有心理病態者。如我們所見，許多腐敗者和容易墮落的一般人最終掌握了權力，這些窮兇極惡的人甚至一開始就不曾嘗試做好事，而是受個人利益、貪婪或自戀的驅使。

因此，如果壞的制度依舊是個問題，而容易墮落的掌權者仍然形成威脅，我們要如何改善制度，以阻止容易墮落的人做惡？

Chapter 12 ——受到監視

如果上帝不存在，我們有必要把祂發明出來。

——伏爾泰

第七個教訓：受到監視的人是好人

假使你是時間旅人，正決定要到何時何地大幹一票，那麼第九世紀的英國不是你會想挑選的地方。在那裡，懲罰和處決的方式一點也不怡人（這是溫和的說法）。光是審訊本身也可能致命。一旦遇到沒有足夠證據可以判斷被告無罪或有罪的案件，便交由稱作神裁法的過程來做決定。這些儀式倚賴對於「神的判決」的信任，被告得忍受通常會產生極大痛苦的事物。例如在「熱水」神裁法中，嫌疑犯被要求從盛滿滾燙熱水的大鍋中取出一枚戒指或一顆石頭。如果這人的皮肉被燙傷，那便是神證明了被告有罪。如果奇蹟發生，他沒有受傷，那麼神已明白表示：此人是清白的。

「熱鐵」神裁法，如其名稱所示，也不是一件愉快的事。嫌疑犯被迫手持一塊燒紅的鐵，整整走上九步，由燒傷（或沒有燒傷）來決定被告是否有罪。

神裁法並非中世紀英國所獨有。在某些貝多因社群，「火的考驗」（Bisha）現在仍被用來判定某人是否說謊。疑似的說謊者被要求舔舐一個熾熱的金屬物體，通常是湯匙。如果他的舌頭被燙傷，就會被視為說謊。中世紀的德國、波蘭和蘇格蘭使用「屍體出血法」，據信如果將兇手帶到受害者的屍體旁，屍體便會自動流出血來。以往在馬達加斯加，嫌疑犯會被要求吃下三片雞皮，雞皮上沾著當地出產的海檬果果仁所提煉的致命劇毒。如果嫌疑犯死亡，就會被宣布為巫師並且不光彩地埋葬。十九世紀臘納瓦洛娜一世女王（Queen Ranavalona I）統治馬達加斯加期間，據估計每年有五十分之一的人口死於這種神裁法。

如果你認為這些體制有些瘋狂，那麼你並不孤單。有毒的果仁、燙傷的手和熾熱的湯匙似乎不是建立刑事司法系統的理想方式——至少乍看之下如此。但喬治梅森大學（George Mason University）的經濟學家彼得．李森（Peter Leeson）卻不這麼想。他認為神裁法雖然怪異，但在無法蒐集到全部事實，而且附近沒有赫丘勒．白羅[24]或福爾摩斯等神探的情況下，這是找出被告罪行十分理性的方法。神裁法的邏輯有助於我們了解如何阻止掌權者濫用他們的權力。

李森並非認為上帝會出手拯救無辜者免於被熱水燙傷手腳。他說神裁法之所以起作用是因為被告相信神裁法有效。更準確地說，神裁法以一個簡單的原因，提供了有效區分有罪和無罪者的機制：人人都相信上帝一直在看著。

李森要我們想像一位名叫弗里托加爾（Frithogar）的盎格魯撒克遜農夫，他被鄰居指控偷了牲畜。如果沒有任何充足的證據，弗里托加爾可能會被詢問，他是否願意接受熱水神裁法來證明他的清白。如果弗里托加爾有罪，他相信上帝會知道他的罪行並給予相應的處罰，因此他預期自己會被滾水燙傷。所以弗里托加爾會不計代價地堅持賠款，以避免接受神的審判。一旦拒絕神裁法，他等同自己洩密。但如果弗里托加爾是無辜的，他會願意接受神的審判，相信上帝也知道他的無辜，並且會用奇蹟饒恕他。某種程度上，這有點像所羅門王與嬰兒的故事，故事中寧願放棄嬰兒也不願意讓他被切成兩半的女人，顯示出她才是嬰兒真正的母親。在面對可怕的結果時，真相往往會浮現。

值得注意的是，無辜的中世紀農夫弗里托加爾往往會遇見奇蹟。由於人們普遍相信神會介入，因此一旦某人急欲接受神裁法的考驗，神職人員會相信（可能是正確的）這人是清白的。李森解釋，「由於知道此事，教士會安排這項考驗以找出正

24 譯註：Hercule Poirot，阿嘉莎・克里斯蒂偵探小說中的知名人物。

確的結果。舉例來說，弗里托加爾選擇接受考驗，那麼執行神裁法的教士可能會降低水溫以免燙傷他。弗里托加爾將手臂伸進大鍋中，預期自己不會受到傷害。他的期望被實現——不是因為上帝出手，而是剛剛知情的教士。」有證據顯示這種操縱神裁法的事情確實發生過，嫌疑犯樂於接受神的檢視的意願，促使教士饒恕了他們。

神裁法提供了一個重要的洞見：當我們相信有一個能懲罰我們的力量正在監視時，我們會有更好的行為表現。我們也會更誠實，因為謊言被揭穿的風險變得更高。最重要的是，光是處罰的威脅，往往便足以引發更好的行為。然而想像以大規模的監視作為解決社會災難的辦法，似乎相當地反烏托邦。那麼，我們有沒有更好的辦法？還有，神裁法或者篤信宗教與防止警察過度使用暴力，或嚇阻政治人物搜刮民脂民膏又有什麼關聯？為了找出答案，我們需要更深入思考宗教在人類社會所扮演的角色。

幾千年以來，人類一向畏懼天上神明投來的警惕凝視，他們心中的惡魔因此部分被制伏。如今有數十億人相信，這世上存在著一個會因為我們的罪行而懲罰我們的上帝。這種信仰如此普遍，似乎必定是人類天生的衝動。但其實不然，因為在石器時代，人們不太可能將神視為道德的執行者。如同英屬哥倫比亞大學心理學教授阿蘭．洛倫薩揚（Ara Norenzayan）在他的《大神》（*Big Gods*）書中的解釋，狩獵採集者的神「通常不在意例如偷竊和剝削等違反道德的事……許多神和精靈甚至不是能成為道德行為監督者的全知者，祂們只能覺察到發生在村莊之內的事，而且可能會被其他與之競爭的神給欺騙或操縱。宗教的早期根源並不具備寬廣的道德範疇」。如果我們回溯得夠久遠，會發現我們的祖先可能並不害怕神譴。但隨著洛倫薩揚所稱的「大神」——現代主流宗教的神祇，據說祂們知道我們所做的每件事，並且樂於因為我們的罪而處罰我們——的到來，一切都改觀了。

世界上的主要宗教，莫不充斥著神正在監視我們的提醒。亞伯拉罕宗教（猶太教、基督教和伊斯蘭）清楚表示，在上帝面前一切都無所遁形。即使沒有人發現你偷走教堂奉獻盤裡的錢，或者你對鄰居懷有邪念，但上帝會知道。其他宗教也傳遞類似的訊息給信徒，在西藏和尼泊爾，「佛眼」在村莊裡隨處可見。這不是最近的發明。印加人得擔心監視整個帝國的神明維拉科查（Viracocha）的凝視。如同洛倫薩揚所指出的，這種負責監視的神祇，其歷史可回溯到更早之前，例如「古埃及最古老、最重要的神明之一，天空之神荷魯斯（Horus），也稱作『兩眼的荷魯斯』」。

洛倫薩揚認為神的監視對社會提供有益的用途，因為相信神在監視他們的人，比起不相信的人，在行為上會更合乎道德。早在有偵探或調查記者之前，大神的存在使人們擔心自己做壞事會被逮到。除此之外，由於整個社會都相信相同的神祇，洛倫薩揚說人們的篤信宗教建立起社會信任。如果每個人都相信神的責罰，那麼商店老闆更能相信你會還債。你們兩個都知道，你必然要還債，無論在今生或來世。

就如同核子武器因為「相互保證毀滅」而成為一種威懾力量，宗教也產生另一種形式的MAD：相互保證詛咒（mutually assured damnation）：共同的信仰造就社會凝聚力。

在洛倫薩揚看來，大神填補了現代時期之前，因政府軟弱無力所造成的權力真空。當時並不存在維持治安的警力，尤其在鄉間地區，政府的影響力實際上微乎其微。在越遠離皇宮的地方，你越難感受到凡人的監視。電影《巨蟒與聖杯》（*Monty Python and the Holy Grail*）中的某個場景完美地傳達這個概念，以下是亞瑟王、無名的農婦和名叫丹尼斯的農夫異議分子之間的對話：

亞瑟王：我是亞瑟，英國人的國王。那是誰的城堡？

農婦：誰的國王？

亞瑟王：英國人。

農婦：誰是「英國人」？

亞瑟王：哦，我們全都是。我們全都是英國人，而我是你們的國王。

農婦：那麼你如何成為國王？

亞瑟王：手臂上裹著閃閃發亮、最純粹的錦繡的湖中仙女，從水底高舉神劍，根據天命示意由我亞瑟配戴這把神劍。因為這個原因，所以我是你的國王。

丹尼斯：聽著，躺在池塘裡發劍給別人的奇怪女人，不是構成政府制度的基礎。最高的行政權力來自民眾的授權，而不是在水裡舉行的胡鬧儀式。

丹尼斯自有他的道理。他和那位農婦在日常生活中對於亞瑟的政府沒有太多的敬畏。圓桌武士並沒有到處搜捕一般罪犯或不忠誠的農夫。在缺乏政府執法的情況下，必須有別的東西來填補這個空缺。洛倫薩揚認為大神填補了這個角色，他說倘若沒有大神，許多像這樣的社會將陷入更嚴重的混亂和失序。如果已經有了荷魯斯和維拉科查，誰還需要大神？

但洛倫薩揚的大神論點將這個概念進一步引申。相信神的監視持續不斷，不僅有助於創造更平和的社會，也創造出社會之間的輸家和贏家。宗教信仰能決定社會的滅亡、存續或繁榮。

具體來說，洛倫薩揚認為信奉非關道德的狩獵採集者式神祇——無法監視崇拜者的神明——的社會，其進展往往比不上感覺被監視的社會。在沒有天國威懾的情況下，人們比較難以合作。缺乏一個共同信奉的全知神明，他們比較不能信任彼此。無止境的內部衝突破壞了社會的進展，這些社會因此失敗，或者被更懂得合作的社會給征服和併吞。（有一個稱作「超自然懲罰假說」的學術理論主張，相信神的懲罰在個人層次上提供了演化的優勢。這個理論認為相信神罰的人，比較不容易出現會使他們被殺害或監禁的侵略行為，因此他們繁衍出後代的機率更高。按達爾文的說法，我們可以稱之為「最虔誠者生存」假說。）

洛倫薩揚不是第一個主張超自然信仰能創造成功社會的人。社會學之父韋伯（Max Weber）曾提出類似的論點，他認為新教徒虔誠獻身於努力工作，因而創造出可永遠持續的繁榮。

但如果大神論點是對的，那麼世界上絕大多數的人都相信講求道德的全知神明，就不是偶然的意外了。信奉這樣的神有助於創造成功的社會，促成這類宗教的傳播，而其他宗教則逐漸滅亡。信徒所提出的另一個解釋是，宗教的興盛或敗亡取決它們是否為真教宗。基督徒相信基督教之所以昌盛，是因為基督教是真信仰，就像穆斯林相信伊斯蘭是真信仰，還有猶太人相信猶太教是真信仰那樣。這種看法與洛倫薩揚比較功能性、務實的宗教觀點相左。或許伏爾泰最能闡釋洛倫薩揚的觀點，因為他曾說過，「如果上帝不存在，我們有必要把祂發明出來。」

大神假說有不足之處。其中一個明顯的缺陷是中世紀的謀殺和犯罪活動十分猖獗，儘管當時的人們普遍害怕上帝的懲罰。但有重大的證據——包括在現代世界，證實了洛倫薩揚的「受到監視的人是好人」的看法。如果他是對的，那是一個可以用來嚇阻當權者濫用權力的重要洞見。

那麼，證據是怎麼說的？當我們受到監視時，會對做出不良行為感到猶豫，這種衝動始於幼年時期。英國肯特大學（University of Kent）的賈瑞德．皮耶薩（Jared Piazza）設計了一個實驗，參與實驗的兒童和一個引人遐想的盒子一起被留在房間裡，並被吩咐不准偷看盒子裡的東西。有些兒童無人看管，有些則受到房間裡一位成人的監視。但有一組無人看管的兒童被告知，隱形的「愛麗絲公主」會做檢查，以確保他們沒有打開盒子。這組兒童後來被問到他們相不相信真的有愛麗絲公主。回答相信的兒童，每一個都忍住衝動，不去窺探那個禁忌的盒子，而不相信的兒童則大多打開了盒子。但即便是那些打開盒子的兒童，在犯規之前也會先摸一摸應該是愛麗絲所在的那把椅子，以證實她並不存在。他們小心翼翼，以防萬一。

值得注意的是，當研究人員進行統計時，發現相信愛麗絲公主存在的兒童，表現得跟有成人在場的兒童一樣好。但抽象事物的效果比不上實質的提醒，這說明了當為人父母者發現聖誕老人的威脅，不足以讓調皮的孩子變乖時，他們為何得改變做法。有些父母親會在聖誕節期間擺設一個「架上的小精靈」（Elf on a Shelf）玩偶來監視淘氣的孩子，希望能讓他們稍微乖一點。

遺憾的是，在監獄的混凝土架上放置監視精靈，並無法終止守衛虐待囚犯，而害怕報應顯然也不足以遏止政治人物和執行長們的惡行。但微妙地提醒你正受到監視，仍然具有極大的效果。在英國新堡大學（Newcastle University）所做的研究中，規定公共工作區中的人可以取用茶點，但必須往「誠實箱」裡投錢付費。在某個版本的實驗中，誠實箱上方有一張海報，裡面畫著向下注視的眼睛。在另一個版本的實驗中，海報中只畫了花朵。當箱子上方是眼睛海報時，人們投入的金額是水仙花海報的三倍。（之後的一些研究者未能複製出相同的結果，因此他們聲稱這種效果被誇大——他們可能是對的。）

儘管如此，如果我們回到獨裁者遊戲，相較於匿名的感覺，受到監視的影響也會顯現出來。想像一下你跟另一個人配對。你得到六美元，並被告知你可以全部據為己有，或者與另一個人分享這筆錢。你想要給出多少錢的決定，會不會受到你當時穿戴什麼東西的影響？

多倫多大學的研究人員設計了一個實驗來檢驗這個問題。他們隨機改變實驗的一個小細節：有些參與者戴深色太陽眼鏡，有些戴透明眼鏡。值得注意的是，戴透明眼鏡的人平均給出二點七一美元，而戴深色太陽眼鏡的人只有一點八一美元。這是相當大的差距，從五十五／四十五拆帳變成七十／三十拆帳。最可能的解釋是戴上深色太陽眼鏡時，讓人更有匿名的感覺，因此潛意識地展現他們比較暗黑的衝動。雷朋眼鏡幫了大忙。

這些實驗指出想要嚇阻不良行為，其關鍵可能取決於微小的改變。或許只需透過微妙的提示，讓人們知道自己正受到監視，便能產生極大的效果。在摩洛哥一項設計妥善的實驗中，研究人員接洽商店老闆，給予他們一個選擇：接受現金或拒絕收下現金並轉捐給慈善機構。實驗中唯一的變數是他們何時被詢問。有些店主在一天中隨機的時刻被詢問。另一組店主在禱告報時聲——來自天上神明的有聲提醒，響遍全城時被詢問。在隨機組中，百分之六十的店主表現出慷慨大度的行為（一個振奮人心的發現，讓人對人性抱持希望）！但在禱告報時組，全部的店主都選擇行善。這項研究尤其有趣，因為它同時涉及了胡羅蔔和棒子：禱告報時聲提醒人們行善責任的重量，但同時也使他們想到放縱邪惡時的神罰。

然而，這些發現有其局限。相信來自大神的神罰，在現代社會縱或是指引某些人行為的決定性因素，但確實不是驅使每個人的動機。大多數人並沒有那麼虔誠，在思考每一件潛在的邪惡行為時，從開車超速到竊取辦公室用品（你知道自己是什麼樣的人），他們不會經常擔心關於上帝的問題。即便提醒是有效的，將穆斯林的禱告呼喚或聖經讚美詩吟唱，不斷地在財星五百大公司的邊間辦公室或白宮播放，也不盡然是可行的選項。再者，在辦公室和警察局裡到處貼滿眼睛圖片，縱使有威懾效果，也只能在人們習慣之前產生為時短暫的成效。

幸好，這些不切實際的事情並不要緊，因為現代政府和雇主提供了先前由神罰和神裁法所建立的監督機制。現今的丹尼斯化身（電影《巨蟒與聖杯》中受過良好教育的可疑中世紀農夫）會明白且畏懼警方、國稅局或者他們的人資部門的介入。這並不影響宗教在整體上的基本吸引力，現在它們仍吸引了幾十億的信徒。但這確實意味著對許多人而言，得益於神的凝視的社會威懾力，已經被凡俗的社會威懾力給取代。

有證據顯示，受到監視的人比較可能會有更好的行為表現。我們顯然再也不需要唯獨仰賴神明，來使作惡者害怕被逮捕和處罰。但所有這些討論依舊有些過於抽象。我們要如何確保監視機制能在現實世界中減少權力的濫用？

第八個教訓：集中力量監督控制者，而非受控制者

我每天通勤到辦公室上班時會行經一具屍體，這不是比喻的說法。倫敦大學學院的玻璃櫃裡躺著現代功利主義創始者邊沁的一百八十九歲骸骨。功利主義作為最合乎道德的哲學，講求為大多數人謀取最大的利益。邊沁的屍體或者說剩餘的骸骨，穿著他自己的服裝。邊沁希望他的頭部連同身體其他部分一起被保存下來。有些記載寫到邊沁在人生的最後十年，甚至在口袋裡放著一組玻璃眼球，以便在他斷氣時便利地派上用場。然而，在進行乾燥以滿足他保存頭部的遺願時，事情出了「悲慘的差錯，導致喪失最佳的面部表情，而且無疑變得很難看」。皺縮成一臉怒容的頭部目前收藏於大學博物館，而好看得多的頭部蠟像放在玻璃櫃裡。（經常被重述的故事說到邊沁的屍體被運去參加大學會議，還有他的頭部曾被敵對的大學偷走，用

在橄欖球賽中，可惜全是虛構的故事。）然而邊沁的屍體目前安放在倫敦大學學院學生中心正中央的全透明玻璃櫃中，從每個方向都能看見，可謂適得其所。他最終的安息處極像他畢生所設計的一種監視系統：圓形監獄。

一七八五年，邊沁設計了一種全新的監獄，目的是確保囚犯會遵守監獄的規定，儘可能做到萬無一失。這個想法簡單、陰險且巧妙。監獄構造呈現圓形，牢房分布在圓周上，正中央是一座守衛塔，被設計成讓守衛能看見囚犯，而囚犯卻看不見守衛。因此，這種圓形監獄能創造出邊沁所稱的「隱形的無所不在」，營造出守衛能在任何時刻進行監視的印象。然而囚犯不可能知道守衛何時在監視他們，迫使他們得隨時守規矩。久而久之，邊沁認為，囚犯會乾脆服從規定，即使沒有守衛的太多介入。在理想版本的圓形監獄中，這將導致自我改造，亦即囚犯因覺醒而轉變，毋需訓斥或毆打他們。（法國哲學家傅柯在他的《規訓與懲罰》〔*Discipline and Punish*〕一書中，詳述了這種權力行使方式潛在的陰險意涵。）邊沁的想法被全世界採用，從美國伊利諾州斯泰特維爾監獄（Stateville Prison）到澳大利亞的圓屋（Round House）監獄以及哥倫比亞的圓形監獄。目前有幾座仍在運作的監獄是根據邊沁的原理而設計。

但你的辦公室可能也是如此設計。

邊沁相信他的想法是「可實行的，我認為可適用於所有的機構而無例外，在一片不太大、可被建築物覆蓋或俯臨的空間裡，進行對某一群人的監視。無論其目的有多麼不同或甚至相反」。許多公司與邊沁有一致的看法，他們將辦公室變成二十一世紀版的邊沁式圓形監獄——儘管中央沒有守衛塔。

根據二〇一四年的研究，將近四分之三的美國辦公室被設計成「開放式布局」，用矮牆或者無牆設計來區隔工作區。如果你打算花費部分工作時間瀏覽推特，或者跟家人或朋友在電話上閒聊，大家都會知道——而且你也知道大家都會知道。這類辦公室設計現在受到壓倒性的歡迎，儘管不斷有證據顯示它們對員工產生不利的影響。二〇一一年，有人對一百個關於開放式辦公室的不同研究進行檢視，結果發現開放式辦公室造成員工之間的疏離、增加壓力以及降低工作滿足感。此外，開放式辦公室的本意是為了促進合作，但實際的資料顯示它們卻達成相反的效果：在開放式辦公室裡，社交互動減少百分之七十。圓形監獄式的工作場所雖然便於監視，但對於身處其中的人來說卻很糟糕。

再者，隨著數位科技的崛起，公司擁有前所未見的監視能力，可以監視員工的一切。工作場所中五花八門的監視科技不停地翻新：永遠開機中的衣領麥克風、微晶片身分識別章、偵測你何時待在辦公桌前的座椅感測器、電腦上的敲鍵監控裝置、每隔一段時間拍攝你在上班的照片，以及定時對你的電腦螢幕進行截圖的軟體，以確保當你應該像砍殺不停復活的九頭蛇般，拚命處理層出不窮的電子郵件時，你不是在看食譜。邊沁想必會吹口哨讚嘆所有這些方法——倘若他那新獲得的嘴巴不是用蠟做成的話。

在集權主義國家中，這些反烏托邦的制度甚至更嚴重。以中國為例，「社會信用體系」的目標是不間斷地監視人民，並且因任何「不當」行為而處罰他們。目前以一系列先導計畫形式存在的該體系，已經透露出不祥的預兆。現在已有一千三百萬人被列入黑名單，使他們無法訂購機票或購買火車票。在某些城市，如果你違規穿越馬路，人臉識別軟體會自動辨識出你的身分。你的臉會立刻顯示在巨型看板上來羞辱你。在其他地區，任何人一旦違反中國共產黨的規定，就會在數位世界遭到放逐，在該地區的社群媒體使用者看來，他們的臉會像嫌疑犯照片一樣閃爍。在中國的聊天通話軟體 WeChat 上，在石家莊被列入黑名單的人會顯示在地圖上。相較之下，來自歐威爾小說《一九八四》想像中的監控「電屏」，似乎顯得古雅和令人欣慰。

以下是問題所在：現代監視系統使一切都倒退。它們應該被反轉過來，我們監視錯了對象。二十一世紀的圓形監獄應該內外翻轉，好讓掌握權力的人感覺他們彷彿持續受到監視。當安隆（Enron）案爆發或者馬多夫的金字塔型騙局瓦解時，並不是因為低階員工偷走了一些迴紋針，或在上班時花了二十分鐘在 YouTube 上看貓的影片。那是因為控制這些低階員工的高層人士本身行為不端，而且他們帶著更高的風險。

根據種種評估，光是在美國，白領犯罪每年造成的損失或賠償，金額介於兩千五百億至四千億美元之間。將美國街頭上所有的財產犯罪——入室盜竊、搶劫、偷竊、縱火，加總起來，損失的金額僅略多於一百七十億美元，大約是白領犯罪的二十分之一到十五分之一。保守的估計同樣表明，每年大約有三十萬名美國人因為公司的違法行為而喪命，主要是接觸毒性化學物質、有缺陷的產品、致命的廢棄物或有害污染物，以及未經嚴格檢查而供應的易成癮物質。這個數字大約是美國每年自殺人數的二十倍。

然而，在公司總部中最常受到監視的人，經常是那些最不可能造成如此嚴重損害的人。邊間辦公室和董事會會議室依舊不透明。董事會會議室不會被安裝竊聽器，董事會成員也不會被GPS軟體追蹤。盛讚開放式辦公室設計的執行長們，自己卻躲在邊間辦公室緊閉的房門後面。你大可確信高層管理者在電腦上的敲鍵動作不會被記錄下來和詳細檢視，以確保他們「有生產力地」在運用他們的時間。

重點不在於我們應該開始實施如此嚴格的監控，而是任何的監督都應該是從最高層做起。需要受到更多監督的不是隨便穿越馬路的中國平民百姓，而是腐敗的中國共產黨。控制者才是我們需要擔心的人——而非被控制者。（日本提供了一個有趣的實例：依據誰真正可能造成公司的損失，而調整員工所在的空間位置。在日本企業文化中，無能的員工不會被開除，而是變成「窗邊族」。那是因為他們被趕到辦公室的邊緣地帶。當他們被降級而負責不重要的計畫時，他們大可在上班時望著窗外，反正沒有人會費事去監視他們。）

在現代世界中，我們多半已經用凡人的監控來取代神的全知全能。但如今的監控者卻正好是那些應該要感覺自己受到監視的人。據說大神至少是公平地監視每個人。如果掌握權力的人擔心他們的貪腐行徑，被埋伏在每塊石頭或每棵樹後面的某人監視著，這個世界會更美好。

那是阿納斯．阿里米尤．阿納斯（Anas Aremeyaw Anas）實際上學到的教訓。阿納斯身為迦納「臥底新聞記者」的先鋒，他比大多數的同業目光更深遠。他是喬裝高手，能利用精心製作的服裝，讓掌權者對他說出他們絕不會透露給新聞記者的秘密。在某些情況下，他甚至曾利用偽裝融入環境，例如裝扮成一塊岩石。（那套石頭裝有些業餘，使他看起來像一塊人形的砂岩，有兩個滑稽的眼洞，可是他說他的偽裝有效地融入環境。）除了岩石之外，他曾利用義臉在泰國監獄裡假冒神父，還曾假冒成警察、監獄囚犯和精神病院的病患，並且有幾次裝扮成女人。他成功的事業仰賴他的難以辨識，因此即便阿納斯這個名字聞名西非，但沒有人知道他的廬山真面目。有人稱他為新聞界的詹姆士．龐德。

「我從事新聞工作有三個目的：名聲、羞恥和送壞蛋去坐牢。」我和阿納斯透過Skype交談時，他這麼告訴我。我們打開了攝影機，但是我看不清他的面貌。他戴著漁夫帽，紫色和金色的珠串垂掛在臉上，遮住整張臉，只露出一隻耳朵。阿納斯告訴我，他很不贊同他所稱的「空降新聞工作」。西方的新聞記者降落到迦納度一個長週末，其間採訪掌權者、撰寫他們的故事，然後就搭飛機離開。這種檢視方式，阿納斯表示，完成不了任何事。迦納的一切都太過晦澀難解。用這種方式絕對無法揭露貪腐問題。「你不能只是從倫敦或美國搭飛機來這裡度個週末，就以為你比我們更能揭發真相。」阿納斯說，臉上的珠子隨著他說話的氣息而搖晃。

阿納斯利用各種喬裝，揭發非洲各地掌權者的真相。在迦納，他曾揭穿一件重大的足球醜聞，涉及拿回扣和大規模的貪污。他也曾在司法體系中臥底多年，取得三十多位法官索賄的影片。他們接受現金、山羊和綿羊。作為回報，他們允許積習難改的罪犯得到自由——包括殺人犯、強暴犯和毒品販子。這些影片引爆迦納有史以來最大的醜聞之一，並激起了大規模的司法制度改革。

如此的成果是要付出代價的。某國會議員要求驗明阿納斯的身分，並因其臥底舉報的行為而處以絞刑。這位國會議員設法辨認出阿納斯的其中一位合作夥伴艾哈邁德・胡笙—蘇萊爾（Ahmed Hussein-Suale）。他公開了胡笙—蘇萊爾的名字和照片，連同其住所的資料。二〇一九年一月十六日，胡笙—蘇萊爾開車行經迦納首都阿克拉近郊。當他在十字路口減速時，兩名自從上星期就在附近徘徊的男子靠近他的車。他們近距離射殺他，第一顆子彈擊中他的頸部，第二顆和第三顆擊中他的胸部。等到他失血身亡時，槍手轉頭面向目擊者，將一根手指放在嘴唇上，微笑著離開。

這件可怕的謀殺案更堅定了阿納斯的決心。在他展開調查之前，法官根本以為他們能公然貪污並逃過制裁。政治人物覺得自己無往不勝，收賄在迦納只不過是公職生活的一部分。免受懲罰的文化允許恣意妄為的惡行。其他每個人都受到監視，掌握權力的人相信，但沒有人會監視他們。阿納斯憑一己之力翻轉這種預期心理。掌權的迦納人於是開始擔心，他們身旁的任何人——甚至他們不會注意的石頭，可能正在監視他們。由於阿納斯絕不讓任何人看見他的真實面目，所以任何人都有可能是他。這正是為什麼這個方法如此有效的原因。

阿納斯的目標是腐敗的高階官員，他的工作非常重要，因為扳倒大人物是「下滲」（trickle down）經濟原理似乎真正派上用場的少數領域之一。我昔日的學生亞當・索爾茲伯里（Adam Salisbury）曾在牛津大學研究西非的貪腐問題。在布吉那法索，他發現當領導關稅同盟的某位不正派官員失去權力後，先前受他控制的人很快便改頭換面。一旦下屬不再從上司那裡獲得貪腐的暗示，他們會自己洗心革面。把頭砍掉似乎有效（對邊沁來說是好消息）。但索爾茲伯里的發現進一步支持以下的概念：如果我們要將人們放在顯微鏡底下檢視，我們應該鎖定領導者。他們的濫權會產生嚴重的後果，因此從最上層進行整頓，很可能帶動下層更多人改頭換面。我們難以想像發生相反的事：如果低階職員或秘書有更好的行為表現，貪腐的法官和執行長並不會突然變得潔身自好。然而，因為有權力者已經自居為我們現代的大神，因此我們傾向於將目光集中在正好錯誤的目標。如同古羅馬詩人尤維納利斯（Juvenal）所說的名言：「誰來監視監視者？」

阿納斯招牌的臥底新聞工作在西方社會相當罕見，因為會被認為有倫理上的疑慮。此事令人遺憾，這種做法不僅能有效地揭發惡行，還可以讓那些想要做壞事的掌權者感到提心吊膽。更重要的是，世界各地的新聞業差不多都在走下坡。社群媒體和線上廣告，已經從日漸縮小的新聞通路中奪走一大塊市場。因此，新聞業中少了許多監視者。諸如《華盛頓郵報》、《衛報》、《紐約時報》和《世界報》（*Le Monde*）等大報雖然持續興旺，但其趨勢是朝向菁英路線的全國性報紙發展，而地方性和區域性的新聞業則變得空洞化，結果可能是越來越少人會害怕沒落中的新聞輿論的監督。被強大的媒體集團日益掏空的新聞報刊，將越難把目光鎖定在正確的地方。

如果新聞業消失，會發生什麼事？烏干達提供了一個具有啟發性的教訓。在對這個東非國家的教育開銷進行審核時發現，分配給學校的經費中每十塊錢有多達八塊錢被貪沒。這些錢沒有用在兒童身上。新聞記者將這個報導做成頭版新聞，他們揭露了最初的撥款與實際花在學校的開銷，兩者之間的落差。他們的報導成效斐然。不久之後，十塊錢中只有兩塊錢被貪沒。但至關重要的是，在鄰近報紙經銷商的地方，盜用公款的情況獲得最大程度的改善。當貪腐的官員被揭發時，唯一重要的是人們能否讀到這個消息。如果沒人寫這些報導，或者沒人讀這些報導，那麼有權力的人會養成習慣，覺得他們不會受到懲罰，因而變得更壞。監督需要搭配合適的監視者。

科技也幫得上忙。舉例來說印度已經發展出一種更聰明的貪污鎖定系統。一般印度民眾可透過名叫「我付了行賄金」（I Paid a Bribe）的網站，舉報勒索事件。每當有人匿名舉報，地圖上就會出現一個新的數位大頭針。久而久之，熱點就會變得明顯，讓改革者可以鎖定貪污最嚴重的地區。

在班加羅爾，改革者注意到一件奇特的事：地圖上的駕照考試中心有密密麻麻的大頭針。事情立刻就變明朗：負責處理駕照考試的官員在收賄後讓不合格的駕駛過關。這種行徑不僅墮落而且危險，將使得更多不應該開車上路的人通過考試，只要他們願意讓荷包失點血。研究人員在新德里也發現類似的問題，他們提供現金報酬給能夠迅速通過考試的駕駛。大多數駕駛幾乎都立即過關並索取報酬。然而，當這些過關者隨後被一位潔身自愛、拒絕收賄的教練突擊考試時，其中百分之七十四的人承認他們根本沒學過如何開車。顯然整個體制都已經腐敗。

為了杜絕如此嚴重的收賄行為，班加羅爾的地方政府改變了考試方式，在考場裝設許多電子感測器，還對整場考試進行錄影。此後，班加羅爾汽車考試中心的收賄問題突然大幅獲得改善，但他們並沒有蒐集考照教練的電腦敲鍵紀錄，或者利用GPS監控教練的行蹤。問題被精準鎖定，並且以最不具侵入性的監視方式有效地加以解決。這證明是有效的辦法。縱使我們面對的不是貪腐的駕照考官，但這些成功介入的教訓卻是全體適用。

從阿納斯的臥底新聞工作到印度的駕照考試和圓形監獄，事情再明白不過：我們並不需要持續進行監視。事實上，不停地監視人們，尤其是非掌權者——適足以造成反烏托邦效果。相反的，如果我們想要朝著烏托邦理想邁進，就應該讓掌權者認為他們可能隨時受到監視。這種中庸之道避免我們的隱私持續受到侵犯，同時也讓掌握權力的人在濫用權力之前會再三考慮。

第九個教訓：利用隨機性產生最大的嚇阻力，同時儘可能不侵犯隱私

二〇一三年十二月聖誕節的前幾天，在馬達加斯加首都，陽光烘烤下的鵝卵石散發著熱度，讓街頭食物和污水的氣味顯得更濃烈。我們的四驅車車隊隆隆地駛過城市街道，不時對著走進馬路中的斑馬或瘤牛按喇叭。在嘈雜的引擎聲中，我們實

在稱不上低調。為了確保我們無法融入環境，我們藍色的帆布背心背面，寫著「選舉觀察員」白色大字。我們是監督者，被派來確保沒有發生選舉違規行為。這天是選舉投票日。

當我們到達時，我們一一進行查核。投票箱用原本的束線帶完整密封？沒有士兵威脅投票人？投票人被要求出示登記證明？我們核對了票箱。一切似乎都沒問題。也許這畢竟是一次乾淨的選舉。或者也許，只是也許，選務人員已經接獲警告，知道我們來了。不管是哪一種情況，我們完成了工作，回到車子裡繼續上路。我們直奔半英里外的下一個投票點。我們無法阻止上一個投票點的選務人員，通知下一個投票點的選務人員我們已經在路上，這個警告可以讓他們獲得寶貴的幾分鐘時間來掩蓋任何舞弊行為。

有時候監督無法終止不良行為，只是讓它換個地方發生。

監督選舉像是在玩打地鼠遊戲。在你壓制住某個地方的選舉舞弊時，它更有可能會在別處發生。當穿著官方背心的外國人前來觀察時，死忠的追隨者不會笨到把整把選票塞進票箱裡。但研究人員發現，當派出選舉觀察員時，在沒有受到監視的附近地區，通常會產生更多舞弊行為。如果你不夠細心，選舉觀察無異於浪費時間，頂多只是對操縱選擇的人造成小麻煩而已。設計不良的監督方式無法產生嚇阻力，只不過是在強迫他們創新。幸好我們有一種簡單俐落的解決之道：隨機性。如果死忠追隨者和選舉舞弊者永遠無法知道你在何時何地進行監視，那麼他們會更難在作弊後不被逮到。

紐約市警察局（NYPD）能告訴我們如何辦到。

那是在曼哈頓西北區的一次例行性毒品搜查行動。美國緝毒局發現了某個毒販的毒窩。他算是個小角色，頂多是地方性的販毒者。但緝毒局遇上問題：申請用來徹底搜查他的公寓的搜索令被耽擱，這是文書作業常有的事。緝毒局幹員於是打電話給紐約市警察局，要求從華盛頓高地（Washington Heights）——以往曾被稱作「古柯鹼之都」，派一名警察去盯住那地方，確保不讓任何人進出，因為裡面可能有大量毒品和現金。他們告訴那名警察，他們不能冒險讓毒販同夥中的人發現他已經被盯上，並設法收拾殘局。

這位紐約市警察局的警察同意去看住那地方。他前往該棟大樓，爬上樓梯到達那間公寓並進到裡面。果然，裡面散落著成袋的海洛因。然後他看見捆成厚厚幾疊的兩萬元美金。公寓裡只有他自己一個人，那是販毒所得的錢，沒有其他執法部門的人在場。誰會知道裡面有多少錢？又有誰會錯過這筆錢呢？如果毒販投訴說少了一些錢，戴警徽的人對上有案底的人，誰說的話作數？大家都知道故事的結局。那名警察拿走了六千美元，留下足夠的錢，好讓數目看起來仍然對得上。他將這疊現金塞進他的防彈背心底下，等候緝毒局的人帶著搜索令前來。

等到緝毒局的人到達時，他們感謝他的協助。他離開公寓，繼續執行當天的勤務，彷彿什麼事都沒發生過。到了下班時間，當他想帶著他的不法所得回家時，他被逮捕了。

所謂的「緝毒局幹員」原來是在紐約市警察局臥底的內部事務警察。「海洛因」袋子裡事實上裝著煎餅粉。「毒窩」是紐約市警察局租來的一間公寓。裡面像諾克斯堡[25]一樣布滿監視裝置，利用竊聽器和攝影機捕捉每個動作。這名警察早已被懷疑涉及貪污和非法活動，而且剛才並沒有通過廉正測試。

「這些測試讓竊佔財物變得困難許多，但並非不可能。」查爾斯・坎皮西（Charles Campisi）告訴我。坎皮西是紐約市警察局一九九六至二〇一四年的內部事務處處長，他幾乎以一人之力幫助肅清整頓紐約市警察局。改革要從小事開始做起。「我們的政策是你不能走進商店喝免費的咖啡。」坎皮西說。「那是最低層度的貪污。但我們認為如果不從底層做起，永遠達不到最高層。」這樣的政策藉由廉正測試，或者說，由警察為警察精心布置的圈套加以強化。有時這些測試具有針對

25 譯註：Fort Knox，美國的陸軍基地，位於肯塔基州布利特縣、哈丁縣和米德縣境內。

性。當內部事務處從警察同事或民眾那裡獲得情報時，他們會監視有嫌疑的警察，並提供他容易產生不良行為的機會。他們從不逼迫任何警察犯罪，但會時常製造某個情境，送上可以迅速得手而且似乎不會被察覺的收益，例如被民眾歸還、裡面裝滿現金的錢包。有時候臥底警察會假扮成壞蛋，在被訊問或逮捕的過程中，這些假罪犯會故意侮辱警察同事，看看他們是否會變得粗魯和使用暴力。如果這些警察侵吞了款項或者出拳打人，他們就會被戴上手銬。

但坎皮西最有效的創新是將廉正測試隨機化。在他多年的監視下，紐約市警察局已有大幅的進步。舉例來說，在二〇一二年，坎皮西協助安排了五百三十次廉正測試。當中發生數十次程序疏忽，但只有六名警察拿了錢或偷走故意放置的毒品。以下是坎皮西所發現的重要洞見：如果你一年進行五百次隨機測試，會有數以千計的警察認為他們已經被測試過。畢竟民眾確實會送來撿到的錢包，而毒品搜查也時常涉及放在桌上的現金。許多偽陽性反應因而產生，亦即警察誤以這些真實發生的案件是為了測試他們而刻意安排。

果不其然，在一九九〇年代後期，一名研究人員對紐約市警察局的警察進行研究，詢問他們在過去幾年以來，是否曾經成為內部事務處的測試對象。根據他們的回答，該名研究人員預測每年大約進行六千次廉正測試——實際數目的十二倍。而且除了那些覺得自己曾經成為測試對象的警察之外，其餘的警察也知道自己隨時可能被監視。任何一次毒品搜查行動或者在路上例行性的攔停駕駛，都有可能是一次刻意安排的測試。有了這種適量的擔心，越來越少警察會瞞報現金、偷取毒品或毆打態度傲慢的罪犯。這個教訓並非要我們開始在休息室的冰箱裡放蛋糕，並裝設足夠的攝影機來逮住拿蛋糕的人。沒有人想要活在像這樣人人被懷疑、彼此缺乏信任的社會。我們應該確保那些在特別重要的權威職位上的人，他們會擔心受到監視。持續被監視對任何人來說都是不健康的，而對於普通員工來說更是全然不可接受的事。然而，針對有大量機會造成嚴重傷害的人進行隨機的廉正測試，通常情有可原。這種隨機測試，加上像阿納斯這樣好管閒事的新聞記者的強力監督，能非常有效地嚇阻我們社會中最嚴重的權力濫用。仔細的監督能扮演以往大神的角色，直到我們發展出強大的道德監督力量。但惟恐我們最終創造出歐威爾的《一九八四》世界，因此對人們所進行的監視應該儘可能有所限制，主要針對掌握權力的人，並且在可行的情況下運用隨機而非持續不斷的監視。我們不應該為了達到威懾效果而犧牲了我們的自由。

最後，不能只有棒子而完全沒有胡蘿蔔。設計完善的隨機化制度也應該獎勵好的行為。舉例來說，瑞典運用一種雙重的辦法來防止超速駕駛。如你所預期，超速的人會受罰，但行車速度低於速限的人會隨機中選參加摸彩活動。超速者的罰款正好用來當作守法駕駛的贏家獎金，在處罰不良行為的同時，也為良好行為創造動機。

隨機化，也就是抽籤——不僅可用於挑選掌權者，而且對於讓掌權者為他們的行為負責，同樣也是一項有效的工具。隨機化的力量應該更常被運用於打擊容易墮落的掌權者。

無論我們使用何種方法，都必須讓鐘擺擺回到監視有權力者，而非監視一般員工或平民百姓。原因是洛倫薩揚所發現的從古埃及至今的簡單真理：受到監視的人是好人。

Chapter 13 等待辛辛納圖斯

第十個教訓：別坐等有節操的救世主降臨，而是要將他們創造出來。

西元前四五八年，來自羅馬以東的亞平寧山脈的埃魁人（Aequi）曾經包圍羅馬軍隊。羅馬歷史學家李維（Livy）描述，「只有五名騎兵成功突圍，穿越敵軍前哨站，將執政官和他的軍隊被包圍的消息帶回羅馬。」在接下來的「驚慌和混亂」中，羅馬人屈服於他們的石器時代大腦：他們找了一位堅強的領導者，在面臨危機時給予他們信心。他們一致推選辛辛納圖斯（Lucius Quinctius Cincinnatus）。

當羅馬人找到辛辛納圖斯時，他正在耕地，完全「專注於他的農事」。遠離城市權力鬥爭的辛辛納圖斯驚訝地發現他曾被稱為獨裁者。但他不得不勉強擔負起領導羅馬人的責任，因為這是他的義務。他的任期至少持續六個月，然後在領導羅馬軍隊打敗埃魁人後，辛辛納圖斯在「獨裁統治的第十六天辭職」。他回到他的農場。

二十年後，羅馬人再度找上辛辛納圖斯。這回他們要求辛辛納圖斯消除富有的民粹主義者馬埃留斯（Spurius Maelius）所造成的威脅，因為馬埃留斯試圖藉由收買民眾的支持來掌握權力。這是一個渴望權力、耍弄陰謀的篡位者的典型例子，也是群眾被蠱惑民心的政客吸引的典型例子。辛辛納圖斯解決了這個威脅，之後他再一次放下權力。他只在位掌權二十一天。

辛辛納圖斯的傳奇（有些歷史學家認為這是傳說故事而非真實歷史）提供了一個重要且複雜的人性寓言。辛辛納圖斯被尊奉為領導者的典範，一個不尋求權力、但勉強接受權力來為別人服務的領導者。或許因為他不想要權力，因此能公正地行使權力。希臘歷史學家哈利卡納蘇斯的戴奧尼修斯（Dionysius of Halicarnassus）恭維辛辛納圖斯和仿傚他的人，因為「他們用自己的雙手勞動，過著儉樸的生活，在可敬的貧窮下不慍不躁，完全無意於顯赫的權位，在權力送上門時，實實在在地加以拒絕」。戴奧尼修斯感嘆這種領導風範已經變得多麼稀罕，因為與他同時代的人「採取一切正好相反的做法」。我們可以來講述一下。

在辛辛納圖斯擊敗埃魁人兩千多年後，喬治・華盛頓成為美國的辛辛納圖斯。兩人的相似之處似乎相當明顯：華盛頓是另一個為國服務的愛國農夫，應眾人的要求成為最高統治者，在當了兩任總統後，他拒絕擔任第三任總統。這似乎是證明規則的例外：權力吸引最糟糕的人，而且權力使人腐化，就連最好的人也難以倖免，但辛辛納圖斯和華盛頓卻對這兩種影響免疫。他們既不尋求權力，也沒有因為權力的誘惑而變壞。他們不是容易墮落的人。

為了表彰兩人，辛辛那提協會（Society of the Cincinnati）在美國成立。其座右銘強調為公眾服務的精神：「為了拯救共和國而放棄一切的人」。華盛頓成為首位榮譽會長。但不久之後，該協會面臨批評。富蘭克林擔心它會創造出一批新的美國貴族，一個「世襲的勳爵階層」。辛辛那提協會的會員身分規定令富蘭克林感到憂慮，因為它建立在長子繼承原則上，意味著這個菁英團體會自我複製，會員身分由父親傳給兒子。權力的流動是透過血脈而非功績。但華盛頓始終是一位有原則的革命者，他揚言辭去會長職位，除非取消世襲條款。辛辛那提協會同意照辦，但在無人注意時，他們便又恢復原狀。直到現在，辛辛那提協會的會員身分與血統密不可分。以下是極大的諷刺：一個理應致力於效法先賢捨棄地位、兢兢業業為民服務的協會，卻肆無忌憚地緊捉住有利於己的地位不放。他們徒有辛辛納圖斯之名，卻辜負了他的精神，這種事再常見不過。

我們從中學到的教訓是：我們需要一個比起等待現代辛辛納圖斯來拯救我們的更好策略。這個等待多半將以失望告終，我們的希望會破滅。那是因為太多現行的制度不成比例地吸引和挑選出容易墮落的人，讓他們成為掌權者。一旦到達那個位置，權力就會改變他們，使他們變得更壞。但也有操守良好的例外。這世界上正派的好人畢竟佔大多數，他們有許多是我們的教練、老闆和鄰居。儘管如此，其中一小部分懷有惡意但深具影響力的人，能藉由他們手中的權力造成極大的損害。我們不應該坐等那些有原則的拯救者離開他們的農場，比較實際可行的目標是改變我們的體制，以便讓更多平常人表現得像辛辛納圖斯：回應權力的召喚，而非主動去尋求權力，還有能夠放下權力，而非耽溺於享受權力使人腐化時的陶醉感。

至今我們已有長足的進步，從黑猩猩到執行長，我們的演化花費了千百萬年時間——從靈長類動物的專制到狩獵採集者的合作關係，以至有史以來所創造最複雜的階級制度。但此後在相當短的時間內，我們把事情弄得一團亂。儘管幾個世紀的重大進步讓這個世界難以估量地變得更好，但我們依舊對掌權者感到失望。這正是阿克頓勳爵「權力使人腐化」的格言為何深入人心的原因，它不僅所言非虛，而且顯然正中事實。許多位高權重的人實在糟糕透頂，他們本可不必如此。但為了解決問題，我們首先必須了解問題。

一位心理病態的維修工讓我們知道，最受權力吸引的人往往是那些最不適合掌握權力的人。地方警察局的軍事狂熱教導我們，錯誤的招募策略使這個問題變得更嚴重，吸引來那些最渴望權力的人。在亞利桑那統治著九十九戶人家如同個人封地的獨裁者，讓我們清楚發現競爭是遏阻這些容易墮落者的關鍵。然而即便有競爭，打領帶的白人、挑選船長的孩子、打噴嚏的狗和一個執迷於高個子士兵的普魯士國王，證明我們的石器時代大腦繼續欺騙我們，使我們因為錯誤的理由而挑選出錯誤的領導者。

如果我們克服了這些認知偏見，獨自在星巴克喝咖啡的人、並排停車的外交官以及佛蒙特總督，突顯出我們的體制仍然亟需改革，如果我們想要影響掌權者的行為。一位弄髒雙手的泰國首相、一位終生學習的小偷以及一位在洪水上漲時殺人的醫生，他們在在說明了權力可能不像我們以為的那樣使人腐化。但惟恐我們過於樂觀，一位領導一個教派的生物恐怖主義者和行為不良的BMW駕駛，透露出阿克頓勳爵格言可惜是真的。對古柯鹼上癮的猴子、被吹箭射中的狒狒以及快速老化的管理者，證明缺乏控制感的權力如何造成生理上的壓力，會對我們產生極大的傷害。

然而這些情況並非全都不可改變。我們可以找到更好的人來領導我們。我們能用更聰明的辦法招募人才、利用抽籤選拔掌權者和改善監督方式。我們可以提醒領導者他們所揹負的責任的重量。我們可以讓掌權者將人們視為活生生的人，而非抽象事物，在他們使人們變成受害者之前。我們可以進行人員輪調，以嚇阻和偵查權力的濫用。我們可以利用隨機的廉正測試來揪出壞蛋。如果我們要進行監視，我們可以鎖定那些造成真正損害的高層人士，而非基層員工。

是的，我們有更好的辦法，而且可以創造一個更好的世界。憑著齊心的努力和正確的改革，我們可以撥亂反正，掃除那些容易墮落、尋求權力和濫用權力的人，並邀請更好的人來取代他們。最後，我們終能體驗到活在一個掌權者不易墮落的社會，會是什麼樣的感覺。

致謝

我坐在一張可攜式露營椅上，完成本書的大部分內容。在全球疫情蔓延期間，我將這把椅子裝進單車馱籃，騎到英國南部海岸空曠的沙灘，為求與人保持社交距離，簡直達到荒謬的程度。但寫一本書，尤其像這樣的一本書，是和保持社交距離背道而馳的心智活動。那是一位作者的大腦年復一年接觸別人有趣的想法，以及思索在心中流連多年、看似不重要的邂逅，加上與聰明人閒聊題外話的刺激下，所產生的最終成果。我要感謝許多聰明人，他們好心地與我分享他們對於錯綜複雜的權力、階級制度和地位問題的洞見——我也要感謝許多可怕的人，他們告訴我，他們如何成功爬上最高位，以及他們為何要貶損別人。

我要感謝我的經紀人 Anthony Mattero，他總是公正地行使他的權力，他從一開始就相信應該要這麼做。假使他是一隻狐獴，他的「移動呼喚」永遠值得別人跟隨。我的美國編輯 Rick Horgan 是真正的出版大師。他像羅傑尼希一樣擁有一群死忠的信徒——因他的智慧而獲益良多、心存感激的作者。我已經欣然加入他的教派，但我相信他絕不會濫用權威，用沙門氏桿菌在沙拉裡下毒。我的英國編輯 Joe Zigmond

讓我捨棄無趣的點子，讓這本書變得更好。我很高興選擇了他和我的英國經紀人 Caspian Dennis，在英國水域中擔任這艘船的船長（這個選擇是基於他們明智的指導，而不是因為在電腦模擬中看見他們的臉）。此外也要感謝 Beckett Rueda、Dan Cuddy 和 Steve Boldt 對我的細心關照。

當我在世界各地進行研究時，包括馬達加斯加、泰國、尚比亞、白俄羅斯、象牙海岸、突尼西亞、法國、拉脫維亞、英國、印度、瑞士、美國和多哥，許多殷勤好心的當地人幫助我了解不健全的人和權力制度，如果沒有他們，我不可能完成本書。此外還要感謝那些我並不欽佩的許多人——西非兇暴的叛亂分子、東南亞的政變將軍、東歐腐敗的執行長、北非的虐待者，他們幫助我了解他們如何走到今天的地步。我希望本書有助於遏止將來可能變得同樣容易墮落的人。

我非常感謝倫敦大學學院一群熱心的大學生，他們在夏季封城期間犧牲部分時間，幫我查閱關於鬣狗、階級制度和屋主協會的事：Antoni Mikocki、Daniella Sims、Edu Kenedi、Emilie Cunning、Hannah White、Maria Kareeva 和 Tara De Klerk。請考慮將這篇誌謝當作我誠摯的推薦信，將它貼在研究所申請表上，或者拿給未來的雇主看。如果你因為上述的原因讀到這段話，請你錄取或雇用他們。他們真的很棒。

我還要感謝曾經接受我的訪談，但沒有直接出現在書中的一些人。他們的想法在我撰寫每一章時浮出我的腦海。其中包括：Samantha Power大使、Shane Bauer、Erica Chenoweth、Marco Villafana、Laura Kray、Bernardo Zacka、Danni Wang、David Skarbek、Leigh Goodmark、Lord Peter Mandelson、Zoe Billingham、John Tully、Anand Panyarachun總理、Dane Morriseau、Omar McDoom、Simon Mann、Jean-Francois Bonnefon、Dennis Tourish和Kristof Titeca。

最終，我最感謝的是我的家人。他們讓我明白我所知道的每一件重要的事，以及這世上最大的權力就是能夠與愛你的人共度美好時光。

國家圖書館出版品預行編目資料

腐敗：權力如何崩壞人性？/布萊恩．卡拉斯(Brian Klaas) 著；林金源 譯．-- 初版．-- 臺北市：平安文化有限公司, 2022.10
面；公分．--（平安叢書；第736種)(我思；15)
譯自：Corruptible: Who Gets Power and How It Changes Us

ISBN 978-626-7181-20-1 (平裝)

1.CST: 獨裁 2.CST: 權力政治

571.76　　111015201

平安叢書第736種

我思 15

腐敗

權力如何崩壞人性？

Corruptible: Who Gets Power and How It Changes Us

作　　者—布萊恩．卡拉斯
譯　　者—林金源
發 行 人—平　雲
出版發行—平安文化有限公司
臺北市敦化北路120巷50號
電話◎02-27168888
郵撥帳號◎18420815號
皇冠出版社(香港)有限公司
香港銅鑼灣道180號百樂商業中心
19字樓1903室
電話◎2529-1778　傳真◎2527-0904
總 編 輯—許婷婷
執行主編—平　靜
責任編輯—陳思宇
美術設計—倪旻鋒、李偉涵
行銷企劃—薛晴方
著作完成日期—2021年
初版一刷日期—2022年10月
法律顧問—王惠光律師

讀者服務傳真專線◎02-27150507
電腦編號◎576015
ISBN◎ 978-626-7181-20-1
Printed in Taiwan
本書定價◎新臺幣450元/港幣150元

● 皇冠讀樂網：www.crown.com.tw
● 皇冠Facebook：www.facebook.com/crownbook
● 皇冠Instagram：www.instagram.com/crownbook1954
● 小王子的編輯夢：crownbook.pixnet.net/blog

由於全書註解繁多，
完整註解請參照網站